华侨大学 哲学社会科学文库·法学系列

母国对跨国企业侵犯人权行为的域外民事管辖研究

ON HOME STATE'S EXTRATERRITORIAL CIVIL JURISDICTION
OVER TRANSNATIONAL-CORPORATIONS-RELATED HUMAN RIGHTS VIOLATIONS

王岩 著

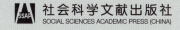

社会科学文献出版社
SOCIAL SCIENCES ACADEMIC PRESS (CHINA)

本书入选"华侨大学哲学社会科学学术著作专项资助计划"

由"中央高校基本科研业务费专项资金"资助

打造优秀学术著作
助力建构中国自主知识体系

——《华侨大学哲学社会科学文库》总序

习近平总书记在哲学社会科学工作座谈会上指出："哲学社会科学是人们认识世界、改造世界的重要工具，是推动历史发展和社会进步的重要力量，其发展水平反映了一个民族的思维能力、精神品格、文明素质，体现了一个国家的综合国力和国际竞争力。"当前我国已经进入全面建成社会主义现代化强国、实现第二个百年奋斗目标，以中国式现代化全面推进中华民族伟大复兴的新征程，进一步加强哲学社会科学研究，推进哲学社会科学高质量发展，为全面建成社会主义现代化强国、全面推进中华民族伟大复兴贡献智慧和力量，具有突出的意义和价值。

2022 年 4 月，习近平总书记在中国人民大学考察时强调：加快构建中国特色哲学社会科学，归根结底是建构中国自主的知识体系。建构中国自主的知识体系，必须坚持马克思主义的指导地位，坚持以习近平新时代中国特色社会主义思想为指引，坚持党对哲学社会科学工作的全面领导，坚持以人民为中心的研究导向，引领广大哲学社会科学工作者以中国为观照、以时代为观照，立足中国实际，解决中国问题，不断推进知识创新、理论创新、方法创新，以回答中国之问、世界之问、人民之问、时代之问为学术己任，以彰显中国之路、中国之治、中国之理为思想追求，在研究解决事关党和国家全局性、根本性、关键性的重大问题上拿出真本事、取得好成果，认真回答好"世界怎么了""人类向何处去"的时代之题，发挥好哲学社会科学传播中国声音、中国理论、中国思想的特殊作用，让世界更好读懂中国，为推动构建人类命运共同体做出积极贡献。

华侨大学作为侨校，以侨而生，因侨而兴，多年来始终坚持走内涵发展、特色发展之路，在为侨服务、传播中华文化的过程中，形成了深厚的人文底蕴和独特的发展模式。新时代新征程，学校积极融入构建中国特色哲学社会科学的伟大事业之中，努力为教师更好发挥学术创造力、打造精品力作提供优质平台，一大批优秀成果得以涌现。依托侨校优势，坚持以侨立校，为侨服务，学校积极组织开展涉侨研究，努力打造具有侨校特色的新型智库，在中华文化传承传播、海外华文教育、侨务理论与政策、侨务公共外交、华商研究、海上丝绸之路研究、东南亚国别与区域研究、海外宗教文化研究等诸多领域形成具有特色的研究方向，先后推出了以《华侨华人蓝皮书：华侨华人研究报告》《世界华文教育年鉴》《泰国蓝皮书：泰国研究报告》《海丝蓝皮书：21 世纪海上丝绸之路研究报告》等为代表的一系列研究成果。

《华侨大学哲学社会科学文库》是"华侨大学哲学社会科学学术著作专项资助计划"资助出版的成果，自 2013 年以来，已资助出版 68 部学术著作，内容涵盖马克思主义理论、哲学、法学、应用经济学、工商管理、国际政治等基础理论与重大实践研究，选题紧扣时代问题和人民需求，致力于解决新时代面临的新问题、新任务，凝聚着华侨大学教师的心力与智慧，充分体现了他们多年围绕重大理论与现实问题进行的研判和思考。已出版的学术著作，先后获得福建省社会科学优秀成果奖二等奖 1 项、三等奖 9 项，获得厦门市社会科学优秀成果奖一等奖 1 项、二等奖 2 项、三等奖 2 项，得到了同行专家和学术共同体的认可与好评，在国内外产生了较大的影响。

在新时代新征程上，围绕党和国家推动高校哲学社会科学高质量发展，加快构建中国特色哲学社会科学学科体系、学术体系、话语体系，加快建构中国自主知识体系的重大历史任务，华侨大学将继续推进《华侨大学哲学社会科学文库》的出版工作，鼓励更多哲学社会科学工作者尤其是青年教师勇攀学术高峰，努力推出更多造福于国家与人民的精品力作。

今后，我们将以更大的决心、更宽广的视野、更有效的措施、更优质的服务，推动华侨大学哲学社会科学高质量发展，不断提高办学质量和水平，为全面建成社会主义现代化强国、全面推进中华民族伟大复兴做出新贡献。

华侨大学党委书记　徐西鹏

2023 年 10 月 8 日

序

我曾出具过审读意见，推荐王岩博士的书稿出版。王岩又邀请我为其著作写个序言，理由之一是我曾研究域外管辖，熟悉她的研究领域以及她的博士学位论文和书稿。

我只是一个普通学者，从未给人作序，此次之所以不揣冒昧答应作序，也是考虑到我与王岩及其英年早逝的导师郭玉军教授的交集。郭老师热爱学术、关爱学生。我在武汉大学读书时，郭老师虽然并非我导师，但并无门户之见，曾指导我本科学位论文，教导、点拨、关照我硕士和博士阶段的学业。在我 2009 年博士毕业进入社会后，郭老师也仍然关心我的工作并提供帮助。2014 年起，我担任中国社会科学院国际私法研究室主持工作的副主任和《国际法研究》编辑，肩负选人选稿的责任。"在其位，谋其职。"在关注名家名作之外，我也留意有潜力的研究生等后起之秀，希望能有优秀的博士生、博士后将来与我一起共事，或者他们能将优秀的作品惠赐《国际法研究》。2018 年，郭老师百忙之中莅临北京支持我们主办的一个学术会议。会议间隙，郭老师对我说，她的学生王岩本科是中国人民大学毕业的，外语和学术功底好、做事认真踏实。后来，承蒙郭老师、王岩厚爱，我有幸担任她们合作的一篇关于域外管辖论文的编辑。在域外管辖、对外关系法领域，我也曾与王岩多次交流，获益良多。

王岩的著作《母国对跨国企业侵犯人权行为的域外民事管辖研究》，是在其博士学位论文基础上进一步修改完善的成果。我自己其实一直关注这个领域，但没有王岩研究得深入。我曾在博士学位论文中论述过美国法院的跨国公司人权诉讼实践，我 2019 年发表的论文《论美国域外管辖：

概念、实践及中国因应》在域外管辖领域也有一定引用率。作为一个多年研习国际私法的学者，我总是着迷于通过诉讼执行国际法的理论与实践。在我看来，再好的原则、规则，如不能司法化，不能为私人通过诉讼执行，则总有所缺憾。

王岩的著作选题新颖。跨国企业在域外经营活动中侵犯人权的问题屡见报端。然而，现行法律框架的效用有限，规制跨国企业以防止其境外侵犯人权面临诸多障碍，如法人人格独立原则、不方便法院原则等。尽管已有不少文献讨论跨国企业侵犯人权行为的母国责任，但少有学者关注与跨国企业侵犯人权行为相关的法律域外适用机制，将域外管辖作为理据的研究仍尚告阙如。

王岩的著作视野新颖。在国际法领域，已有不少著作从国际公法视角研究跨国公司人权责任、社会责任。王岩另辟蹊径，基于国际私法学者的敏感性，从工商业与人权的视野，以域外民事管辖为中心研究跨国公司人权责任。在写作中，王岩又不限于单纯的学科视野，而是既具有国际法视野，又具有国内法视野。在国际法上，也不局限于单一的国际法学门类，而是根据需要，结合国际公法、国际私法和国际经济法，论述母国对跨国企业侵犯人权行为的域外民事管辖的国际法问题。在国内法上，王岩既从实体法角度论述跨国公司人权责任的实体问题，又从程序法与冲突法角度论述其中的程序问题与法律选择问题。

王岩的著作充满实践。国际法经常被人诟病没有强制力，也不具有科学性。一些知名学者的论文过于理论化，解决不了现实问题，更增添了国际法学的危机。国际法学如不能回应现实，不能从实践出发，不研究一个一个的实践问题，那最终难免孤芳自赏，甚至沦落为少数学者追名逐利的工具。王岩虽然只是刚起步的青年教师，但在写作中已注意直面现实问题，并充分关注母国对跨国企业侵犯人权行为的域外民事管辖的国内、国外实践，特别是引用了大量案例作为论据。

王岩的著作资料丰富。王岩充分利用其语言优势，不但征引美国、英国、加拿大等英美法系国家的大量资料，而且征引法国、瑞士、荷兰等大陆法系国家的大量资料。同时，王岩也充分关注到大量中文资料，与中国学者展开对话。

王岩的著作批判求真。母国对跨国企业侵犯人权行为的域外民事管辖问题，涉及很多基础理论知识和争议，也涉及立场和态度问题。王岩既未流于政治表态，又未人云亦云，更未"食洋不化"。例如，就域外管辖的概念，虽然国内外已有大量文献予以论述，但王岩仍然勇于在总结国内外文献的基础上，提出自己的观点。王岩夯实了母国对跨国企业侵犯人权行为的域外民事管辖的理论基础，论证对此问题的域外管辖不仅是国家权利，而且是国家义务。王岩还提供了论证部分举措构成过度域外管辖的新依据。例如，在跨国企业侵犯人权诉讼中域外司法管辖的实现方面，反对采纳以关联诉讼为核心的锚定机制以建立对此类诉讼的司法管辖权的方法，认为存在侵犯他国司法主权之嫌；在域外立法管辖的实现方面，质疑将影响学说作为域外适用触发因素的规制跨国企业侵犯人权行为的相关法律规定，认为可能构成不合理的生产过程和生产方法（processes and production methods）措施，违反 WTO 规则。

王岩的著作服务中国。王岩不是单纯介绍母国对跨国企业侵犯人权行为的域外民事管辖，而是服务于中国立场，提出中国方案。王岩分析了为什么要构建具有中国特色的母国对跨国企业侵犯人权行为的域外民事管辖体系，并论证了如何构建该体系。王岩主张，应秉持平等保护中外当事人、平衡受害人与公司利益的原则，将域外立法管辖与域外司法管辖相结合，采取以对母公司规制为基础的具有域外影响的国内措施。

母国对跨国企业侵犯人权行为的域外民事管辖是一个不断发展的领域，也是一个各学科交叉、各国利益和立场分化的领域。王岩的很多观点和论证也难免存在不完善、不充分之处，有待进一步探索。相信并祝愿王岩未来能作出更加部门化、实证化的研究，解决该领域中更为具体的问题。

是为序。

李庆明

中国社会科学院国际法研究所国际私法研究室主任、研究员

2025 年 4 月 13 日

序　言

　　在全球化背景下，工商业对人权的影响和挑战愈加明显、严峻甚而紧迫，人权理论与实践的发展也要求工商业积极作出响应与改变。"血汗工厂"、环境衰退和资源掠夺、对土著社区的破坏、腐败甚至武装冲突等诸多大规模或系统化践踏人权的事件背后都可能发现工商业的影子。部分工商企业则通过"漂绿""漂蓝"的做法虚与委蛇，企业伪社会责任行为屡见不鲜。应对全球化背景下工商业对人权的影响由此成为国际人权机构和工商业实体的重要使命。然而，现有法律框架仍有不足，规制跨国企业以防止其境外侵犯人权仍面临诸多障碍，仅依靠企业社会责任的企业自治路径难以实现填补漏洞的目的。在此背景下，工商业与人权以其对国家义务的强调，为规制跨国企业境外侵犯人权行为提供了新思路。

　　《联合国工商业与人权指导原则》的起草者、联合国工商业与人权秘书长特别代表约翰·鲁杰率先提议利用母国域外管辖预防跨国企业境外侵犯人权行为并救济受害人。受其启发，近年来，越来越多学者投身于工商业与人权领域的域外管辖问题的研究中，也有越来越多的国家在立法和司法实践中运用域外管辖规制跨国企业的境外行为。在国务院新闻办公室发布的《国家人权行动计划（2021—2025 年）》中，我国明确承诺将"促进全球供应链中的负责任商业行为。促进工商业在对外经贸合作、投资中，遵循《联合国工商业与人权指导原则》，实施人权尽责，履行尊重和促进人权的社会责任。建设性参与联合国工商业与人权条约谈判进程"。在此背景下，中国是否及如何构建跨国企业境外侵犯人权行为的母国域外管辖体系，以在应对跨国企业境外侵犯人权行为的同时不侵犯东道国主权，值得关注。

　　本书关注跨国企业侵犯人权行为的域外民事管辖措施的研究，就为规制跨国企业行为探究新的措施谈谈一得之见，求教于方家。言不达意之处，还请读者海涵。

　　是为序。

王　岩

2024 年 6 月 26 日

目　录

绪　论

一　研究背景与意义

（一）研究背景

跨国企业侵犯人权始终是学术界和实务界关注的问题。长期以来存在使跨国企业对其全球人权影响承担法律责任的系统性障碍，主要表现为国家退出或失去对与贸易自由化、放松管制和新自由主义政策相关的经济全球化进程的控制。[①] 工商业与人权（Business and Human Rights）这一新兴运动为之提供了新的解决路径思考，有利于形成新的法律共识以弥合公司的私人和自愿社会责任与国家的公共和强制性人权义务之间的鸿沟。[②] 故本书将以工商业与人权为研究视角，思考母国域外民事管辖对解决跨国企业侵犯人权问题的作用。

根据联合国《跨国公司行动守则（草案）》（以下简称《行动守则》）[③]，母国是指母公司所在地。[④] 确定跨国企业的母国，实质上就是追寻跨国企业母公司的国籍国。然而，跨国企业通常由分散在多国的实体组成，不同国家的公司法理论对控制的要求又存在差异，且目前尚未形成公

---

① 参见 Susan Strange, *The Retreat of the State: The Diffusion of Power in the World Economy* (Cambridge: Cambridge University Press, 1996); Saskia Sassen, *Losing Control?: Sovereignty in the Age of Globalisation* (New York: Columbia University Press, 1996)。

② 参见 Daniel Augenstein, "Towards a New Legal Consensus on Business and Human Rights: A 10th Anniversary Essay," *Netherlands Quarterly of Human Rights* 40 (2022): 35。

③ *Group of Eminent Persons to Study the Impact of Transnational Corporations on Development and on International Relations*, ECOSOC Res. 1913 (LVII) of E-XE3377, 5 Dec. 1974.

④ Commission on Transnational Corporations, *Report on the Special Session (7–18 March and 9–21 May 1983)*, Supplement No. 7, Annex II, E/1983/17/Rev. 1.

司国籍认定的国际统一标准，甚至有学者直言不讳地指出跨国企业本身便代表去国籍化趋势，[①] 故对母国下定义十分困难。再者，理论上每个国家都有可能成为母国，而成为母国与否，从国际投资法的角度看，核心在于是否构成资本输出国；从国际贸易法的角度看，核心在于是不是跨国企业母公司或主导全球供应链的公司所在的国家。[②] 联合国多个机构在文书中要求国家规制在其领土内和/或其管辖范围或受其控制内的公司，[③] 可反推出母国的认定具有多元因素。因此，本书所言之母国是指跨国投资的资本来源国或称输出国，或跨国贸易的供应链主导国或跨国企业母公司所在国。由于对母国的精准界定与否并不影响本书的研究，又因主流研究多采用母国的表述与东道国相对应却对母国的定义模糊化处理，为与主流研究保持一致并精简表述，本书沿用母国的说法，且无意于给出母国的精准定义。此外，母国对跨国企业侵犯人权行为的域外管辖措施多为民事措施，原因在于并非所有国家都认可法人可负有刑事责任。[④] 因此，本书选取母国对跨国企业侵犯人权行为的域外民事管辖作为研究对象。

工商业与人权是对企业社会责任的自愿性与模糊性的回应与补充，肇始于 20 世纪 70 年代联合国《行动守则》的制定，在 20 世纪 90 年代受到学术界的广泛关注，在联合国工商业与人权秘书长特别代表约翰·鲁杰（John Ruggie）2008 年提出《保护、尊重和补救：工商业与人权框架》（以下简称《框架》）[⑤] 与 2011 年通过《工商业与人权：实施联合国"保

---

① 参见 Surya Deva, "Corporate Human Rights Violations: A Case for Extraterritorial Regulation," in Christoph Luetge, ed., *Handbook of the Philosophical Foundations of Business Ethics* (Dordrecht: Springer, 2013), p. 1080。

② 参见 Genevieve LeBaron & Andreas Rühmkorf, "Steering CSR Through Home State Regulation: A Comparison of the Impact of the UK Bribery Act and Modern Slavery Act on Global Supply Chain Governance," *Global Policy* 8 (2017): 15。

③ 在《工商业与人权：实施联合国"保护、尊重和补救"框架指导原则》、联合国人权理事会的一般性评论与结论性意见、《在国际人权法中规范跨国企业和其他工商企业活动的具有法律拘束力的国际文书》等中均有此种表述。对该表述中领土、管辖范围与控制的关系的理解，详见本书第二章的论述。

④ Human Rights Council (HRC), *Report on the Third Session of the Open-Ended Intergovernmental Working Group on Transnational Corporations and Other Business Enterprises with Respect to Human Rights (OEIGWG)*, A/HRC/37/67, 24 Jan. 2018, p. 14.

⑤ John Ruggie, *Protect, Respect and Remedy: A Framework for Business and Human Rights*, A/HRC/8/5, 7 Apr. 2008.

护、尊重和补救"框架指导原则》（以下简称《指导原则》）①后引发了新一轮的研究热潮。工商业与人权将重点投射于国家法律的强制性，强调应通过国家强制与企业自治相结合的方式确保对人权的尊重与保障，预防侵犯人权行为的发生，并在侵犯人权行为发生后为受害人提供有效救济。工商业与人权议题的形成原因是，现有跨国企业境外侵犯人权的规制方式存在治理漏洞与公司免罚现象。

在鲁杰构想《框架》的工作准备初期，恰逢联合国国际法委员会将域外管辖作为工作重点之一，这或许能够解释为何鲁杰将域外管辖作为解决工商业与人权问题的法律工具之一。然而，域外管辖在联合国国际法委员会 2006 年报告中昙花一现后，②工作陷入停滞，联合国至今未能就如何规制各国天壤地别的域外管辖实践提供指导。但是，域外管辖神奇地在工商业与人权议题中存活下来，并在《框架》与《指导原则》中得以保留。鲁杰在这两份文件中对域外管辖持有的态度是"允许但不要求"（permitted-but-not-required approach），并认为域外管辖的实施主体多为母国，类型包括直接域外管辖措施（direct extraterritorial jurisdiction）和具有域外影响的国内措施（domestic measures with extraterritorial implications）。③

在鲁杰的主张及《指导原则》的影响不断扩大的背景下，学界也掀起了讨论工商业与人权领域的域外管辖的热潮。虽以奥利维尔·德舒特（Olivier De Schutter）为代表的学者也支持对工商业与人权问题运用域外管辖工具填补治理漏洞，但该派学者通过论证域外人权义务（extraterritorial human rights obligation）的存在，认为域外管辖应为母国义务，而非仅为母国的选择，与以鲁杰为代表的学者的观点殊途同归。由此可见，域外

① John Ruggie, *Guiding Principles on Business and Human Rights*: *Implementing the United Nations "Protect, Respect and Remedy" Framework*, A/HRC/17/31, 21 Mar. 2011.

② United Nations, *Report of the International Law Commission on the Work of the Fifty-Eighth Session*, Annex E, A/61/10 (2006).

③ 鲁杰提出了智慧组合（smart mix）规制方式，将法律与经济、管理等方法相结合，将直接管辖外国公司的措施表述为"直接域外管辖措施"，将通过对国内公司的规制间接影响外国公司的措施表述为"具有域外影响的国内措施"。参见 John Ruggie, *Guiding Principles on Business and Human Rights*: *Implementing the United Nations "Protect, Respect and Remedy" Framework*, A/HRC/17/31, 21 Mar. 2011, p. 7.

管辖在工商业与人权领域是充满活力与争议的问题。

然而，母国对跨国企业侵犯人权行为的域外管辖虽在受害人保护方面可能发挥重要保护作用，但也可能被部分国家错误运用以实现保护主义目的，阻碍国际贸易与投资的顺利进行。作为善治的域外管辖措施应在实现域外人权主张和满足国际公共政策关切间取得平衡。① 为此，需在深入了解该问题后，区分可接受的母国域外管辖与不可接受的过度管辖，择其善者而从之，其不善者而改之。同时，注意到工商业与人权法律框架对限制域外制裁的作用，以彼之盾，控彼之矛。

以美国、欧洲国家等为代表的跨国企业母国早已开展行动。在司法方面，美国的《外国人侵权法》（Alien Tort Statute，ATS）曾一度是受害人获得美国法院救济的希望，但随着基奥波尔案②、雀巢案③等的作出，美国针对跨国企业境外侵犯人权行为提起诉讼的大门被缓缓关上，昙花一现的金吉达案④本可能成为美国该领域支持跨国企业对其境外侵犯人权行为负责的开创性及风向标式案例，但最终法院仍作出了有利于跨国企业而非受害人的判决；近年来，英国、荷兰等欧洲母国法院运用母公司直接注意义务理论等确认了对其跨国企业境外侵犯人权行为提起的诉讼的管辖权，多数案件虽尚未进入实体审理程序，但重燃了外国受害人获得救济的希望。在立法方面，法国、德国等国纷纷出台强制性人权尽责法（mandatory human rights due diligence law），欧盟也在决议中将制定强制性人权尽责法纳入立法议程，为防止跨国企业侵犯人权提供预防性措施的同时，也为事后救济提供了诉因（cause of action）。⑤ 上述行动体现了跨国企业母国的

---

① 参见 Kasey McCall-Smith & Andreas Rühmkorf, "Reconciling Human Rights and Supply Chain Management Through Corporate Social Responsibility," in Verónica Ruiz Abou-Nigm et al., eds., *Linkages and Boundaries in Private and Public International Law* (Oxford: Hart Publishing, 2018), p. 153。

② *Kiobel v. Royal Dutch Petroleum Co.*, 133 S. Ct. 1659 (2013)。

③ *Nestlé USA, Inc. v. Doe*, 141 S. Ct. 1931 (2021)。

④ In re Chiquita Brands Int'l, Inc. Alien Tort Statute & S'holder Derivative Litig., 2024 U. S. Dist. LEXIS 189777。

⑤ 参见 Rachel Chambers & Gerlinde Berger-Walliser, "The Future of International Corporate Human Rights Litigation: A Transatlantic Comparison," *American Business Law Journal* 58 (2021): 640。

域外管辖实践，部分为直接域外管辖权的行使，部分为具有域外影响的国内措施。

因此，无论是从学术研究还是从实务界动向角度看，都有必要从工商业与人权视角研究母国对跨国企业侵犯人权行为的域外民事管辖问题。

本书的域外民事管辖主要是指国家在民事领域行使域外管辖权，主要表现形式是域外民事司法管辖权和域外民事立法管辖权。这是因为，由个人或利益代表提起的集体诉讼构成了救济跨国企业侵犯人权行为的强大间接手段，它们的存在本身及它们对被告造成的压力鼓励了对法律的最佳遵守。① 同时，经济全球化导致的国家能力的明显丧失使国家的"回归"意愿增强，其中重要的方式之一便是以创新的方式行使立法权力，并建立有效的制裁机制。② 此外，现无母国对跨国企业侵犯人权行为进行域外民事执法管辖的实例，且学界的关注重点多在于立法和司法领域，导致缺少有关母国对跨国企业侵犯人权行为进行域外民事执法管辖的研究资料，另囿于篇幅，本书未探讨域外民事执法管辖权。

需要说明的是，本书的研究重点是跨国企业母子公司及相对应的母国与东道国。然而，许多问题和论点同样适用于业务依赖于供应链、分包链和合资企业或其他在全球范围内运营的公司。另外，部分学者主张，应改革国际法特别是人权法，将公司作为国际法主体对之直接附加人权义务，甚至存在人权高于主权的错误论点，认为人权事由可正当化干涉他国内政行为。然而，人权法是国际法的一部分，并非一个单独的法律体系，因此，必须在国际法律制度本身中发展和解释。不能以破坏该体系基础如主权原则的方式理解人权。这样的姿态不仅不准确，还会破坏人权本身的发展，因为国家仍是国际法中合法性的基本来源，国家在保护人权方面仍发挥着核心作用。③ 故本书将国家而非公司作为解决跨国企业侵犯

① 参见 Horatia Muir Watt（2004），«Aspects économiques du droit international privé：Réflexions sur l'impact de la globalisation économique sur les fondements des conflits de lois et de juridictions»，Recueil des cours de l'Académie de Droit International de la Haye，Vol. 307，p. 313。

② 参见 Louis d'Avout（2019），«L'entreprise et les conflits internationaux de lois»，Recueil des cours de l'Académie de Droit International de la Haye，Vol. 397，p. 59。

③ 参见 Luis Jardón，"The Interpretation of Jurisdictional Clauses in Human Rights Treaties," Anuario Mexicano de Derecho Internacional 13（2013）：102。

人权问题的主体，并认为母国的域外管辖应遵循不干涉原则等国际法基本原则。

（二）研究意义

就理论而言，跨国企业母国对外国子公司侵犯人权行为的域外管辖是工商业与人权领域的新兴问题，该问题中的许多子问题尚无令人满意的解答。例如，跨国企业母国对与本国关联度不大的外国子公司侵犯人权行为为什么要域外管辖？为什么能够域外管辖？为什么认为跨国企业母国的域外管辖甚至是其义务？母国域外管辖常经由对母公司采取措施或施加压力得以实现，那么母公司因何成为母国域外管辖的抓手？在受害人诉诸母国法院时，母国法院何以建立对外国子公司的管辖权？目前，对于针对跨国企业提起的侵犯人权诉讼，"律师不能以自由和开放的心态面对"。[①] 受害人期望律师用现有的法律将跨国企业侵犯人权的事实塑造成法律案件，并为之找到解决方案，但其期望常常落空。律师创造性和创新性地处理跨国企业侵犯人权诉讼并非不可能，但受到现有制度的限制。同时，跨国企业侵犯人权诉讼涉及的法律领域广泛，包括但不限于公司法、国际私法和国际公法，给参与者增加了相当大的负担，并减少了从业人员和具有该领域专业知识的学者的数量。[②] 然而，跨国企业侵犯人权诉讼正在发生变化。国际、区域和国家层面的法律和政策的发展已显示出保护公司活动受害人的趋势。例如，联合国层面的《指导原则》和《在国际人权法中规范跨国企业和其他工商企业活动的具有法律拘束力的国际文书》（以下简称《拟议条约》[③]）等国际文书的制定体现了对该问题的思考和将相应理论纳入国际文书的努力；英国、荷兰等国的裁决表现出该问题在司法领域的

---

① Jan B. M. Vranken, *Exploring the Jurist's Frame of Mind: Constraints and Preconceptions in Civil Law Argumentation* (Deventer: Kluwer Law International, 2006), p. 16.

② 参见 Robert McCorquodale, "The Litigation Landscape of Business and Human Rights," in Richard Meeran & Jahan Meeran, eds., *Human Rights Litigation Against Multinationals in Practice* (Oxford: Oxford University Press, 2021), p. 23。

③ 作此简称的原因在于，《具有法律拘束力的国际文书》的称法过长，而部分外国学者在文献中将该文书简称为 Business and Human Rights Treaty，同时该文书正在制定过程中，故本书将之简称为《拟议条约》。参见 Sara McBrearty, "The Proposed Business and Human Rights Treaty: Four Challenges and an Opportunity," *Harvard International Law Journal Online Symposium* 57 (2016): 11。

实践。目前中国缺乏对上述问题的重视和思考，本书对于探讨中国应否对中国海外子公司境外行为进行域外管辖而言十分重要。

运用工商业与人权视角分析母国对跨国企业侵犯人权行为的域外民事管辖问题也具有重要的现实意义和实践价值。首先，中国越来越多的公司走出国门成为跨国企业，不可否认的是部分跨国企业存在境外侵犯人权的情况，故有必要对跨国企业侵犯人权行为进行域外管辖。其次，中国正在加紧建设完善中国法域外适用法律体系，对跨国企业的域外管辖是完善中国法域外适用法律体系的重要组成部分；研究该问题有利于维护国家安全、社会公共利益、国际秩序和谐稳定，保护中外当事人平等合法权益，减少对抗冲突，推动人类命运共同体建设。再次，中国具有特殊性，除去东道国身份外，随着经济的腾飞，中国逐渐成为资本输出国，由此成为跨国企业母国。中国面临着作为母国应否及如何对外国子公司境外侵犯人权行为进行域外管辖，和作为东道国应如何应对他国假借对外国子公司境外侵犯人权行为进行域外管辖对中国造成不利影响的困境。双重身份在增加挑战的同时，也使中国可以站在东道国和母国的双重角度思考问题，给出的应对方式也将更具说服力和可接受性。最后，对于制定《拟议条约》的主张，中国投了赞成票。鉴于中国对该文书的制定投赞成票且积极发声，不排除《拟议条约》成功制定后，中国签署批准《拟议条约》的可能。同时，中国在《国家人权行动计划（2021—2025 年）》中提出："促进全球供应链中的负责任商业行为。促进工商业在对外经贸合作、投资中，遵循《联合国工商业与人权指导原则》，实施人权尽责，履行尊重和促进人权的社会责任。建设性参与联合国工商业与人权条约谈判进程。"[①] 由此可见，制定《工商业与人权国家行动计划》有可能提上中国的议事日程。部分国家的《工商业与人权国家行动计划》中列明了有关域外管辖的问题，中国的《工商业与人权国家行动计划》中是否也应纳入该问题？这使得从工商业与人权视角研究母国对跨国企业侵犯人权行为的域外民事管辖问题具有必要性和重要性。

---

① 中华人民共和国国务院新闻办公室：《国家人权行动计划（2021—2025 年）》，人民出版社，2021，第 60 页。

二　国内外文献综述

（一）国内研究现状

目前，国内尚无直接研究母国对跨国企业侵犯人权行为的域外民事管辖的文献，和工商业与人权直接相关的著作及论文的数量也较少。现有文献多是介绍工商业与人权在中国与国际社会的发展现状，建议制定强制性人权尽责法，存在的主要问题是将企业社会责任和工商业与人权相混淆。

1. 工商业与人权在中国的现状

有学者梳理了工商业与人权的发展进程。梁晓晖指出，联合国处理工商业与人权问题经历了从私法公法化到公法私法化的发展历程，并介绍了中国对工商业与人权问题的认识与态度转变。[①] 有学者从宏观角度探讨了工商业与人权在中国面临的问题和可供依据的理念。于亮分析了国家在经济、社会和文化（以下简称"经社文"）权利方面的域外义务。[②] 拉杜·马埃斯（Radu Mares）和张万洪指出，工商业与人权在中国具有重要意义，有助于促进和保障海外投资的成功，降低法律风险，树立大国形象，增加国际话语权。[③] 隽薪认为，令母国承担规制跨国企业的域外人权义务是解决跨国企业与人权保护问题的方式之一。[④] 李秀娜指出中国海外利益保护制度理论指引不足，体系性不强，对政治风险的法律保护措施不足，延伸法律域外效力的意愿和能力不足，缺乏运用管辖权制度的认识和能力。[⑤] 徐亚文、李林芳指出工商业与人权议题的根本挑战是如何缩短并最终弥合与人权有关的治理差距。[⑥] 隽薪认为，人类命运共同体价值观与绿色发展观为解决工商业与人权问题提供了中国理念。作为母国的中国有责

---

① 梁晓晖：《工商业与人权：从法律规制到合作治理》，北京大学出版社，2019。
② 于亮：《国家在经济、社会和文化权利方面的域外义务》，《法制与社会发展》2016 年第1 期。
③ Radu Mares、张万洪：《工商业与人权的关键议题及其在新时代的意义——以联合国工商业与人权指导原则为中心》，《西南政法大学学报》2018 年第2 期。
④ 隽薪：《国际投资背景下的跨国公司与人权保护》，法律出版社，2019。
⑤ 李秀娜：《海外利益保护制度的有效性困境及路径探究》，《北方法学》2019 年第5 期。
⑥ 徐亚文、李林芳：《简析企业社会责任的人权维度与路径建构》，《上海对外经贸大学学报》2020 年第1 期。

任监督和引导走出去的中国企业履行人权责任，而中国在实践中也确实积极利用国家人权行动计划、法规及政策文件与经贸协定等约束与引导走出去的中国企业在海外负责任经营。①

　　2. 工商业与人权在中国的发展路径建议

　　有学者建议制定强制性人权尽责法。萨楚拉认为，中国应在国内法中明确跨国企业的责任及追究机制，确立人权公益诉讼制度，在尊重他国内政的基础上防止中资企业在域外侵犯人权行为的发生。② 唐颖侠指出，强制性人权尽责立法是通过直接规范母公司的行为对子公司间接适用，必然具有域外效力，这也正是其意义所在。然而，唐颖侠认为强制性人权尽责立法与《拟议条约》的进程相呼应，彰显了工商业与人权领域软法硬法化的发展趋势。③ 梁晓晖、刘慈则持相反意见，认为强制性人权尽责立法体现了反对《拟议条约》的国家转而对《指导原则》更加支持，因为受到发展中国家支持的《拟议条约》主张跨国司法救济，使发达国家对签署《拟议条约》缺乏兴致。④ 李卓伦建议中国建设性参与工商业与人权国际框架公约、加强国内企业实施人权尽责。⑤

　　有学者从司法管辖权行使和母公司责任角度进行分析。曹均伟、徐兆宏认为由母公司承担其海外子公司的法律责任并不恰当。⑥ 于亮分析了如何消除跨国企业侵权受害人在母国诉讼的管辖障碍，⑦ 以及中国现有关于侵权责任的规定是否能为此类诉讼在中国开展提供诉因。⑧ 彭幸探讨了在

---

① 隽薪：《"工商业与人权"议题的中国理念、措施与展望——以"走出去"战略为视角》，《财富时代》2022 年第 1 期。

② 萨楚拉：《跨国公司人权责任探析》，《湖北大学学报》（哲学社会科学版）2015 年第 3 期。

③ 唐颖侠：《强制性人权尽责立法的考量因素与类型化研究》，《人权研究》2022 年第 1 期。

④ 梁晓辉、刘慈：《构建联合国工商业与人权条约的规范路径选择与实现悖论》，《人权研究》2021 年第 3 期。

⑤ 李卓伦：《全球供应链治理视角下跨国公司人权尽责的法律规制》，《人权法学》2022 年第 4 期。

⑥ 曹均伟、徐兆宏：《关于跨国公司法律的规制及其启示》，《世界经济研究》2005 年第 7 期。

⑦ 于亮：《论消除跨国公司侵权受害者在母国诉讼的管辖障碍》，载齐树洁主编《东南司法评论》（2016 年卷），厦门大学出版社，2016。

⑧ 于亮：《企业人权审慎义务的民事责任维度》，《人权研究》2023 年第 2 期。

人权司法保障过程中应如何合理适用不方便法院原则的问题。[①] 王岩分析了对外直接责任案件中的管辖权建立依据。[②] 王秀梅、杨采婷讨论了国际供应链上人权保护的司法实践。[③] 陈晓华[④]、贾琳[⑤]、于亮[⑥]等分析了跨国企业母子公司的关系及母公司为域外子公司承担责任的理论。曾丽洁指出母公司责任的法律规定只有能域外适用才有实际意义。[⑦]

有学者建议参与国际进程，如仔细研究《指导原则》，或积极参与《拟议条约》的谈判。王哲认为可采取的法律路径主要有通过母国法律规制母公司行为和促使发展中国家积极签署并实施人权保护相关条约。[⑧] 李林芳、徐亚文认为在"一带一路"倡议下，中国应重视《指导原则》，在政府与企业两个层面采取措施对工商企业尊重人权责任进行应有的回应。[⑨] 黄瑶、袁律丽在研究《拟议条约》预防条款的基础上指出，中国应坚持自己的价值观、人权观，对跨国企业综合采取法律刚性约束、道德柔性约束和科技隐形约束相结合的方式，有效预防域外侵犯人权行为的发生。[⑩] 陈雷建议中国积极参与《拟议条约》谈判、制定《工商业与人权国家行动计划》、修订《公司法》等法律以纳入公司人权责任要求；中国企业应主动了解工商业与人权议题的进展，主动设立人权尽责程序，行业组织可发布行业人权规范。[⑪] 隽薪建议中国制定相关法律与政策，规定惩罚措施，

[①] 彭幸：《不方便法院原则适用中的人权保障问题研究》，厦门大学出版社，2019。

[②] 王岩：《受诉国在对外直接责任案件中的司法管辖权问题研究》，载上海市法学会编《上海法学研究》2020 年第 22 卷，上海人民出版社，2021。

[③] 王秀梅、杨采婷：《国际供应链中的人权保护：规则演进及实践进程》，《社会科学论坛》2022 年第 3 期。

[④] 陈晓华：《论跨国公司母公司对其子公司的法律责任》，《对外经济贸易大学学报》2001 年第 2 期。

[⑤] 贾琳：《跨国公司管辖权研究》，知识产权出版社，2020。

[⑥] 于亮：《跨国公司母国的人权义务》，法律出版社，2020。

[⑦] 曾丽洁：《企业社会责任跨国诉讼的理论与实践探讨》，《湖北大学学报》（哲学社会科学版）2010 年第 3 期。

[⑧] 王哲：《跨国公司侵犯人权行为的法律规制》，《时代法学》2014 年第 1 期。

[⑨] 李林芳、徐亚文：《"一带一路"倡议与中国企业承担人权责任策略探析》，《北方法学》2020 年第 2 期。

[⑩] 黄瑶、袁律丽：《论母国对跨国公司域外侵害人权的预防义务——兼评"跨国公司与人权"国际法律文书草案的预防条款》，《学术研究》2021 年第 5 期。

[⑪] 陈雷：《工商业与人权：一个新兴的话语体系》，《宁波经济》（财经视点）2022 年第 3 期。

明确责任及对受害人的救济措施，强化对企业人权责任的宣传。①

有学者强调应发挥国际法与国内法的互动作用。例如，王惠茹认为在当前以国家为中心的国际人权法实施机制下，主要仍由国家层面的人权保护机制落实跨国企业人权责任，而国家人权保护义务履行机制的核心是司法救济，但面临来自诸如管辖权困境、公司面纱障碍等困境，需通过国际法与国内法的互动解除司法救济困境，在国际法的指引下完善国内法律体系以实现人权保护目标。②

然而，不难发现，现有研究多侧重于国际或国内公法，少数研究虽着眼于私法，但缺乏国际私法视角。现今，国际私法已不再被视为基于正式标准解决法律冲突的纯粹技术手段。相反，国际私法是跨国规制的核心要素。因此，它也可促进或阻碍工商业与人权议题的发展。

3. 工商业与人权中部分概念存在理解差异

程延军和李湃③、王秀梅④、庞林立⑤将工商业与人权和企业社会责任等同视之，认为两者是同一问题的不同表述。也有学者区分了两者，例如，程骞、周龙炜认识到企业社会责任和工商业与人权是两个不同的议题，并指出企业社会责任是企业中心主义的一种工具，多表现为道义上的期待，缺乏实质性的违反后果。⑥陈雷表示，工商业与人权是对"公司唯一的社会责任是为其股东创造利润的新自由主义"的回应。目前的国际趋势是要求跨国企业母公司承担更多的人权责任。⑦

① 隽薪：《"工商业与人权"议题的中国理念、措施与展望——以"走出去"战略为视角》，《财富时代》2022年第1期。
② 王惠茹：《跨国公司侵犯人权的司法救济困境——以国际法与国内法的互动为出路》，《环球法律评论》2021年第4期。
③ 程延军、李湃：《我国企业社会责任领域的发展、成就及展望》，《湖南人文科技学院学报》2018年第4期。
④ 王秀梅：《论我国〈国家工商业与人权行动计划〉的制定：基于企业社会责任的分析》，《人权》2019年第2期。
⑤ 庞林立：《"工商业与人权"议题下的跨国公司和非政府组织合作机制》，《人权》2020年第1期。
⑥ 程骞、周龙炜：《从"企业社会责任"到"工商业与人权"：中国企业的新挑战》，《中国发展简报》2014年第4期。
⑦ 陈雷：《工商业与人权：一个新兴的话语体系》，《宁波经济》（财经视点）2022年第3期。

有学者则发现了域外管辖义务与域外管辖权含义的不同。如许斌认为不应将域外义务与域外管辖权相混淆，在《拟议条约》中应增加国家域外规制义务条款，限缩缔约国在规范管辖权方面的自主性，国家不应自由裁量工商业与人权问题的规范管辖权的行使，而应承担规范管辖的义务。①孙萌、封婷婷指出，《拟议条约》意欲通过确立母国域外人权管辖的方法改善对受害人救济不力的问题，该方法具有必要性和优势，但域外人权义务在理论与制度层面面临诸多挑战。②

综观上述文献，中国部分学者较早即关注到对跨国企业侵犯人权行为的治理漏洞问题并进行研究，体现出中国学者的学术敏感度和对国际动态的密切关注，但存在以下问题。第一，对研究对象、研究范围的认识存在分歧。如对域外管辖权利与域外管辖义务是否为同一问题缺乏认识，多将两者混用，而未意识到两者实质上是同一个问题的不同方面；或虽认识到两者的不同，却未进一步解释两者的相互关系，使该问题呈现"两张皮"状态，难以解释为什么在探讨域外管辖问题时会出现域外义务。又如，对工商业与人权和企业社会责任等相关概念存在混用的问题。第二，缺乏法理基础和具体适用问题的研究。较少有法学学者对供应链立法背后的域外管辖逻辑加以关注。也较少有学者关注到在近年来欧盟的跨国私人诉讼中，母公司直接责任理论发挥了越来越重要的作用。

（二）国外研究现状

国外对工商业与人权的研究较为深入，也有较多学者从宏观角度研究了母国对跨国企业侵犯人权行为的域外管辖问题，形成了较多专著论文。近年来，外国学术界与实务界对该问题的研究更加深入。

1. 母国对跨国企业侵犯人权行为域外管辖的原因

在治理漏洞的产生原因方面，达丽雅·帕隆博（Dalia Palombo）认为，在国内层面，有限责任和国家法律的属地性限制了追究跨国企业责任的可能

---

① 许斌：《论工商业人权责任的制度化》，博士学位论文，山东大学，2020。
② 孙萌、封婷婷：《联合国规制跨国公司人权责任的新发展及挑战》，《人权》2020 年第6 期。

性；在国际层面，因缺乏执行机制而无适用于跨国企业的有效审查标准。[1]

在合法性方面，对于母国对跨国企业侵犯人权行为的域外管辖是域外人权义务的反映还是域外管辖权利的行使，斯蒂凡尼·拉古特（Stéphanie Lagoutte）[2] 等学者提出了疑问。对于母国对跨国企业侵犯人权行为是否应进行域外管辖，主要存在支持、反对和不置可否三种态度。部分学者持支持的态度，如戴娜·谢尔顿（Dinah Shelton）认同母国应对跨国企业的行为进行域外管辖。[3] 德舒特[4]、丹尼尔·奥根斯坦（Daniel Augenstein）和大卫·金利（David Kinley）[5]、苏亚·德瓦（Surya Deva）[6] 等认为国际法对母国赋予了域外管辖义务，应制定国际文书明确域外人权保护义务的范围。部分学者不赞同域外管辖，认为域外管辖有其内在无法克服的缺陷，并非使受害人获得救济的最有效可靠的方式，如斯科特·佩格（Scott Pegg）[7]、琳达·克罗姆忠（Linda Kromjong）[8] 等。部分学者不置可否，

① Dalia Palombo, *Business and Human Rights: The Obligations of European Home States* (Oxford: Hart Publishing, 2019).

② Stéphanie Lagoutte, "The UN Guiding Principles on Business and Human Rights: A Confusing 'Smart Mix' of Soft and Hard International Human Rights Law," in Stéphanie Lagoutte et al., eds., *Tracing the Roles of Soft Law in Human Rights* (Oxford: Oxford University Press, 2016).

③ Dinah Shelton, *Remedies in International Human Rights Law* (3rd edn., Oxford: Oxford University Press, 2015).

④ Olivier De Schutter, "Extraterritorial Jurisdiction as a Tool for Improving the Human Rights Accountability of Transnational Corporations," https://media. business-humanrights. org/media/documents/df31ea6e492084e26ac4c08affcf51389695fead. pdf, accessed 1 September 2023.

⑤ Daniel Augenstein & David Kinley, "When Human Rights 'Responsibilities' Become 'Duties': The Extra-territorial Obligations of States that Bind Corporations," in Surya Deva & David Bilchitz, eds., *Human Rights Obligations of Business: Beyond the Corporate Responsibility to Respect?* (Cambridge: Cambridge University Press, 2013).

⑥ Surya Deva, "The UN Guiding Principles' Orbit and Other Regulatory Regimes in the Business and Human Rights Universe: Managing the Interface," *Business and Human Rights Journal* 6 (2021): 343.

⑦ Scott Pegg, "An Emerging Market for the New Millennium: Transnational Corporations and Human Rights," in Jedrzej George Frynas & Scott Pegg, eds., *Transnational Corporations and Human Rights* (London: Palgrave Macmillan, 2003).

⑧ Linda Kromjong, "'Extraterritorial Jurisdiction Is the Surest Means to Secure Access to Remedy for Victims of Human Rights Abuse in Supply Chains' – True or False?," https://www.ioe-emp. org/fileadmin/ioe_documents/publications/ILO_ILC/2016_ILC/EN/_2016-03-03_C-368_Extraterritorial_jurisdiction_is_the_surest_means_to_secure_access_to_remedy_for_victims_of_human_rights_abuse. pdf, accessed 8 December 2024.

如鲁杰认为母国域外管辖问题较为复杂且困难,但应进行更为深入的研究。① 克莱尔·奥布赖恩(Claire Methven O'Brien)支持鲁杰的"允许但不要求"标准,一一反驳了支持者的理由。②

在正当性方面,拉尔夫·王尔德(Ralph Wilde)在《关于国家在经济、社会和文化权利方面的域外义务的马斯特里赫特原则》(以下简称《马斯特里赫特原则》)的基础上,探讨了经社文权利场域内域外义务的实质性质和意义,认为《马斯特里赫特原则》中规定的域外义务是在重叠背景下将国家主义与世界主义相结合的产物,其经济基础是经济上有特权的国家对经济上处于劣势的国家承担义务,道德基础是全球北方国家对殖民国的赔偿和对不公平的斗争。③ 加布里埃尔·霍莉(Gabrielle Holly)从受害人保护的价值导向角度论证了在境外侵犯人权行为发生时对受害人提供适当救济的重要性,认为应当打击公司有罪不罚的现象。④ 帕特里夏·沃格斯泰因(Patricia Rinwigati Waagstein)认为,若在某个问题上存在相当程度的国际共识,则对此问题的域外监管具有合理性。⑤

2. 母国对跨国企业侵犯人权行为域外管辖的条件与方法

在条件方面,安塔尔·贝尔克斯(Antal Berkes)认为,在国际人权法下,母国域外管辖分为真正的域外管辖权和具有域外效力的领土管辖权:前者要求国家与个人间存在实际关系(practical nexus);后者要求国家行为与侵犯人权的风险间有具体的因果关系(specific causal nexus)。只要有公认的管辖权基础,尊重不干涉东道国内政原则,就不禁止国家采取

---

① John Gerard Ruggie, *Just Business: Multinational Corporations and Human Rights* (New York: W. W. Norton & Company, 2013).

② Claire Methven O'Brien, "The Home State Duty to Regulate the Human Rights Impacts of TIVCs Abroad: A Rebuttal," *Business and Human Rights Journal* 3 (2018): 47.

③ Ralph Wilde, "Dilemmas in Promoting Global Economic Justice Through Human Rights Law," in Nehal Bhuta, ed., *The Frontiers of Human Rights: Extraterritoriality and Its Challenges* (Oxford: Oxford University Press, 2016).

④ Gabrielle Holly, "Transnational Tort and Access to Remedy Under the *UN Guiding Principles on Business and Human Rights: Kamasaee v Commonwealth*," *Melbourne Journal of International Law* 19 (2018): 1.

⑤ Patricia Rinwigati Waagstein, "Justifying Extraterritorial Regulations of Home Country on Business and Human Rights," *Indonesian Journal of International Law* 16 (2019): 361.

措施规制公司的域外行为。虽然不能将跨国企业侵犯人权的行为归咎于母国，但是母国仍可为违反其积极义务，特别是对跨国企业的尽责义务的错误行为负责。①

在方法方面，奥卢费米·阿毛（Olufemi Amao）从东道国角度指出，母国国家规制路径更具可行性。② 纳迪亚·贝尔纳兹（Nadia Bernaz）探讨了利用域外管辖方法加强公司问责制（accountability）的可能性与不足，认为在解决该问题的国际机制真正建立起来前，域外管辖方法对解决该问题具有积极影响。③ 欧洲联盟基本权利机构注意到对在欧盟境外设立的子公司在境外造成的侵犯人权行为的治理困境，认为欧盟应领导多边发展，通过海牙国际私法协会和他国就与跨国企业有关的侵犯人权案件的管辖权进行协调。④ 瑞秋·钱伯斯（Rachel Chambers）分析了跨国民事诉讼和域外监管立法两个域外工具，指出反对域外管辖的理由可被推翻。在所使用的域外工具合适且所涉及的人权种类需要时，必要的母国域外管辖可被接受，应在将域外管辖控制在合理范围内和保护人权间取得平衡。⑤ 丹尼尔·伊格莱希亚斯·马奎斯（Daniel Iglesias Márquez）建议，应从超国家层面建立卡塔尼亚工商业与人权中心，以更好解决跨国企业境外侵犯人权问题。⑥

3. 母国对跨国企业侵犯人权行为域外管辖的新进展

在母公司直接责任理论方面，塞斯·范丹姆（Cees van Dam）认为侵

---

① Antal Berkes, "Extraterritorial Responsibility of the Home States for MNCs' Violations of Human Rights," in Yannick Radi, ed., *Research Handbook on Human Rights and Investment* (Cheltenham: Edward Elgar Publishing, 2018).

② Olufemi Amao, *Corporate Social Responsibility, Human Rights and the Law: Multinational Corporations in Developing Countries* (London: Routledge, 2011).

③ Nadia Bernaz, "Enhancing Corporate Accountability for Human Rights Violations: Is Extraterritoriality the Magic Potion?," *Journal of Business Ethics* 117 (2013): 497.

④ European Union Agency for Fundamental Rights, *Improving Access to Remedy in the Area of Business and Human Rights at the EU Level*, FRA Opinion-1/2017, April 10, 2017.

⑤ Rachel Chambers, "An Evaluation of Two Key Extraterritorial Techniques to Bring Human Rights Standards to Bear on Corporate Misconduct Jurisdictional Dilemma Raised/Created by the Use of the Extraterritorial Techniques," *Utrecht Law Review* 14 (2018): 22.

⑥ Daniel Iglesias Márquez, "The Catalan Centre for Business and Human Rights: Addressing Extraterritorial Corporate Human Rights Abuses at the Subnational Level," *Business and Human Rights Journal* 8 (2023): 277.

权法在工商业与人权领域是人权保护的手足兄弟，特别是对母子公司责任承担和供应链责任承担具有重要作用。① 莉丝贝斯·恩内金（Liesbeth Enneking）探讨了侵权法对域外管辖的影响，并分析了母公司责任理论特别是直接责任理论对跨国私人诉讼的管辖权障碍解除的积极作用。② 道格·克沙勒（Doug Cassel）指出，普通法上的注意义务允许以侵权诉讼形式，对企业未能人权尽责而造成的损害进行司法救济。③ 汉斯·范鲁（Hans van Loon）指出直接责任理论在欧盟国家法院的适用是对《指导原则》精神的贯彻。④ 钱伯斯认为母公司直接责任理论能够为未来受害人在美国获得支持管辖裁决开辟前进道路。⑤

在强制性人权尽责法方面，徐昌禄和南承宪建议韩国政府积极制定明确和具体的人权尽责标准，制定有关域外活动的必要法律和条例。⑥ 尼古拉斯·布埃诺（Nicolas Bueno）和克莱尔·布莱特（Claire Bright）分析了利用母公司责任理论建立公司问责制以使强制性人权尽责立法得以实施的可能性。⑦ 萨曼莎·贝松（Samantha Besson）认为，强制性人权尽责的适用条件是对跨国企业的控制，使人权义务具有资格，但不会引起人权义务。⑧ 约翰·谢尔曼三世（John F. Sherman Ⅲ）指出欧盟的强制性人权尽

---

① Cees van Dam, "Tort Law and Human Rights: Brothers in Arms on the Role of Tort Law in the Area of Business and Human Rights," *Journal of European Tort Law* 2 (2011): 221.

② Liesbeth Enneking, *Foreign Direct Liability and Beyond: Exploring the Role of Tort Law in Promoting International Corporate Social Responsibility and Accountability* (Nijmegen: Eleven International Publishing, 2012).

③ Doug Cassel, "Outlining the Case for a Common Law Duty of Care of Business to Exercise Human Rights Due Diligence," *Business and Human Rights Journal* 1 (2016): 181.

④ Hans van Loon, "Principles and Building Blocks for a Global Legal Framework for Transnational Civil Litigation in Environmental Matters," *Uniform Law Review* 23 (2018): 298.

⑤ Rachel Chambers, "Parent Company Direct Liability for Overseas Human Rights Violations: Lessons from the U. K. Supreme Court," *University of Pennsylvania Journal of International Law* 42 (2021): 519.

⑥ 〔韩〕徐昌禄、〔韩〕南承宪:《韩国海外经营企业的工商业与人权案例研究：挑战和一个新的国家行动计划》，张伟、吴华兵译，《人权》2018 年第 6 期。

⑦ Nicolas Bueno & Claire Bright, "Implementing Human Rights Due Diligence Through Corporate Civil Liability," *International and Comparative Law Quarterly* 69 (2020): 789.

⑧ Samantha Besson, "Due Diligence and Extraterritorial Human Rights Obligations – Mind the Gap!," *ESIL Reflections* 9 (2020): 1.

责立法将对在欧盟从事商业活动的外国公司产生巨大的域外影响。[①] 迪芭达塔·铂丝（Debadatta Bose）以第三世界国际法视角分析各国制定强制性人权尽责法的趋势，认为此类立法具有新殖民主义色彩，指出制定国际条约才是解决跨国企业境外侵犯人权行为的最好方法。[②]

综上所述，外国学者对母国域外管辖能否填补对跨国企业侵犯人权行为的治理漏洞关注较早，研究成果丰富，对基本问题、实践、应对措施等都进行了较为深入的分析。不过，国外缺乏对母国对跨国企业侵犯人权行为进行域外管辖的整体性、体系性研究，也存在研究碎片化问题，同时在法理层面的研究也存在不足。此外，较少有学者从东道国角度出发，思考母国域外管辖在何时是可忍受甚至受欢迎的，探讨对母国的域外管辖措施的限制的研究更是不足。

综观多国立法和实践现状不难发现，总体上国外学者比国内学者更早关注到从工商业与人权视角研究跨国企业侵犯人权行为的母国域外民事管辖问题的作用，也有更多的研究成果，但缺乏体系化成果。国内研究起步较晚，其中已有一些高水平的研究成果和有价值的观点，但国内对此问题的研究规模和研究基础都相对薄弱。国内外研究现状主要存在以下不足和可进一步探讨、突破的空间。一是理论性研究亟须加强。目前国内外从法理学角度对跨国企业侵犯人权母国域外管辖的合理性、合法性、正当性及其限制的研究较少，尚不能为母国为什么、凭什么对跨国企业侵犯人权行为进行域外管辖提供充足的理由，使得母国的域外管辖缺乏坚实的根基。特别是将域外义务与域外管辖的关系联结起来的研究较少，使得对跨国企业侵犯人权行为的域外管辖是母国的权利还是母国的义务难以得到确切答案。二是缺少战略性、前瞻性、实用性和建设性研究，多数成果为阐述研究联合国的人权文书、外国的司法实践，未充分意识到联合国通过扩大国家域外人权义务强调母国域外管辖的趋势和欧美国家的强制性人权

① John F. Sherman Ⅲ, *Human Rights Due Diligence and Corporate Governance*, Corporate Responsibility Initiative Working Paper No. 79 (2021).

② Debadatta Bose, "Decentring Narratives Around Business and Human Rights Instruments: An Example of the French *Devoir de Vigilance* Law," *Business and Human Rights Journal* 8 (2023): 18.

尽责立法这一具有域外影响的国内措施对中国的冲击，对跨国企业侵犯人权母国域外民事管辖的重要性和必要性认识不足，宏观战略视野相对缺乏。

三　研究方法

（一）历史研究方法

母国对跨国企业侵犯人权行为的域外管辖在不同的历史时期的接受度不同，运用历史研究法对域外管辖在联合国文本和各国立法、司法实践中的追本溯源，有利于厘清不同时期背景下，国际社会和国家对母国域外管辖的态度的演变原因和背后的法理依据。

（二）比较法研究方法

通过比较研究联合国、欧盟、美国等对跨国企业侵犯人权进行母国域外管辖发展较为成熟的国际组织或国家对该问题的论述、立法和司法实践，结合规范分析方法和实证研究方法，探知母国对跨国企业侵犯人权行为域外管辖的优势与缺陷，为中国作为母国对跨国企业侵犯人权行为进行域外管辖提供思路，同时提示了应注意的边界与限制。

（三）跨学科研究方法

工商业与人权议题涉及法律、伦理、治理、管理、国际关系和政治等学科，具有规范复杂性，由此决定必然需要通过跨学科研究方法进行充分理解和阐明，实现社会与法律研究的结合。

第一章　母国对跨国企业侵犯人权行为域外民事管辖的基本概念

　　跨国企业在域外经营活动中侵犯人权的问题屡见报端。然而，现行法律框架的效用有限。工商业与人权是新兴研究领域，其核心便是解决跨国企业侵犯人权问题。随着该议题的开展，从工商业与人权视角探讨跨国企业境外侵犯人权行为的规制方式成为新的思考路径。工商业与人权不同于企业社会责任，前者更强调强制性的企业问责。东道国与母国虽均有可能成为域外管辖的实施主体，但因母国拥有相对更强的治理能力且是母公司所在国，又因治理空白产生的原因之一便是东道国不愿或不能有效规制跨国企业的侵犯人权行为，母国被寄予厚望，从工商业与人权视角研究母国对跨国企业侵犯人权行为的域外管辖成为热点。再者，由于各国对公司是否可承担刑事责任未达成一致意见，公司多受私法规制，本书将从域外民事管辖角度分析母国对解决跨国企业侵犯人权行为可发挥的作用。本章旨在阐释母国对跨国企业侵犯人权行为域外民事管辖的基本问题，在第一节中厘定本书的概念范围，明确工商业与人权和企业社会责任的区别，以工商业与人权的强制性引出域外管辖，随后对域外管辖进行分类，明确本书的研究对象。第二节梳理母国对跨国企业侵犯人权行为进行域外管辖的历史，以期明确域外管辖嵌入工商业与人权领域的背景。第三节探讨其必要性，论证虽然母国域外管辖受到诸多质疑与面临阻碍，但学界与实践中仍推动母国域外管辖确立的外在原因，为第二章的内在正当性论证奠定基础。第四节聚焦于中国，论证中国构建母国域外民事管辖体系具有必要性。

第一节　核心概念厘定

母国对跨国企业侵犯人权行为域外民事管辖的基本概念，分别是工商业与人权、母国和域外民事管辖。对母国的精准界定超出本书的研究范畴，且是否对母国下定义并不影响本书的研究，故本部分将不对之着笔墨。本节的重点是明确工商业与人权及域外民事管辖的含义。因学界存在混淆工商业与人权和企业社会责任的问题，第一部分便致力于对之界分，第二部分将解释选择"域外管辖"的原因，以及明确域外民事管辖的含义。

一　工商业与人权和企业社会责任的界分

工商业与人权和企业社会责任虽都与人权及工商企业有一定联系，但彼此间的内涵存在差异。

（一）企业社会责任

企业社会责任是饱受争议的概念，虽得到了很好的确立，但缺乏一致的定义，被描述为不同的良好意图的集合，而非一个连贯的理论或一套实践。[1] 跨国企业的情况更加复杂，母国与东道国的距离越远，来自母国的外国子公司在意愿和能力上就越不太可能遵循东道国的企业社会责任。[2] 此外，传统的企业社会责任并不涉及人权，可见其规范性价值是回应有限的社会期望，而非普遍价值观。同时，企业社会责任的运行方式是通过自我监管而非以人权为依据追究第三方责任。因此，越来越多的公司转向人权概念，以国际人权标准为基石，[3] 指导全球的商业实践，由此表明企业社会责任概念作为自我监管工具对跨国企业远远不够。[4]

---

① 参见 David P. Baron, "Private Politics, Corporate Social Responsibility, and Integrated Strategy," *Journal of Economics and Management Strategy* 10 (2001): 7.

② 参见 Joanna Tochman Campbell et al., "Multinationals and Corporate Social Responsibility in Host Countries: Does Distance Matter?," *Journal of International Business Studies* 43 (2012): 84.

③ 参见 Michael Posner, "Business & Human Rights: A Commentary from the Inside," *Accounting, Auditing & Accountability Journal* 29 (2016): 705.

④ 参见 John Gerald Ruggie, *Just Business: Multinational Corporations and Human Rights* (New York: W. W Norton & Company, 2013), p. 87.

此外，跨国企业伪社会责任行为并不罕见，部分企业甚至将履行社会责任作为换取更大利益的筹码。[①] 更有甚者则利用国际倡议缺乏实施和监管机制采取"漂蓝"（bluewashing）或"漂绿"（greewashing）行为。前者是指跨国企业利用联合国全球契约倡议（Global Compact）缺乏确保跨国企业履行机制的漏洞加入全球契约，将加入全球契约作为市场营销策略，借此声称其尊重人权和劳工权益，给社会公众特别是消费者营造尊重人权的有道德的企业的假象，进而获得良好声誉，但实际上并未采取相应措施甚或事实上参与侵犯人权的行径。[②]"漂绿"同理，是指打着环保之名，不行环保之实，而旨在牟利。[③]

由上可知，企业社会责任面临的主要人权挑战并不在于鼓励企业过度遵守适用于私营企业的国内法。相反，问题在于企业自愿主义与基于国家的国际秩序不相匹配，这导致它无法弥补经济全球化导致的人权法律保护的空白。若不通过人权和救济措施确保对跨国企业的问责制，企业社会责任与公共政策目标相一致的尝试则很快被市场激励所驱动的经济成本效益分析挫败。[④]

（二）工商业与人权

工商业与人权是对企业社会责任自愿性与模糊性的回应与补充，肇始于20世纪70年代《行动守则》的制定，在20世纪90年代受到广泛关注，在鲁杰提出《框架》与《指导原则》后引发了新一轮的研究热潮。《指导原则》的出台昭示着联合国对工商业与人权问题的首次正式承认。[⑤]工商业与人权出现得较晚，是因为20世纪初的主流假设是保护和促进尊

---

① 参见王秀梅《2019 年中国企业履行社会责任状况》，载中国人权研究会编《中国人权事业发展报告（2020）》，社会科学文献出版社，2020，第 274 页。
② 参见 Daniel Berliner & Aseem Prakash, "'Bluewashing' the Firm? Voluntary Regulations, Program Design, and Member Compliance with the United Nations Global Compact," *Policy Studies Journal* 43 (2015): 115。
③ 参见蔡凌、陈玲芳《企业社会责任"漂绿"的负面效应与治理对策研究》，《财务管理研究》2021 年第 11 期。
④ 参见 Daniel Augenstein, "Towards a New Legal Consensus on Business and Human Rights: A 10th Anniversary Essay," *Netherlands Quarterly of Human Rights* 40 (2022): 40。
⑤ 参见庞林立《"工商业与人权"议题下的跨国公司和非政府组织合作机制》，《人权》2020 年第 1 期。

重人权的主要责任在于政府。全球化后，企业的力量、影响和社会控制力的上升使该假设受到反驳，特别是在 20 世纪 90 年代，支持企业和国家间人权责任分配的公式的有效性受到质疑。[①]

对于工商业与人权中的工商业的种类，有观点认为仅指跨国企业及供应链，也有观点认为不应将工商业局限于此，还应纳入国内公司，还有观点认为工商业的规模在所不问。由于本书主要关注域外管辖问题，自然聚焦于探讨跨国企业及供应链上的侵犯人权行为。

此外，人权难以下定义，也难以界定范围。人权是人生而为人便享有的权利，其焦点是生命和尊严，是"规定在国内宪法和国际人权文书中的所有主体性权利的总和"[②]。不同领域的学者以多种方式对人权进行概念化和论证后的共同观点是，人权的明显特征是其对权利和责任的双重强调，具有法律性。[③] 即便在工商业与人权领域，对人权的认识也不尽相同，通常而言，现行法和拟议法采取了三种人权涵盖范围模式，分别为只涵盖非常狭窄的特定类型的人权模式、笼统涵盖所有人权模式及列举具体条约的涵盖所有人权模式。[④] 反映在《拟议条约》的制定过程中，主要表现为零号草案及其后三版修订草案对人权的范围与来源作出了不同规定，[⑤] 说明在工商业与人权领域，难以通过抽象方式划定人权的具体范围。现有共识是，工商业与人权议题下的人权至少是指国际公认的人权，即国际人权

---

① 参见 Wesley Cragg et al. , "Guest Editors' Introduction: Human Rights and Business," *Business Ethics Quarterly* 22 (2012): 1。

② 隽薪：《国际投资背景下的跨国公司与人权保护》，法律出版社，2019，第 24 页。

③ 参见 Louise J. Obara & Ken Peattie, "Bridging the Great Divide? Making Sense of the Human Rights-CSR Relationship in UK Multinational Companies," *Journal of World Business* 53 (2018): 783。参见张万洪、王晓彤《工商业与人权视角下的企业环境责任——以碳达峰、碳中和为背景》，《人权研究》2021 年第 3 期。

④ 参见 Markus Krajewski et al. , *Substantive Elements of Potential Legislation on Human Rights Due Diligence* (Belgium: European Union, 2020), p. 6。

⑤ 零号草案将人权的范围划定为所有国际人权和国内法律承认的权利；一号草案简单地表示涵盖所有人权；二号草案采用列举核心人权条约的方法，将适用范围划定为由《世界人权宣言》、一国加入的任何核心国际人权条约和国际劳工组织（ILO）基本公约以及习惯国际法所产生的所有国际公认的人权和基本自由；三号草案表示人权是指对缔约国具有约束力的所有国际公认的人权和基本自由，包括《世界人权宣言》《国际劳工组织关于工作中基本原则和权利宣言》、一国加入的所有核心国际人权条约和 ILO 基本公约及习惯国际法中承认的人权和基本自由。

核心条约中表达的人权和 ILO《国际劳工组织关于工作中基本原则和权利宣言》中规定的权利,[①] 而不具体区分相应权利是人权中的公民权利和政治权利或经社文权利等性质,相应权利是否构成人权及是否具有可诉性应通过个案分析确定。[②] 总之,本书中的人权概念不是道德义务,而是由核心人权条约所呈现的法律义务。[③]

工商业与人权涉及人权与工商业间的系统关系的确定与概念化。[④] 人权将相关的责任加诸国家,通过政治手段得到保护和实现,并在国家层面的立法程序和组织中得到制度化和强制执行。[⑤] 同时,经济权力带来的道德、法律和政治责任,特别是跨国企业对人民福祉和更广泛的社会经济条件的影响,对实现和享受人权至关重要。[⑥] 跨国企业可通过直接或间接方式参与境外侵犯人权。[⑦] 为预防跨国企业侵犯人权,或在人权遭受侵犯后为受害人提供有效救济,工商业与人权将重点投射于国家法律的强制性,强调应通过国家强制与企业自治相结合的方式对企业问责,确保对人权的尊重与保障。

(三) 相互关系

企业社会责任虽和工商业与人权有千丝万缕的联系,但仍存在诸多差别。

两者的主要交叉点是人权,但反映了对人权保护的不同路径。企业社会责任强调企业的中心作用,人权构成企业承担社会责任的选择之

---

① John Ruggie, *Guiding Principles on Business and Human Rights: Implementing the United Nations "Protect, Respect and Remedy" Framework*, A/HRC/17/31, 21 Mar. 2011, Principle 12.

② 参见 Nojeem Amodu, "Business and Human Rights Versus Corporate Social Responsibility: Integration for Victim Remedies," *African Human Rights Law Journal* 21 (2021): 865。

③ 参见 John Douglas Bishop, "The Limits of Corporate Human Rights Obligations and the Rights of For-Profit Corporations," *Business Ethics Quarterly* 22 (2012): 124。

④ 参见 Florian Wettstein, "CSR and the Debate on Business and Human Rights: Bridging the Great Divide," *Business Ethics Quarterly* 22 (2012): 742。

⑤ 参见 Michael Freeman, *Human Rights: An Interdisciplinary Approach* (2nd edn., Cambridge: Polity Press, 2011)。

⑥ 参见 Henry Shue, *Basic Rights: Subsistence, Affluence, and U.S. Foreign Policy* (Princeton: Princeton University Press, 1980), p. 9。

⑦ 参见 John Ruggie, *Corporations and Human Rights: A Survey of the Scope and Patterns*, A/HRC/8/5/Add.2, 23 May 2008, p. 2。

一。工商业与人权则是混合路径,既重视国家的人权保护义务,也强调企业的人权尊重责任,更偏重国家通过立法方式强制企业尊重人权,人权是其终极目标,① 人权不是企业可自愿作出的选择,而是必须遵守的标准。②

　　然而,工商业与人权和企业社会责任本质上是两种不同但相互重叠的概念,都涉及公司从事负责任的和有益于社会的活动,但这两个概念有关键的区别。工商业与人权在某种程度上是对企业社会责任及其被认为是失败的回应,这导致两个学科或话语链正在分化而不是融合。工商业与人权是企业社会责任向法律领域的延伸,构成独立的研究领域,核心是企业人权责任。③ 企业社会责任多由管理目标驱动,相较于侧重于在人权领域作出更明确承诺的工商业与人权,不足以将人权纳入公司政策。④

　　以企业社会控制 (social control of business) 理论为依托,可从基本原理、种类和实施角度分析企业社会责任和工商业与人权的关系 (见表1-1)。从社会控制的基本原理即动因角度看,企业社会责任的理念是向善 (do good),方式是工具性;工商业与人权是不为恶 (do no harm),方式是规范性。从种类即描述性特征角度看,企业社会责任是强调道德的自愿性的私企业责任,工商业与人权是强调法律的强制性的公企业责任。从实施角度看,企业社会责任以企业为中心,依靠软法管理,国家多为消极守夜人作用;工商业与人权以权利所有人即人为中心,依靠硬法规制,国家多积极参与其中。⑤

---

① 参见 Stéphanie Bijlmakers, *Corporate Social Responsibility*, *Human Rights*, *and the Law* (Abingdon: Routledge, 2019), p. 3。

② 参见 Christopher Avery, "The Difference Between CSR and Human Rights," *Corporate Citizenship Briefing* 89 (2006): 4。

③ 参见 Karin Buhmann et al., "Business & Human Rights Research Methods," *Nordic Journal of Human Rights* 36 (2018): 323。

④ 参见 Anita Ramasastry, "Corporate Social Responsibility Versus Business and Human Rights: Bridging the Gap Between Responsibility and Accountability," *Journal of Human Rights* 14 (2015): 237。

⑤ 参见 Judith Schrempf-Stirling et al., "Human Rights: A Promising Perspective for Business & Society," *Business & Society* 61 (2022): 1282。

表 1-1　企业社会责任和工商业与人权的关系

	企业社会责任（CSR）		工商业与人权（BHR）	
产生背景	企业规模扩大化+负面影响出现		CSR 未能解决工商业对人权造成的负面影响	
指导思想	新自由主义（内核）综合社会契约理论、利益相关者理论等（表面）		人权主流化	
价值取向	后果主义		义务论	
基本原理	向善（do good）		不为恶（do no harm）	
追求目标	核心	以企业为中心	核心	以人为中心
	理论	利己主义理论：效率（利润最大化）行动功利主义理论：社会公共利益 规则功利主义：企业社会互利	理论	人权保障可持续发展
方式	工具性		规范性	
种类/描述性特征	强调道德的自愿性的私企业责任		强调法律的强制性的公企业责任	
治理方式	软法管理		硬法规制	
是否以权利为基础	不以权利为基础		以权利为基础	
人权的地位	组成部分		出发点与终极目标	
与企业的关系	内部性		外部性	
国家的作用	消极守夜人		积极参与	
起源学科	管理学		法学	
相互关系	彼此独立，长期共存，互相补充			

　　总之，企业社会责任强调企业的自主性，工商业与人权强调问责制对企业在侵犯人权后承担责任的重要作用。两者可相互借鉴，工商业与人权可重视企业社会责任中的企业积极性的发挥，公司的自主性与国家的强制性在工商业与人权下并行不悖，但国家强制性在工商业与人权下受到更多关注。① 本书所探讨的工商业与人权语境下的域外管辖，也正是工商业与

---

① 参见 Louise J. Obara & Ken Peattie, "Bridging the Great Divide? Making Sense of the Human Rights-CSR Relationship in UK Multinational Companies," *Journal of World Business* 53 (2018): 784。

人权中国家强制性的反映。

二　对跨国企业侵犯人权问题的域外管辖的特殊性

母国域外管辖受到更多关注，是因为东道国域外管辖更为复杂，且有极大的可能会失败，但母国域外管辖则更有可能成功地使跨国企业被问责。域外管辖的责任性质多元，一国可对其海外子公司或本国公司的海外经营活动适用具有明确人权标准的有域外效力的法律，在海外子公司或本国公司违反相应法律时对之施以制裁；或一国可为外国受害人提供民事救济，但不对本国公司或外国公司施加直接义务；或对母公司提出有关其外国子公司的披露要求。在人权保护是所有国家共同目标的背景下，域外管辖的法益保护对象不仅包括本国国民，还包括生活在其他国家的人。

（一）域外管辖的概念内涵

本书所谈的域外管辖，实质上是指 extraterritoriality①。extraterritoriality 包含至少两方面的内涵：一方面为较为温和的措施，如立法等；另一方面为争议较大的裁决问题。extraterritoriality 出现于一国调整发生于其国家边界外的行为时，主要体现在一国可以制定具有域外效力的法律，或该国可

---

① extraterritoriality 可被翻译为治外法权、领事裁判权等。治外法权的含义是一国元首、外交官、领事等虽在他国领土内，但在法律上被认为是处于该国国外，故不受当地法律的管辖。领事裁判权是指一国通过领事等对处于另一国领土内的本国人民根据其本国法律行使司法管辖权的制度。参见赵晓耕《试析治外法权与领事裁判权》，《郑州大学学报》（哲学社会科学版）2005 年第 5 期。可见，治外法权和领事裁判权的一个重要表现为豁免，但本书所探讨的 extraterritoriality 并不会使当事人免受他国的管辖，故不采取"治外法权"和"领事裁判权"的翻译。extraterritoriality 难以找到对应的中文翻译，但确为国内法域外适用领域的重要概念，故本书仍对该概念进行探讨。有中国学者将 extraterritoriality 译为"域外效力"，并认为其与域外管辖权虽表现为一静一动，但实际含义并无本质区别，均指一国规制其管辖范围外的行为或事项的权限。参见霍政欣《域外管辖、"长臂管辖"与我国法域外适用：概念厘定与体系构建》，《新疆师范大学学报》（哲学社会科学版）2023 年第 2 期。在外国文献中有 extraterritorial effect 或 extraterritorial implication 的表述，似乎将后者翻译为"域外效力"更为恰当。此外，有学者认为 exterritoriality 和 extraterritoriality 是同义词，另有学者提出反对意见。反对观点认为，前者是指行为完全发生于域外，与本国毫无联系；而后者则是指行为发生于域外或主客体位于域外。参见 Krzysztof Załucki, "Extraterritorial Jurisdiction in International Law," *International Community Law Review* 17 (2015)：404。

行使裁决管辖权以司法方式裁决未发生在其领域内的案件。^① 除立法和司法权限外，extraterritoriality 还应包含执法的内容，是国家的立法、执法或司法权力调整位于该国领域外的法律关系的情形。^② 国际商会政策与商业惯例部的政策声明中指出，extraterritoriality 是指由一国或多国，无论是否有组织，颁布的旨在调整位于一个或多个外国领域的法律关系或法律情况的法规、文本或判例法，立法机关、行政机关、法院均有可能作出具有域外效力的决定或制定具有域外效力的政策。^③ 瑞士外交部在《外交 ABC》中谈及 extraterritoriality 时表示，原则上一项法律只在其颁布的国家具有效力。为使一项法律适用于位于另一国境内的行为、财产或人员，或者对位于另一国境内的行为、财产或人员行使域外管辖权，国际法要求在相应行为、财产或人员与制定这项法律的国家间存在充分联系。^④ 为相对准确地表述本书的研究对象，有必要对国内学界对 extraterritoriality 及相关概念的译法进行研究，寻找最为恰当的用语。

目前国内学界对 extraterritoriality 对应的中文含义尚未形成一致观点，有学者将之翻译为"域外规治"，^⑤ 有学者采取"域外规制"的表述，^⑥ 还有学者将之与域外适用（extraterritorial application）、域外效力（extraterritorial effect）、域外管辖（extraterritorial jurisdiction）、长臂管辖（long-

---

① 参见 Humberto Cantú Rivera, "Developments in Extraterritoriality and Soft Law: Towards New Measures to Hold Corporations Accountable for Their Human Rights Performance?," *Anuario Mexicano de Derecho Internacional* 14 (2014): 731。

② Jean Salmon, ed., *Dictionnaire de droit international public* (Boudewijnlaan: Bruylant, 2001), p.491.

③ 参见 International Chamber of Commerce Policy and Business Practices, *The Negative Impact of Extraterritorial Application of National Legal Norms on International Business Transactions*, Doc. No. 825-162/5, 2018, p.1。

④ 参见 Swiss Federal Department of Foreign Affairs, "ABC of Diplomacy," https://www. eda. admin. ch/dam/eda/en/documents/publications/GlossarezurAussenpolitik/ABC-Diplomatie_en. pdf #:~: text = The%20modern%20Swiss%20Confederation%2C%20which%20was%20founded%20in, total%20of%20more%20than%204%20ABC%20of%20Diplomacy, accessed 10 September 2023。

⑤ 参见屈文生《从治外法权到域外规治——以管辖理论为视角》，《中国社会科学》2021年第4期。

⑥ 参见商舒《中国域外规制体系的建构挑战与架构重点——兼论〈阻断外国法律与措施不当域外适用办法〉》，《国际法研究》2021年第2期。

arm jurisdiction）等混用。

有学者从结果发生地、实施主体、特定背景等角度理解域外适用，① 更多是从调整对象所在地加以理解，即将法律适用于位于该国边界外但仍受其法律约束的人、物、行为。② 对于域外效力，多数学者认为域外效力即法律在一国法域外具有约束力。③ 学者多从实施主体、行为发生地、是否具有域外效力等角度界定域外管辖权，④ 一般将之定义为一国在其境外行使主权权力或权威，包括管辖权、治外法权和国内法的域外适用。⑤ 长臂管辖是美国民事诉讼法中属人管辖权发展的结果，⑥ 是法院对外国被告基于该非法院地居民被告与法院地之间存在的某种限度的联系所主张的特别管辖权。⑦ 长臂管辖是域外管辖的一种形式，但域外管辖并不都是长臂管辖。⑧

---

① 例如，从结果发生地角度理解，域外适用是指法律在本法域外得以适用。参见孙国平《劳动法域外效力研究》，中国政法大学出版社，2016，第26页。从实施主体角度理解，域外适用是行政机关和司法机关将立法机关通过的具有域外效力的立法适用于该国境外的人和事的行为，广义上还包括国际私法上的法律选择。参见李庆明《论美国域外管辖：概念、实践及中国因应》，《国际法研究》2019年第3期。从特定背景角度理解，域外适用指的是一国基于对外国的武装占领或其他类似情况下，由其权力机关在外国行使权力而适用国内法。因此，域外适用概念的使用容易引发国际社会的不安。参见霍政欣《国内法的域外效力：美国机制、学理解构与中国路径》，《政法论坛》2020年第2期。
② 参见 Krzysztof Załucki, "Extraterritorial Jurisdiction in International Law," *International Community Law Review* 17 (2015): 407.
③ 参见廖诗评《中国法域外适用法律体系：现状、问题与完善》，《中国法学》2019年第6期。
④ 例如，从实施主体角度理解，域外管辖是指一国法院能够在其领域范围外行使权力。参见 Bryan A. Garner, *Black's Law Dictionary* (9ᵗʰ ed., West, 2009), p. 929. 从行为发生地角度理解，域外管辖是指一国对发生于其领域外的行为行使管辖权。参见 Deborah Senz & Hilary Charlesworth, "Building Blocks: Australia's Response to Foreign Extraterritorial Legislation," *Melbourne Journal of International Law* 2 (2001): 72. 从是否具有域外效力角度理解，只要一国意欲控制或直接影响位于该国领域外的对象的行为，此时的管辖权行使便具有域外效力。参见 Dan Jerker B. Svantesson, "A Jurisprudential Justification for Extraterritoriality in (Private) International Law," *Santa Clara Journal of International Law* 13 (2015): 521-523.
⑤ United Nations, *Report of the International Law Commission on the Work of the Fifty-Eighth Session*, Annex E, A/61/10, pp. 279-281 (2006).
⑥ 参见郭玉军、甘勇《美国法院的"长臂管辖权"——兼论确立国际民事案件管辖权的合理性原则》，《比较法研究》2003年第3期。
⑦ 参见郭玉军、向在胜《网络案件中美国法院的长臂管辖权》，《中国法学》2002年第6期。
⑧ 参见肖永平《"长臂管辖权"的法理分析与对策研究》，《中国法学》2019年第6期。

对于域外适用、域外管辖、域外效力、extraterritoriality 的关系，存在认为这几个概念为同义词①与认为这几个概念相互联系但有所不同②两种观点。例如，有学者认为 extraterritorial effect、extraterritoriality 或 extraterritorial jurisdiction 均为域外效力的英文表述。③有学者指出，美国理论界和实务界常将域外适用与域外管辖等同视之。④有学者反驳了域外管辖与国内法域外适用是同义词或近义词的观点，认为域外管辖的概念广于国内法域外适用，是一个统称概念。⑤有学者认为域外管辖、国内法域外适用、域外效力具有逻辑上的先后关系，域外管辖是前提，国内法域外适用是方法，域外效力是结果。⑥有学者虽也认同相关概念存在逻辑上的先后顺序，但认为域外效力是国内法域外适用的前提和基础，国内法域外适用是其域外效力的实际展示。⑦有学者认为，extraterritoriality 是域外效力，与域外管辖是一静一动的看似不同但本质相同的概念。国内法的域外效力或主张的域外管辖权是其域外适用的前提和基础，而国内法的域外适用是其域外效力或域外管辖权的实际展示。国内法域外适用通常围绕域外立法管辖权的行使展开，域外立法管辖权的行使又以制定法律的域外效力条款为重

---

① 参见 Samantha Besson，"The Extraterritoriality of the European Convention on Human Rights：Why Human Rights Depend on Jurisdiction and What Jurisdiction Amounts to," *Leiden Journal of International Law* 25（2012）：857。参见杜涛《美国证券法域外管辖权：终结还是复活？——评美国联邦最高法院 Morrison 案及〈多德-弗兰克法〉第 929P（b）条》，《国际经济法学刊》2012 年第 4 期。

② 参见 Christine Kaufmann et al.（2016），《 L'extraterritorialité dans les rapports entre économie et droits humains：Portée extraterritoriale du droit et compétence des tribunaux suisses：le cas des violations commises par des entreprises transnationales》，Centre suisse de compétence pour les droits humains，pp. 1-2；宋晓《域外管辖的体系构造：立法管辖与司法管辖之界分》，《法学研究》2021 年第 3 期。

③ 参见张世明《欧洲竞争法域外效力中的经济统一一体原则新论》，《政法论丛》2015 年第 3 期。

④ 参见杜涛《论反垄断跨国民事诉讼中域外管辖权和域外适用问题的区分——以中美新近案例为视角》，《国际经济法学刊》2019 年第 1 期。

⑤ 参见李庆明《论美国域外管辖：概念、实践及中国因应》，《国际法研究》2019 年第 3 期。

⑥ 参见廖诗评《中国法域外适用法律体系：现状、问题与完善》，《中国法学》2019 年第 6 期；何志鹏、周萌《论涉外立法体系建设的起承转合》，《北方论丛》2022 年第 4 期。

⑦ 参见霍政欣《我国法域外适用体系之构建——以统筹推进国内法治和涉外法治为视域》，《中国法律评论》2022 年第 1 期。

点。国内法域外适用体系是域外管辖权的法治运行机制，立法机关制定具有域外效力的法律规定是国内法域外适用的基础，行政和司法机关执行或适用此类法律是国内法域外适用的实现方式。① 笔者认为，域外适用是域外立法管辖权的后续阶段，域外立法管辖权是域外适用的前提和基础，域外适用是域外司法管辖权和域外执法管辖权的实现方式，域外效力是域外管辖权的结果和目的，具有形式上的域外效力是域外适用的前提，产生实质性的域外效力是域外适用的后果。extraterritoriality 是统述概念，其核心问题即域外管辖权、国内法域外适用和域外效力。

具体到工商业与人权语境下 extraterritoriality 的含义，《指导原则》反映了工商业与人权中的 extraterritoriality 是国家域外人权义务还是域外管辖权的困惑，② 即工商业与人权语境下的 extraterritoriality 比域外管辖权的含义更宽泛，③ 不仅包含权利行使的传统意义上的域外管辖权，还包含义务履行的含义。承担域外人权义务的是国家，而为履行义务须由国家机器采取行动，表现为域外管辖权的行使。因此，工商业与人权语境下的 extra-territoriality 与域外管辖权、域外义务并非同义词，而是前者包含后者的关系。结合上文对 extraterritoriality 相关概念的分析与归纳，本书采用的与extraterritoriality 相对应的中文术语为域外管辖，而非域外管辖权。原因在于，"域外管辖"一词包含了管辖的义务属性与权利属性，最符合工商业与人权语境下 extraterritoriality 的含义。

（二）域外管辖的分类

基于不同的依据，域外管辖可作多种分类。其中，基于职能的分类依据最为经典，接受度最高。而在工商业与人权语境下，则以鲁杰的"直接域外管辖措施"与"具有域外影响的国内措施"的分类为主要方式。

---

① 参见霍政欣《域外管辖、"长臂管辖"与我国法域外适用：概念厘定与体系构建》，《新疆师范大学学报》（哲学社会科学版）2023 年第 2 期。
② 参见 Stéphanie Lagoutte, "The UN Guiding Principles on Business and Human Rights: A Confusing 'Smart Mix' of Soft and Hard International Human Rights Law," in Stéphanie Lagoutte et al., eds., *Tracing the Roles of Soft Law in Human Rights* (Oxford: Oxford University Press, 2016), p. 249.
③ 参见 Nadia Bernaz, "Enhancing Corporate Accountability for Human Rights Violations: Is Extraterritoriality the Magic Potion?," *Journal of Business Ethics* 117 (2013): 497.

1. 以职能为依据的分类

按照职能，域外管辖可区分为立法、司法和执法管辖。域外管辖既可是程序性的，也可是实质性的，前者涉及域外司法管辖，后者则为域外立法管辖。[①]

具体到母国对跨国企业侵犯人权的域外民事管辖，域外工具可包括在母国提起的民事诉讼和母国的具有域外效力的监管立法，但此两种工具容易引起诸多关于其合法性的争议。民事诉讼主要是通过侵权法为受害人提供救济措施，赔偿被告公司因过失或可预见而造成的身体伤害和财产损失。对受害人而言更为重要的是，它赋予被告正式公开的法律责任。监管立法是指在法律条文中规制跨国企业的行为，某些法律还包含禁令机制以确保得到执行。然而，母国直接监管影响海外人权的跨国企业不当行为相对罕见，立法中主要采取的措施包括要求公司进行人权尽责，以及公司法和证券法中的人权报告要求。较之民事诉讼，监管立法引起的争议更少，因为监管立法中的域外要求相对不高。[②]

2. 以领域为依据的分类

按照领域，域外管辖可被区分为"公法领域的域外管辖"与"私法领域的域外管辖"。前者的依据是国际法，后者的依据是法院地国内法。前者主要表现为通过立法、执法、司法机制对位于域外的公司及其活动行使管辖权，后者则主要是指司法机关裁决域外私人纠纷。[③] 前者有明确的限制性要求，国家对公法领域的域外管辖受国际法的制约。根据国际法，对外国公司和商业活动直接主张管辖权，须基于一个或多个国际公认的管辖权依据证明其正当性，[④] 且对域外管辖权的主张应在行使方式上符合合

---

① 参见 John H. Knox, "A Presumption Against Extrajurisdictionality," *American Journal of International Law* 104 (2010): 352。

② 参见 Rachel Chambers, "An Evaluation of Two Key Extraterritorial Techniques to Bring Human Rights Standards to Bear on Corporate Misconduct Jurisdictional Dilemma Raised/Created by the Use of the Extraterritorial Techniques," *Utrecht Law Review* 14 (2018): 24。

③ 参见廖诗评《中国法中的域外效力条款及其完善：基本理念与思路》，《中国法律评论》2022 年第 1 期。

④ United Nations, *Report of the International Law Commission on the Work of the Fifty-Eighth Session*, Annex E, A/61/10, (2006) p. 281.

理性的总体要求，但对后者并无国际统一的限制因素。一些国际条约机构呼吁母国采取步骤，为受到设在各自母国的工商企业与人权有关的外国企业影响的人提供更多诉诸母国司法机制的机会。《改进与企业有关的侵犯人权行为受害人的问责制和获得补救的机会：指导解释性说明》强调，相关国内法律制度需明确其预期的地理范围，应定期审查国内法律制度，以确保其提供必要的覆盖面和适当的方法范围，以应对不断变化的企业相关人权挑战，并考虑到国家在国际人权条约下的义务，呼吁各国积极参与旨在改善国内法律应对跨境工商业与人权挑战的举措。① 本书所谈论的域外民事管辖，则是指公法领域域外管辖中依据域外立法管辖权制定民商事领域的立法，以及私法领域域外管辖权即域外司法管辖权在民事诉讼中的适用。

3. 以是否具有直接性为依据的分类

以直接性为区分标准，根据《指导原则》使用的概念，还可将域外管辖措施分类为直接域外管辖措施和领土延伸（territorial extension）意义上具有域外影响的国内措施。② 也有学者将之区分为"体现在范围上的域外管辖"（extraterritoriality in scope）和"体现在效果上的域外管辖"（extraterritoriality in effect）。③

直接域外管辖措施与国外自然人和法人的活动直接相关，是指国家的作为或不作为真实地发生在其领土外，包括对在本国领土外的其他地区的有效控制和借助国家代理人对在他国领土的个人行使权力和控制，国家与个人间存在实际关系，其行使旨在为在国外实施的侵犯人权行为建立公司责任制度，或在特定案件中确立这种责任；具有域外影响的国内措施除责任确立外，还要求加强公司问责，是指在国家领土内作出的具有域外影响

---

① OHCHR, *Improving Accountability and Access to Remedy for Victims of Business-Related Human Rights Abuse: Explanatory Notes for Guidance*, A/HRC/32/19/Add. 1, 12 May 2016, para. 32.

② 参见 Jennifer A. Zerk, *Extraterritorial Jurisdiction: Lessons for the Business and Human Rights Sphere from Six Regulatory Areas*, Corporate Social Responsibility Initiative for the Harvard Corporate Social Responsibility Initiative, Working Paper No. 59 (2010), p. 5.

③ 参见 Yves Poullet, "Transborder Data Flows and Extraterritoriality: The European Position," *Journal of International Commercial Law and Technology* 2 (2007): 148。

的国家行为，要求国家行为与侵犯人权的风险间有具体的因果关系。① 由于母国直接域外管辖权的行使较易引发对侵犯东道国主权的质疑，更多国家通常选择采取具有域外影响的国内措施对跨国企业侵犯人权行为进行域外管辖。②

这些系统性的分类乍一看很清楚，但实际出现的问题是，各个层面的域外管辖存在重叠，立法性的域外管辖措施的执法有效性可以通过司法产生域外影响，因此不能孤立地加以考虑。

（三）　域外管辖的法理逻辑

典型的域外管辖路径包括属地路径、属人路径和无特定路径，不同路径所依据的法理逻辑各有不同。其中属地路径包括行为的属地路径和实体的属地路径，属人路径包括直接以国籍为联系的初级属人路径和间接以特定身份关系为联系的二级属人路径，无特定路径主要表现为美国在出口管制法领域常用的来源路径等。属人路径和属地路径虽宣称以属人原则和属地原则为正当化依据，但存在不合理扩张的可能性；无特定路径也并不意味着相关路径一定不具有正当性，需要结合个案具体问题具体分析。此处所论述的域外管辖的法理逻辑，更多对应的是工商业与人权语境下的直接域外管辖措施。具体到具有域外影响的国内措施，随着全球化的发展，主权的领土联系受到越来越多质疑，对主权的理解发生了变化，不仅包括禁止干涉的正式标准，还包含有关跨国保护国际公认目标的要素。在此背景下，对属地管辖的理解扩展为领土延伸，意指国家法律的有效性和适用性延伸至领土外，③ 此即鲁杰所指的具有域外效力的国内措施。

---

① 参见 Nadia Bernaz, "Enhancing Corporate Accountability for Human Rights Violations: Is Extra-territoriality the Magic Potion?," *Journal of Business Ethics* 117 (2013): 496。

② 参见 Jamile Bergamaschine Mata Diz & Hélio Eduardo de Paiva Araújo, "Extraterritoriality and the Impact of EU Regulatory Authority: Environmental Protection as Soft Power," in Nuno Cunha Rodrigues, ed., *Extraterritoriality of EU Economic Law: The Application of EU Economic Law Outside the Territory of the EU* (Cham: Springer, 2021), p. 323。

③ 参见 Joanne Scott, "The Global Reach of EU Law," in Marise Cremona & Joanne Scott, eds., *EU Law Beyond EU Borders: The Extraterritorial Reach of EU Law* (Oxford: Oxford University Press, 2019), p. 22。

从概念上讲，直接域外管辖和具有域外效力的国内措施在与规制国的关系上有所不同。直接域外管辖措施与规制国缺乏联系，而与规制国的个人或事实存在关系是领土延伸即具有域外影响的国内措施的特征。虽对该基本区别有广泛共识，但对适用于划界的具体标准有不同意见。特别是对于一项措施必须与一国有多密切的联系才能归入属地原则或领土延伸存在争议。虽有学者认为属地管辖的域外影响不属于域外管辖而是涉外管辖，[①]但多数学者认为具有域外影响的国内措施构成间接域外管辖，故具有域外影响的国内措施往往被统归入域外管辖。[②]

结合上述分析，具体到母国对跨国企业侵犯人权行为的域外管辖问题，该领域发展迅速，实践中出现多种尝试。由于目前多数国家并未建立处理本国企业境外侵犯人权的专门行政机构，本书的重点是母国域外立法管辖权和司法管辖权的行使，而不涉及域外执法管辖。其中，司法管辖权在受害人纷纷在母国提起民事诉讼的影响下最早觉醒，母国国内法院常在现有国际民事诉讼管辖权依据基础上进行延展，利用关联诉讼管辖权、必要管辖原则等机制或理论实现对境外子公司或供应商的管辖，或只对母公司建立管辖权，通过对母公司作出实体裁决的方式间接促使跨国企业整体的行为转变，由此体现出直接域外管辖措施与具有域外影响的国内措施在域外民事司法管辖权领域的适用。立法管辖权作为回应与先导，所运用的技术最为多元，如基于对母公司的属地管辖而对境外子公司的行为产生域外影响及特定所有与控制关系的属人路径相结合的强制性人权尽责立法，又如将外国公司的营业额作为属地路径中影响学说（effects doctrine）适用依据的欧盟企业可持续发展尽责指令等。具体内容将在本书第三、四章展开分析。

---

① 参见吴培琦《破解迷象：国内法域外管辖的基本形态与衍生路径》，《苏州大学学报》（法学版）2022 年第 1 期。

② 参见 Christine Kaufmann et al., Extraterritorialität im Bereich Wirtschaft und Menschenrechte Extraterritoriale Rechtsanwendung und Gerichtsbarkeit in der Schweiz bei Menschenrechtsverletzungen durch transnationale Unternehmen, (2016) S. 8。

第二节 历史演进梳理

在初步释明基本概念后，面临的问题是为何考虑将域外管辖作为工具纳入对跨国企业侵犯人权行为的规制体系当中。为此，需了解使工商业与人权问题和域外管辖发生"化学反应"的历史与社会背景，此即为本节的主要内容。

一 萌芽时期

20 世纪 90 年代中期肯萨洛维瓦（Ken Saro-Wiwa）被处决事件①和随之而来的国际抗议，标志着工商业与人权运动的开始，全球北方②公司的人权行为开始受到广泛关注。③ 事实上，来自全球南方的更加分散的、因地制宜的地方运动在 20 世纪 70 年代便已出现，虽为工商业与人权领域学术文献提供了早期和开创性的贡献，但很少被看作工商业与人权核心讨论的起点。④ 应当注意，工商业与人权运动从 20 世纪 70 年代开始酝酿直至 20 世纪 90 年代正式成形，相应的时间节点并非巧合。原因有二：一为全球化进程的加速；二为现代跨国企业在数量、规模和重要性上的扩大与提高，以及政府对该进程的控制力下降。⑤

20 世纪 60 年代后，随着发展中国家工业化政策的开展与发达国家资

---

① 肯萨洛维瓦是大规模抗议自 20 世纪 70 年代以来西方石油公司对尼日利亚尼日尔三角洲环境的大规模破坏和对数万当地人生计的侵蚀的领头人。美国维瓦案即其遗孀提起的诉讼。参见 *Wiwa v. Royal Dutch Petroleum Co.*, 226 F 3d 88（2000）。

② 全球北方（Global North）代指高收入国家，其地理位置多位于地球北部。与之相对的全球南方（Global South）多指中低收入国家，其地理位置多位于地球南部。

③ 参见 Geoffrey Chandler, "The Evolution of the Business and Human Rights Debate," in Rory Sullivan, ed., *Business and Human Rights: Dilemmas and Solutions* (Sheffield, South Yorkshire, England: Greenleaf, 2003), p. 22.

④ 参见 Thomas Donaldson, *The Ethics of International Business* (Oxford: Oxford University Press, 1989).

⑤ 参见 Florian Wettstein, "The History of Business and Human Rights and Its Relationship with Corporate Social Responsibility," in Surya Deva & David Birchall, eds., *Research Handbook on Human Rights and Business* (Cheltenham, Northampton: Edward Elgar Publishing, 2020), p. 24.

本输出的意愿增强，作为国际资本膨胀新形式的跨国企业迅猛发展，表现为发达国家对发展中国家的直接投资的扩大。[①] 早期的跨国企业多为劳动密集型和资源密集型企业，而此两类企业对人权的侵犯可能性最大。最为典型的案例是被称为史上最严重的工业灾难的印度帕博尔毒气泄漏事件，[②]是工商业与人权运动的历史标志，提醒人们注意跨国企业结构对企业责任所造成的真正的、不可逾越的障碍。

在 20 世纪 60 年代末期，发达国家对发展中国家的投资带来的摩擦积累到峰值，发展中国家反对跨国企业的声浪高涨。在此背景下，联合国于 1972 年将跨国企业问题列入南北问题，开始讨论如何限制其活动。[③]

孟加拉国拉纳广场大楼倒塌事故[④]引起了对跨国企业全球供应链上侵犯人权行为的新一轮思考，促使国际社会考虑制定具有法律约束力的条约以规制跨国企业的侵犯人权行为，并使各国开始了国内跨国企业侵犯人权相关法的制定进程。该事故被视为制衣业历史上的最惨重灾难，引发了对供应链劳工保护方面的侵犯人权的批评。[⑤]

然而，该时期只是注意到工商业与人权问题的存在并逐渐成为特定研究领域，尚未触及域外管辖。

[①] 参见〔日〕奥村茂次《发展中国家与跨国公司》，李松林译，《国际经济评论》1978 年第 2 期。

[②] 因美国联合碳化物公司（Union Carbide）的子公司联合碳化物（印度）有限公司的疏漏，其位于印度帕博尔市的农药厂发生氰化物泄漏，造成近 80 万人的死亡或伤残，并严重破坏了当地环境。参见 Clayton Trotter et al.，"Bhopal, India and Union Carbide: The Second Tragedy," *Journal of Business Ethics* 8（1989）：439.

[③] 参见〔日〕铃木多加史《联合国内对跨国公司看法的变化——从认为很坏到认为在开发中可以利用》，高云山译，《国际经济评论》1982 年第 7 期。

[④] 位于孟加拉国拉纳广场的大楼中的制衣厂是几大外国服装品牌的供应商。在事故发生前一天，曾有观察员认为该楼有倒塌风险，但供应商不顾警告仍要求员工在该楼内工作。2013 年该楼突然坍塌，导致大量工人被埋在废墟中，最终造成 1132 人死亡和数千人受伤。参见 Naila Kabeer et al.，*Multi-Stakeholder Initiatives in Bangladesh After Rana Plaza: Global Norms and Workers' Perspectives*，BIGD Working Paper No. 52 of BRAC Institute of Governance and Development（2019），p. 1.

[⑤] 参见 Anne Trebilcock，"The Rana Plaza Disaster Seven Years on: Transnational Experiments and Perhaps a New Treaty?," *International Labour Review* 159（2020）：545.

二　联合国推动时期

联合国虽早在 20 世纪 70 年代便开始尝试填补跨国企业侵犯人权的治理空白的工作，形成了《行动守则》，但以失败告终。1999 年，时任联合国秘书长安南提出了全球契约倡议，该倡议于 2000 年正式启动。全球契约共有十项原则，前六项为人权和作为人权延伸的劳工标准。该倡议的特征为自愿性，放弃了《行动守则》中将跨国企业置于对立面的强制规制态度，相信跨国企业的善意会使之进行自我治理，从而缓和了跨国企业与人权的紧张关系。① 然而，在全球契约启动后，企业侵犯人权现象仍未见好转，为此联合国开展《跨国企业和其他工商企业在人权方面的责任准则草案》② 的制定工作，但受到了极大的反对，最终未被人权委员会通过。在此背景下，鲁杰被任命为工商业与人权特别代表。③ 将域外管辖引入工商业与人权领域的，正是鲁杰。鲁杰在处理任后第一项工作时，归纳了工商业与人权领域的国际规范和实践，建议运用域外管辖填补监管漏洞。

（一）起草工作阶段凸显的域外管辖问题

域外管辖问题在《框架》起草工作的早期阶段便已凸显。鲁杰于 2006 年提交了一份临时报告，其中首次出现对域外管辖的讨论。值得注意的是，同年联合国国际法委员会的报告中也在附件处讨论了域外管辖权问题。④ 由此可见，当时联合国注意到域外管辖权对解决跨国问题的重要作用，并欲形成规制域外管辖权的国际框架。可惜的是，国际法委员会的工作并未继续下去。然而，域外管辖却在工商业与人权领域被延续下来，时至今日仍是理论界和实务界的热点问题。

---

① 参见 Anita Ramasastry，"Corporate Social Responsibility Versus Business and Human Rights: Bridging the Gap Between Responsibility and Accountability," *Journal of Human Rights* 14（2015）：243。

② *Norms on the Human Rights Responsibilities of Transnational Corporations and Other Business Enterprises*，UN Doc. E/CN. 4/Sub. 2/2003/12/Rev. 2, 26 Aug. 2003.

③ 参见约翰·杰勒德·鲁格《工商业与人权：演进中的国际议程》，张伟、尹龄颖译，《国际法研究》2017 年第 3 期。

④ United Nations，*Report of the International Law Commission on the Work of the Fifty-Eighth Session*，Annex E, A/61/10, 2006, p. 393.

2006年的临时报告指出，依国内刑法对公司在国外犯下的严重侵犯人权行为判定有罪具有可能性，将《国际刑事法院规约》纳入国内法律制度的国家可能对起诉在其境内注册的公司在国外犯下的罪行开启司法大门，表明未来有可能扩展为对跨国企业域外适用母国管辖权，侵权法也似乎在朝类似方向发展。"国家或可对本国企业域外适用国内法，或可建立某种形式的国际管辖权"的建议被认为具有合理性。因此，需要密切关注母国扩大管辖权以对本国企业在国外的最严重侵犯人权行为实施域外管辖的动向。①

为执行人权理事会第60/251号决议，鲁杰的报告增编了三个内容，分别为对联合国核心人权条约赋予国家规制公司的责任、域外管辖公司和对国家及公司的调查报告的分析。第一个增编综述了联合国条约机构对核心人权条约的域外管辖的评论，得出结论认为当时多数条约机构未讨论国家是否须对工商企业在国外的行为行使域外管辖权的问题，但有此倾向，且无条约或条约机构建议禁止行使域外管辖权，因此国家对此有极大的自由度。② 第二个增编认为除不干涉别国内政外无其他妨碍国家行使域外管辖权的重大国际法律障碍，然而并不清楚国家是否负有对公司采取行动的义务及行动的具体形式，并强调为受害人讨回公正是最重要的目标，故主要表现为确保受害人可诉诸母国救济办法的母国域外管辖受到重视。③ 第三个增编发现，部分国家有能对海外侵犯人权行为行使域外管辖权的法律制度，允许对公司在境外实施的侵犯人权行为提起诉讼。适用域外管辖原则的国家通常将其限制在符合国际法的严格条件下，如要求原籍国与犯罪行为存在联系或基于普遍管辖权原则。有三个国家明确强调，国家有义务对国内外公司适用人权规范，构成国家尊重、保护和促进人权的主要责任的一部分。因此，这三个国家通过立法创设了旨在保护人权的诉因。工商

---

① Economic and Social Council Commission on Human Rights, *Promotion and Protection of Human Rights*, E/CN. 4/2006/97, 22 Feb. 2006, para. 63.

② HRC, *State Responsibilities to Regulate and Adjudicate Corporate Activities Under the United Nations Core Human Rights Treaties: An Overview of Treaty Body Commentaries*, A/HRC/4/35/Add. 1, 13 Feb. 2007, p. 3.

③ HRC, *Corporate Responsibility Under International Law and Issues in Extraterritorial Regulation*, A/HRC/4/35/Add. 2, 15 Feb. 2007, p. 3.

业与人权领域的法律、政策、措施或做法的有效实施的障碍之一便为某些国家不允许域外管辖。①

鲁杰指出，人权条约既未规定亦未禁止域外管辖权。因此，若有公认的依据，且具体行使时符合总体合理性标准，则允许行使域外管辖权。然而，保护人权是不是域外管辖权行使的正当理由存在争议。② 该结论最终被纳入《框架》中，《框架》将域外管辖问题列为主要挑战之一，但未提出严格的解决方法。③ 在《框架》进一步措施报告中，鲁杰为域外管辖设想了智慧组合模型，认为域外管辖措施可区分为直接域外管辖措施和具有域外影响的国内措施。④《指导原则》在第2条原则的评论中延续了该结论，域外管辖措施的各个层面及适用的基本要求被纳入该条原则的评论中。

（二）《指导原则》的评论

为落实《框架》，在将任期延长三年后，鲁杰提出了《指导原则》。《指导原则》第2条原则"国家应明确规定对在其领土和/或管辖范围内的所有工商企业在其全部业务中尊重人权的预期"以非常谨慎和不确定的用词间接提及了域外管辖问题。该条评论指出："目前，国际人权法一般并不要求国家管制设在其领土和/或管辖范围内的工商企业的境外活动。但一般也不禁止它们这样做，只要有得到承认的管辖依据。在此情况下，一些人权条约机构建议，母国应采取步骤，防止在其管辖范围内的工商企业在境外侵犯人权。"⑤ 鲁杰在《指导原则》中对域外管辖问题采取谨慎态度的原因在于，虽出现了在严重的系统性侵犯人权案件中发展域外义务的迹象，但在2011年，国际社会尚未对国家规制其海外公司行为的一般

① HRC, *Human Rights Policies and Management Practices: Results from Questionnaire Surveys of Governments and Fortune Global 500 Firms*, A/HRC/4/35/Add. 3, 28 Feb. 2007, para. 35.

② John Ruggie, *Business and Human Rights: Mapping International Standards of Responsibility and Accountability for Corporate Acts*, A/HRC/4/35, 19 Feb. 2007, para. 15.

③ John Ruggie, *Promotion and Protection of All Human Rights, Civil, Political, Economic, Social and Cultural Rights, Including the Right to Development, Protect, Respect and Remedy: A Framework for Business and Human Rights*, A/HRC/8/5, 7 Apr. 2008, para. 19.

④ John Ruggie, *Business and Human Rights: Further Steps Toward the Operationalization of the "Protect, Respect and Remedy" Framework*, A/HRC/14/27, 9 Apr. 2010, para. 50.

⑤ John Ruggie, *Guiding Principles on Business and Human Rights: Implementing the United Nations "Protect, Respect and Remedy" Framework*, A/HRC/17/31, 21 Mar. 2011, p. 7.

法律义务达成共识。为不影响《指导原则》的通过，鲁杰选择了不具法律约束力的表述，即国家应明确表达对公司的期望。由联合国第二支柱中制定的公司对整个无论位于国内还是国外的供应链的责任，可推知国家的期望也应包括规制国外公司的行为。《指导原则》反映了工商业与人权语境下的域外管辖是义务或自由的困惑：一方面，国家可能有域外人权义务，通过法律确保设在其领土上的工商企业不在国外实施与人权有关的侵害行为，此时通常要求国家对发生于其属地管辖权外的情形拥有一定程度的控制；另一方面，在刑事诉讼或民事诉讼中，可能对域外的工商企业经营活动行使域外管辖权。① 《指导原则》采取了"允许但不要求"的相对谨慎路径，② 未优先考虑可能的域外管辖措施，但指出实施具有域外影响的国内措施可能会得到更多的接受。鉴于此，鲁杰关注国家域外管辖的可容许性，延续了《框架》中将工商业与人权领域的域外管辖区分为直接域外管辖措施和具有域外影响的国内措施的做法，将重点从国家的域外人权义务转移到其在境外行使权力的法律权限。然而，该条看似无害的国家义务法律范围的划定，掩盖了一个极其复杂且尚未解决的辩论，即一国有义务或被允许将其域外管辖范围扩大到哪里，以及哪些法律主体。③

（三）《拟议条约》

《指导原则》坚持相对谨慎路径，认为国家可将保护义务延伸至域外，但并不被强制要求如此作为。有观点认为此种谨慎态度未反映国际法的扩展路径发展态势，即国家有采取行动保护人权的法律义务。④ 为此，2013年，由厄瓜多尔、南非提出的，以玻利维亚、古巴和委内瑞拉为共同提

① 参见 Stéphanie Lagoutte, "The UN Guiding Principles on Business and Human Rights: A Confusing 'Smart Mix' of Soft and Hard International Human Rights Law," in Stéphanie Lagoutte et al., eds., *Tracing the Roles of Soft Law in Human Rights* (Oxford: Oxford University Press, 2016), p. 249。

② 参见 Claire Methven O'Brien, "The Home State Duty to Regulate the Human Rights Impacts of TNCs Abroad: A Rebuttal," *Business and Human Rights Journal* 3 (2018): 47。

③ 参见 David Michael Kendal, *CSR and Extraterritorial Jurisdiction—International Law Boundaries to Human Rights Litigation* (Copenhagen: Kendal-Human Rights Consulting, 2014) p. 2。

④ 参见 Justine Nolan, "Mapping the Movement: The Business and Human Rights Regulatory Framework," in Dorothée Baumann-Pauly & Justine Nolan, eds., *Business and Human Rights: From Principles to Practice* (New York: Routledge, 2016), p. 79。

案国的提案呼吁制定《拟议条约》。该提案于 2014 年 6 月 26 日获联合国人权理事会采纳。[①] 然而，该提案引发了诸多争议。在投票环节，包括中国在内的 20 个成员国投了赞成票，包括美国和欧洲国家在内的 14 个成员国投了反对票，另有 13 个成员国弃权。投票结果体现了发达国家与发展中国家的对垒，也体现了老牌大国和新兴国家的对立。[②] 目前，政府间工作组已召开八次小组会议，形成并讨论了零号草案至三号草案等草案文本。该文书是在《指导原则》的基础上对国家义务和企业责任的进一步明确，突破了《指导原则》在域外人权责任上的保守规定，在东道国对人权保障不力的背景下，旨在强化母国对跨国企业的法律义务和责任，代表了联合国治理工商业与人权问题的最新趋势。[③]《拟议条约》目前的模式是寻求域外管辖而非依靠国际机制解决争端，换言之，在受害人无法在东道国获得救济时，寻求母国对在东道国发生的侵犯人权行为采取行动。[④]

《拟议条约》在早期磋商谈判过程中，更倾向于对国家域外义务的明确规定，但随着会议的开展和反对声音的经久不衰，《拟议条约》逐渐转向对国家域外管辖权利的赋予与明确，但"法律责任"条款中采取"shall"这一措辞的规定方式仍表现出《拟议条约》对国家完善本国法律制度以规制"在其领土、管辖范围内或在其控制下从事商业活动的法人和自然人对其自身商业活动（包括具有跨国性质的商业活动）或其商业关系可能产生的侵犯人权行为"的义务的推动意向。《拟议条约》间接承认了国家对跨国企业侵犯人权行为受害人的域外人权保护义务，并认可了母国的域外管辖权，且未受到普遍坚决的反对，但在确保国家域外管辖的有效实施方面仍需进行制度设计。[⑤]

[①] HRC, *Elaboration of an International Legally Binding Instrument on Transnational Corporations and Other Business Enterprises with Respect to Human Rights*, UN HRC Res. 26/9, 26 June 2014, para. 9.

[②] 参见 David Bilchitz, "The Necessity for a Business and Human Rights Treaty," *Business and Human Rights Journal* 1 (2016): 204。

[③] 参见孙萌、封婷婷《国际人权公约的域外适用——以国家规制跨国公司的域外人权义务为视角》，《人权》2021 年第 3 期。

[④] 参见 David Bilchitz, *Fundamental Rights and the Legal Obligations of Business* (Cambridge: Cambridge University Press, 2022), p. 451。

[⑤] 参见梁晓辉、刘慈《构建联合国工商业与人权条约的规范路径选择与实现悖论》，《人权研究》2021 年第 3 期。

三　国家响应联合国呼吁时期

寻求各国对域外管辖达成共识的困难解释了《指导原则》中表述模糊和不确定的原因，从而揭示出《指导原则》在实践中指导域外管辖运作的作用有限。因此，《指导原则》将构建和适用域外管辖制度的自由留给各国及联合国条约机构和区域人权机构。联合国工商业与人权工作组发布的《工商业与人权国家行动计划指南》中鼓励国家根据《指导原则》考虑到设在本国领土上的商业企业的域外影响，同时应为受到权利侵犯的域内外受害人提供获得救济的机制。[1]

根据全球国家行动计划网站[2]对《工商业与人权国家行动计划》制定情况的统计，目前共有26个国家制定了《工商业与人权国家行动计划》，其中10个国家未明确提及域外管辖问题。3个国家未制定《工商业与人权国家行动计划》，但在其《国家人权行动计划》中纳有"工商业与人权"一章，其中并未提及域外管辖问题。9个国家未直接提及域外管辖问题。在明确提及域外管辖的国家中，英国认为仅在有限的例外情况下，如根据条约制度，英国才被要求规制设在其管辖范围内的企业的域外活动，英国也可将域外管辖作为一项政策选择。[3] 波兰认为仅在条约有明确规定时国家负有域外义务。[4] 荷兰从有效性角度对制定具有域外影响的法律的实际效果持消极态度。[5] 丹麦[6]、瑞士[7]则持积极态度，主张推动关于域外立法的讨论，考虑允许对造成严重人权影响的活动进行司法起诉，并考虑

---

[1]　Working Group on Business and Human Rights, *Guidance on National Action Plans on Business and Human Rights* (UN, 2016), p. 32.

[2]　National Action Plans on Business and Human Rights, "Extraterritorial Jurisdiction," https://globalnaps.org/issue/extraterritorial-jurisdiction/, accessed 10 September 2023.

[3]　The United Kingdom, *Good Business: Implementing the UN Guiding Principles on Business and Human Rights* (Updated May 2016).

[4]　*Polish National Action Plan for the Implementation of the United Nations Guiding Principles on Business and Human Rights* 2017–2020 (2017), p. 55.

[5]　The Netherlands, *National Action Plan on Business and Human Rights* (2013), p. 9.

[6]　*Danish National Action Plan: Implementation of the UN Guiding Principles on Business and Human Rights* (2014), p. 15.

[7]　Confédération suisse, *Report on the Swiss Strategy for Implementation of the UN Guiding Principles on Business and Human Rights* (2016), p. 28.

要求在国外严重侵犯人权的公司承担民事责任的可能性。意大利主张基于母子公司关系，为与企业有关的侵犯人权行为受害人提供获得司法救济的机会。[1] 法国在获得救济部分，建议扩大法国刑事法院的域外管辖权，在民事领域在外国子公司侵犯人权时将域外管辖扩大到母公司。[2] 泰国虽未明确提及域外管辖，但提出促进国家人权委员会在审查母公司注册或总部在泰国的商业部门在国外侵犯人权的作用，[3] 说明泰国重视母公司的责任承担（见表1-2）。

表1-2　《工商业与人权国家行动计划》的制定情况

是否制定《工商业与人权国家行动计划》	是否提及域外管辖	国家
已制定	提及	英国、波兰、荷兰、丹麦、瑞士、意大利、法国
	未明确提及	立陶宛、比利时、瑞典、挪威、德国、捷克、斯洛文尼亚、泰国、西班牙、美国
	未直接提及	芬兰、哥伦比亚、冰岛、卢森堡、肯尼亚、日本、乌干达、巴基斯坦、智利
未制定	纳入《国家人权行动计划》，但未提及	格鲁吉亚、韩国、墨西哥
	沉默	其他

可见，多数国家至今在其国家行动计划中对域外管辖问题保持缄默或仅笼统提及。很少有国家对企业侵犯人权的申诉机制作出全面解释，也无国家举例说明该机制应如何运作以处理域外侵犯人权申诉。[4] 然而，在国家行动计划表明对域外管辖的支持态度后，部分国家确实在跨国企业侵犯

---

[1]　Italy, *Italian National Action Plan on Business and Human Rights: 2016-2021* (2016), p. 26.

[2]　France, *National Action Plan for the Implementation of the United Nations Guiding Principles on Business and Human Rights* (2017), p. 46.

[3]　Thailand, *First National Action Plan on Business and Human Rights (2019-2022)*, p. 125.

[4]　参见 Daniel Cerqueira & Alexandra Montgomery, "Extraterritorial Obligations: A Missing Component of the UN Guiding Principles That Should Be Addressed in a Binding Treaty on Business and Human Rights," https://dplfblog.com/2018/02/08/extraterritorial-obligations-a-missing-component-of-the-un-guiding-principles-that-should-be-addressed-in-a-binding-treaty-on-business-and-human-rights/, accessed 1 January 2024。

人权诉讼中迈出了重要一步。如泰国上诉法院于 2020 年作出裁决，允许柬埔寨失地农民进行跨境集体诉讼，起诉泰国两仪糖业集团（Mitr Phol Sugar Company），这是亚洲首例针对跨国企业侵犯人权行为提起的集体诉讼案例。[①]

第三节　母国域外民事管辖的理据

对母国针对跨国企业侵犯人权行为域外民事管辖的批评多集中于母国域外管辖可能构成对东道国主权的侵犯，以及构成霸权主义和新殖民主义。[②] 一些实际问题主要表现为法人人格独立与有限责任原则对责任确立造成的障碍，证据收集、举证责任等则在确定外国事实方面带来了进一步的挑战等。[③] 此类障碍和挑战虽并不妨碍域外管辖权的有效行使，但使其难度大大增加。在域外司法管辖权方面出现的问题是，如何在实际层面上使诉诸司法（access to justice）的机会成为可能及如何保证公平审判（fair trial）。[④] 然而，下述理由表明母国对跨国企业侵犯人权行为的域外民事管辖具有必要性，使争议与障碍并非难以忍受与克服。

一　东道国的不愿或不能

尊重东道国的人权立法和国际人权标准的要求是企业遵守法律法规的表现。鉴于国际人权标准越来越具有可操作性和可诉性，违反人权标准有可能导致企业被起诉，面临法律制裁。[⑤] 若将规制和裁决限制为完

[①] 700 余个柬埔寨家庭在泰国起诉总部设在泰国的两仪糖业集团，指控该集团在柬埔寨的业务导致他们被迫流离失所和犯有其他侵犯人权的行为。Smit Tit, Hoy Mai & others vs. Mitr Phol Co. Ltd., Case No. Civil. 718/2018.

[②] 参见 Elliot Schrage, "Judging Corporate Accountability in the Global Economy," *Columbia Journal of Transnational Law* 42 (2003): 156。

[③] 参见 Uta Kohl, "Territoriality and Globalization," in Stephen Allen et al., eds., *The Oxford Handbook of Jurisdiction in International Law* (Oxford: Oxford University Press, 2019), p. 313。

[④] 参见 Tebello Thabane, "Weak Extraterritorial Remedies: The Achilles Heel of Ruggie's 'Protect, Respect and Remedy' Framework and Guiding Principles," *African Human Rights Law Journal* 14 (2014): 50。

[⑤] 参见张万洪、程骞《"走出去"战略下中国企业海外投资的人权影响》，载中国人权研究会编《中国人权事业发展报告（2015）》，社会科学文献出版社，2015，第 318 页。

全在领土国家内的事件和行为者，当公司的不当行为是跨国的，和/或东道国不愿或不能对在当地注册的子公司或者其他附属公司进行规制或裁决时，可能会造成治理漏洞。[①] 依据辅助性原则（subsidiarity principle），东道国不愿或不能提供救济是母国行使域外管辖权的重要且充分的前提条件。[②] 东道国不愿规制跨国企业的原因主要在于想要吸引、获得和保护外国直接投资以促进本国经济发展，体现了东道国对外国直接投资的依赖性。甚至在部分案件中，东道国与跨国企业合谋侵犯人权。[③] 而东道国不能提供救济则主要是因为东道国实力相对较弱，国内法律体系相对不完善，缺乏避免侵犯人权行为发生的法律法规，[④] 难以有效规制经济体量庞大的跨国企业。甚至有的东道国饱受武装冲突困扰，自顾不暇，没有能力有效控制其领土。同时，因跨国企业在东道国常无重要资产，且司法体系中缺乏集团诉讼、惩罚性赔偿等有利于受害人的制度，东道国缺乏对受害人的吸引力，受害人本身也不愿将案件诉诸东道国法院。正因东道国不愿、不能提供救济或对受害人而言没有吸引力，而国际救济措施尚告阙如，受害人常自发寻求母国救济，使母国域外管辖成为非预期后果（unintended consequences）。[⑤] 换言之，受害人寻求友好法院以解决全球侵权和规制纠纷的努力，推动了域

[①] 参见 Steven R. Ratner, "Corporations and Human Rights: A Theory of Legal Responsibility," *Yale Law Journal* 111 (2001): 443。

[②] 辅助性原则是指只有在另一个与案件有更紧密联系的国家未能以可能的规制国或整个国际社会接受的合理方式行使其管辖权时，一国才能行使其管辖权。该原则借鉴了《国际刑事法院罗马规约》第 17 条的补充性原则（principle of complementarity），最早可追溯至格劳秀斯在《战争与和平法》中的论述。参见 Cedric Ryngaert, *Jurisdiction in International Law* (2nd edn., Oxford: Oxford University Press, 2015), p. 216。

[③] 参见李先波等《国际贸易与人权保护法律问题研究》，中国人民公安大学出版社，2012，第 110 页。

[④] 参见 Anita Ramasastry, "Corporate Social Responsibility Versus Business and Human Rights: Bridging the Gap Between Responsibility and Accountability," *Journal of Human Rights* 14 (2015): 240。

[⑤] 参见 Olivier De Schutter, "Extraterritorial Jurisdiction as a Tool for Improving the Human Rights Accountability of Transnational Corporations," https://media.business-humanrights.org/media/documents/df31ea6e492084e26ac4c08affcf51389695fead.pdf, accessed 10 September 2023。

外管辖的发展。[①]

二　母国的自身需要与驱动

全人类的共同价值观和共同利益构成国际公益，需提供公共产品对人权加以保护。[②] 在缺乏有效国际统一行动时，需有国家利用单边立法规制损害国际公益的行为。[③] 同时，国家重视通过约束私人的方式实现回归，以制约以跨国企业为代表的私人对主权权威的威胁。[④] 在此背景下，母国对跨国企业侵犯人权行为的域外民事管辖应运而生。

有观点认为，跨国企业侵犯人权行为的母国域外民事管辖是母国狭隘价值观的输出，是对东道国人权内涵的漠视。该观点是对人权文明一元论的默示遵循，即认为人类的人权文明只有西方人权文明的表达与实践的唯一形态。[⑤] 若认同人权文明多元论，则母国域外管辖的范围应当限定为国际社会公认的人权，或与东道国签订双边或多边条约，尽可能对人权的内涵达成共识，承认人权文明的多样性，尊重他国的人权文明。

有观点认为，母国域外管辖是经济帝国主义和市场霸权的黑暗遗产，域外管辖将加剧全球南北国家的权力不对等（power asymmetry）。[⑥] 因为单方面对跨国企业施加法律要求，可能不仅仅是对经济全球化造成的治理差距的回应。它同样可能是一种治理技术，通过这种技术，全球北方国家可

[①] 参见 Pamela K. Bookman, "Toward the Fifth Restatement of U. S. Foreign Relations Law: The Future of Adjudicative Jurisdiction Under Public International Law," in Paul B. Stephan & Sarah H. Cleveland, eds., *The Restatement and Beyond: The Past, Present, and Future of U. S. Foreign Relations Law* (Oxford: Oxford University Press, 2020), p. 342.

[②] 参见 Shuangge Wen & Jingchen Zhao, "The Commons, the Common Good and Extraterritoriality: Seeking Sustainable Global Justice Through Corporate Responsibility," *Sustainability* 12 (2020): 9475.

[③] 参见汤诤《域外立法管辖权的第三条路径》，《当代法学》2022 年第 3 期。

[④] 参见蔡从燕《国家的"离开""回归"与国际法的未来》，《国际法研究》2018 年第 4 期。

[⑤] 参见钱锦宇《人权文明的中国形态——习近平尊重和保障人权新理念新思想新战略理论阐释》，《法律科学（西北政法大学学报）》2023 年第 1 期。

[⑥] 参见 Debadatta Bose, "Decentring Narratives Around Business and Human Rights Instruments: An Example of the French *Devoir de Vigilance* Law," *Business and Human Rights Journal* 8 (2023): 34.

在全球市场行为体的支持下，将其监管偏好具体化，以保护本国产业。[①]
在国际贸易和国际投资领域，跨国企业往往将企业利益转换成国家意志，
国家再通过参与国际立法将这种意志转换为国际法律规范，导致国家可以
维护私人利益为由采取主权行动。[②] 对此，也有观点认为，母国域外管辖
是霸权主义的观点存在平等主权谬论、跨国商业谬论和公私划分谬论。[③]
平等主权谬论并非指主权本身不平等，而是指主权能力即治理能力不平
均。有时东道国不进行属地管辖的原因是有心无力，更具规制能力的母国
在能规制时选择视而不见，反而可能是霸权主义的体现。跨国商业谬论是
指，在母国保护海外资本时并不认为母国的域外管辖存在问题，在母国应
承担责任时却推脱说是霸权主义的表现。公私划分谬论则是指，跨国企业
成立初期时实质上公私职能兼有，随着时间的推移在跨国企业的自主选择
与推动下仅保留其私主体身份，但不能忽视其本身可能承担的公共职能。
况且，从东道国的角度看，并非所有东道国都反对本国受害人在母国起诉
跨国企业，甚至部分东道国起到助推作用。而且，所谓的东道国也可能是
母国。最后，《拟议条约》中的主要支持国多为传统意义上的发展中国家，
而《拟议条约》本身也含有域外管辖条款或思想，可见发展中国家可能不
仅不反对母国域外管辖权的行使，还支持母国积极承担域外义务。换言
之，对东道国主权的侵犯不过是母国提出的避免承担责任的借口，是对本
国企业侵犯人权行为的视而不见。[④] 母国对跨国企业海外经营行为的监管
职责体现在，母国督促跨国企业在整个供应链中防止侵犯人权既是国家的
主权职责，也是其相应的国际义务。

可见，母国域外管辖构成霸权主义的论点更多是将域外管辖视为国家
权利的反映，若认为母国域外管辖以国际法律义务为基础，则更多强调国

---

① 参见 Sara L. Seck，"Unilateral Home State Regulation：Imperialism or Tool for Subaltern Resist-
ance?，" *Osgoode Hall Law Journal* 46（2008）：565；Quinn Slobodian，*Globalists：The End of
Empire and the Birth of Neoliberalism*（Cambridge：Harvard University Press，2018）。

② 参见蔡从燕《公私关系的认识论重建与国际法发展》，《中国法学》2015 年第 1 期。

③ 参见 Dalia Palombo，"Transnational Business and Human Rights Litigation：An Imperialist Pro-
ject?，" *Human Rights Law Review* 22（2022）：1。

④ 参见 Chilenye Nwapi，Litigating Extraterritorial Corporate Crimes in Canadian Courts［Ph.
D. diss.，University of British Columbia（Vancouver），2012］，p. 54。

家在全球商业活动中尊重、保护和实现人权的首要义务,有利于有效救济跨国企业侵犯人权的外国受害者,有助于消减对母国域外管辖的质疑。① 将域外管辖等同于国家权力的过度扩张,忽略了不同域外管辖模式之间的重大差异。② 即便是对域外管辖总体持否定意见的马克思主义法学家契姆尼(Chimni)也认为,有必要在加强团结原则适用的基础上,采取以域外人权义务为基础的母国域外管辖措施对跨国企业侵犯人权行为进行规制。③ 虽从实然角度看,美式域外管辖或许存在霸权主义和家父主义的问题,但并不代表所有国家在行使域外管辖权时均不加克制。同时,从应然角度看,国际法并非对域外管辖权利的行使毫无限制,而是要求存在真实联系、具有合理性且不干涉内政。因此,若母国在进行域外管辖时谨遵国际法外部限制和自我内部限制,则母国域外管辖不仅不构成霸权主义,还将是填补治理漏洞的重要工具。再者,若从域外义务角度认知域外管辖,则作为辅助救济措施的母国域外管辖是首要救济措施即东道国救济和国际法救济措施缺失时填补漏洞的不二法门。以域外义务为出发点的母国域外管辖不是霸权主义的表现形式,而是可占据道德上的制高点,是对国际道义的遵循。

事实上,跨国企业的对外直接投资与母国的支持密不可分。④ 跨国企业的特殊结构为母国对之进行域外管辖提供了可能。⑤ 鉴于资产、技术、对投资的控制均来自母国,而跨国企业的大部分利润最终将回到母国,故公司在母国负担的义务自然应延伸至其国外业务,因此母国域外管辖并非对东道国的干涉或侵犯。⑥ 此外,跨国企业集中报告制度和母公司制定战

---

① 参见 Daniel Augenstein, "Towards a New Legal Consensus on Business and Human Rights: A 10th Anniversary Essay," *Netherlands Quarterly of Human Rights* 40 (2022): 54-55。

② 参见 Hannah L. Buxbaum, "The Practice (s) of Extraterritoriality," in Hannah L. Buxbaum & Thibaut Fleury Graff, eds., *Extraterritoriality/L'extraterritorialité* (Leiden: Brill, 2022), p. 3。

③ 参见 B. S. Chimni, "The International Law of Jurisdiction: A TWAIL Perspective," *Leiden Journal of International Law* 35 (2022): 53。

④ 参见任永菊《跨国公司与对外直接投资》,清华大学出版社,2019,第197页。

⑤ 参见田泽华《跨国公司环境治理机制研究——以"供应链法"域外适用为依归》,《中国环境管理》2022年第4期。

⑥ 参见伊利亚斯·班特卡斯《工商业与人权之间的联系及其背后的根本原因》,张伟、刘林语译,《人权研究》2021年第3期。

略愿景制度的存在揭示了跨国企业的单一企业属性。战略愿景的制定可被视为发生在母国境内，母国的域外管辖实际上是对部分发生在其境内的行为作出的反应，不应被解释为对东道国主权的侵犯，而应解释为母国在一个相互关联的国际体系中更负责任地行事。母国对跨国企业侵犯人权行为域外管辖的理论与实践体现出母国对成为良好国际公民（good international citizen）的追求。① 母国域外管辖有助于以新的方式填补全球治理的空白，是母国维护本国形象的重要手段。② 只有在母国加大对跨国企业全球价值链的监督后，跨国企业才会重视供应链面临的侵犯人权风险。

三　现有规制措施的不充分

评估某一机制的有效性，主要是从预防效果和救济效果两方面判断实际效果是否符合预期效果。具体到对跨国企业境外侵犯人权行为的问责，预防效果是评估该机制能否使跨国企业履行人权责任，救济效果是评估在侵犯人权行为发生后能否将跨国企业诉诸法院。③ 以此为依据评估现有规制机制，则现有规制机制对规制跨国企业境外侵犯人权行为并不充分。目前，多数规制机制为自愿性机制，缺乏相应的执行实施机制，故预防效果与救济效果都不令人满意。④ 现有法律原则和规制工具滞后于跨国企业的现代组织架构，目前以属地原则为基础的规制模式无法有效规制跨国企业的侵犯人权行为，存在局限性。此外，国际机制的欠缺使跨国企业有恃无恐。双边、多边或国际投资协定对跨国企业施加的义务相对较少，且供受害人寻求救济的方式和机制相对不足。目前尚无对跨国企业侵犯人权行为

---

① 参见 Richard Shapcott, "Human Rights, Extraterritoriality and the Good International Citizen: A Cosmopolitan Perspective," *International Relations* 34 (2020): 246。

② 参见 Lin Lerpold et al., *Extraterritoriality in the Context of Nationalism and Legal Imperialism: Implications for Multinationals and Climate Policies*, Paper for the 23rd Annual Conference of the Society for Institutional & Organizational Economics (2019), p. 3。

③ 参见 Surya Deva, *Regulating Corporate Human Rights Violations: Humanizing Business* (London: Routledge, 2012), p. 47。

④ 参见 Dalia Palombo, *Business and Human Rights: The Obligations of European Home States* (Oxford: Hart Publishing, 2019), p. 21。

问责的国际规制机制，主要原因便在于国家缺乏政治意愿，且公司极力阻挠。另外，现有与跨国企业侵犯人权问题直接相关的国际文书仅为软法，缺乏法律拘束力。[①] 这体现了现有国际机制在规制跨国企业侵犯人权问题上的无力。

综上所述，现有规制机制存在不足的原因主要为使跨国企业为其侵犯人权行为负责的理由说服力不足、实施执行机制匮乏、国家保护主义等，由此出现的规制漏洞是助长公司侵犯人权的温床。[②] 在这些因素的共同影响下，即便东道国有对跨国企业侵犯人权行为进行规制的政治意愿也无力实施。可见，现有规制机制的不充分性使母国域外管辖势在必行。

四 私法的监管工具作用

私法在追求解决跨国企业侵犯人权问题目标方面发挥着重要作用。[③] 近年来，为规制跨国事项，受限于公法禁忌的限制，同时公法和私法的界限变得更加模糊，因此私法和民事纠纷被赋予更加公共的特征，被政府和/或私人行为者广泛地用来执行公法、促进公共政策、保护公共利益或促进社会变革，私法的工具化倾向越发明显，无论是作为实体法的侵权法或是国际私法均有此种趋势。在发展方向上，工具化的私法不仅成为监管者、立法者或政策制定者手中有价值的自上而下的工具，也通过私法执行方式成为私主体自下而上地利用民事诉讼程序争取和执行超越个案当事人私人利益的社会或集体利益的工具。[④]

其中，尤以国内侵权法的作用最为突出。国际公法未对公司施加人权

---

① 参见 Claire Palmer, "What Can *Post-Democracy* Tell Us About TNCs and Extraterritorial Violations of Human Rights?," *The Political Quarterly* 87 (2016): 78。

② 参见 Tetsuya Morimoto, "Growing Industrialization and Our Damaged Planet: The Extraterritorial Application of Developed Countries' Domestic Environmental Laws to Transnational Corporations Abroad," *Utrecht Law Review* 1 (2005): 136。

③ 参见 Louis d'Avout (2019), «L'entreprise et les conflits internationaux de lois», Recueil des cours de l'Académie de Droit International de la Haye, Vol. 397, p. 279。

④ 参见 Pieter Gillaerts, "Instrumentalisation of Tort Law: Widespread Yet Fundamentally Limited," *Utrecht Law Review* 15 (2019): 27。

义务，该问题被下放至各国加以调整。因侵权法与人权法在诸多方面关联性极强，[①] 且侵权法不仅是规定不侵犯权利的注意义务或严格义务并要求承担责任的工具，还旨在当权利受到侵犯时提供有效的救济措施，故国家多选择利用国内侵权法保护人权不受公司行为影响。许多针对跨国企业参与他国商业伙伴侵犯人权的诉讼，都是基于国内侵权法。除侵权法外，近年来出现的将侵权法与公司法相结合的强制性人权尽责法也是国家对工商业与人权运动的回应。仅依据侵权法，跨国企业母公司可能会在受害人提起诉讼前对子公司的侵犯人权行为坐视不理，但依据强制性人权尽责法，公司被要求以积极主动的方式提供救济措施。[②]

　　除私法领域的实体法外，国际私法也呈现工具化的趋势。需揭示国际私法在促进和规范影响人权的跨境行为方面所起的被工商业与人权框架遗忘的隐藏作用，并探索如何改革国际私法，以更好地应对工商业对人权的挑战。在讨论国际私法的未来发展时，一些学者赞成赋予国际私法更多的监管作用，呼吁国际私法放弃使其无法正面处理非国家行为体造成的全球问题的政治中立的自负（conceit），利用其工具保护地球公域（planetary commons），结束国际私法在世界财富和权力分配日益不平等问题上仍保持明显沉默的现状。[③] 为特定的政策目标制定国际私法规则意味着国际私法的公开工具化正在发生。通过在不同国家间分配国际管辖权的方式，国际私法的监管或治理功能将弥补被跨国行为体利用的监管漏洞，并建立更高层次的标准。[④] 认为冲突法是价值中立技术性规范的国际私法理论难以自立，受到来自人权规范的特殊挑战，人权规范对冲突法立法发挥价值形

① 参见 Gerhard Wagner, "Tort Law and Human Rights," in Miriam Saage-Maaß et al., eds., *Transnational Legal Activism in Global Value Chains: The Ali Enterprises Factory Fire and the Struggle for Justice* (Cham: Springer, 2021), p. 209。

② 参见 Cees van Dam, "Transnational Tort Law," in Peer Zumbansen, ed., *The Oxford Handbook of Transnational Law* (Oxford: Oxford University Press, 2021), p. 564。

③ 参见 Horatia Muir Watt, "Private International Law Beyond the Schism," *Transnational Legal Theory* 2 (2011): 347。

④ 参见 Christopher A. Whytock, "Conflict of Laws, Global Governance, and Transnational Legal Order," *UC Irvine Journal of International, Transnational, and Comparative Law* 1 (2016): 117; Horatia Muir Watt et al., eds., *Global Private International Law: Adjudication Without Frontiers* (Northampton: Edward Elgar Publishing, 2019)。

塑作用。① 为通过司法途径，有效救济跨国企业侵犯人权行为的受害人和/或规制跨国企业的跨国行为而发布国际私法规则符合现代国际私法的趋势，能发挥国际私法为政治政策目标服务的作用，因为现代国际私法是人权的良好导体。② 然而，这是一个有争议的方法，需吸引更多共识，以免被解释为非法的过度域外管辖。③

由此，成为监管工具的私法与域外管辖对实现人权保护的作用不谋而合，两相结合更有益于实现解决跨国企业侵犯人权问题的根本目标。

五　对母国任意域外制裁行为的限制作用

无论域外制裁是否具有约束力或合法性，为避免制裁对自身的负面影响，跨国企业通常选择退出受制裁国市场或不与受制裁国进行业务往来，此种过度合规（over-compliance）扩大了域外制裁的实际影响。④ 公司过度合规虽可能会降低公司的即时监控成本，系统性地避开受制裁国公司和可能与其有关联的任何其他公司以避免潜在的处罚风险，却也切断了公司与潜在的创造价值的经济活动的联系，而这些活动实际上不会违反任何域外制裁规定。因此，与监控跨国企业集团行为相比，过度合规可能会造成更大的经济损失。在人权领域，域外制裁可能被证明是加重受制裁国人民所经历的侵犯人权行为的因素。公司过度合规导致受制裁国普通民众人权受到负面影响的根源在于部分国家堂而皇之地使用域外制裁作为外交政策工具，⑤ 却忽略了必要性、合比例性和非歧视性的

---

① 参见何叶华《人权规范与国际私法的交互作用》，《广西社会科学》2019 年第 12 期。

② 参见 Veerle van Den Eeckhout，"Corporate Human Rights Violations and Private International Law：A Facilitating Role for PIL or PIL as a Complicating Factor？，" *Human Rights & International Legal Discourse* 6（2012）：216。

③ 参见 Geneviève Saumier，"SDG 12：Sustainable Consumption and Production，" in Ralf Michaels et al.，eds.，*The Private Side of Transforming Our World：UN Sustainable Development Goals 2030 and the Role of Private International Law*（Cambridge：Intersentia，2021），p. 392。

④ 参见 UNGA，*Report of the Special Rapporteur on the Negative Impact of Unilateral Coercive Measures on the Enjoyment of Human Rights*，72nd Session UN Doc A/72/370，29 Aug. 2017，para. 59。

⑤ UNGA，*Human Rights and Unilateral Coercive Measures*，27th Session UN Doc A/HRC/27/L. 2，18 Sept. 2014.

要求。① 在涉及母国实施域外制裁时,作为始作俑者的制裁国,应至少遵守其缔结的人权条约义务,对因其制裁行为而进入其管辖范围内的受制裁国普通民众承担域外人权义务,将公司特别是本国公司可能因本国的制裁决定而终止与受制裁国的业务往来的负面人权影响纳入考量范畴,尽可能减少本国制裁措施的附带损害。制裁国更应当意识到本国的域外制裁措施可能导致的受制裁国的负面人权影响,避免本国企业的过度合规加剧严重侵犯人权行为,还有责任确保其本国公司在实施域外制裁时不侵犯其经营所在的受制裁国的人权。② 毕竟,"不能无视制裁所依赖和引为根据的基本权利,以一种非法取代另一种非法"。③ 实际上,鉴于制裁的灾难性影响及制裁制度下对食品、药品等必需品提供的豁免无效,可将受制裁国归类为受冲突影响地区和高风险地区。域外制裁可能在受制裁国造成严重的治理漏洞,使受制裁国由于缺乏有效控制而无法充分保护人权。根据《指导原则》第 7 条,跨国企业母国应帮助确保在受冲突影响地区经营的工商企业不卷入侵犯人权行为。

国际人权和人道主义法律体系对经济制裁能够发挥规制作用。④ 作为国际人权法律体系的组成部分的工商业与人权框架要求在受制裁国经营的公司在执行域外制裁时,对其实施的政策进行人权尽责,识别和防止潜在的有害影响,或在发生这种影响时减轻其影响。⑤ 尽量减少企业

① UNHRC, *Report of the Special Rapporteur on the Negative Impact of Unilateral Coercive Measures on the Enjoyment of Human Rights*, 39th Session UN Doc A/HRC/39/54, 30 Aug. 2018, para. 18.

② 参见 Marco Fasciglione, "Unilateral and Extraterritorial Sanctions Symposium: Unilateral and Extraterritorial Sanctions-Economic Operators and the Rise of the Business and Human Rights International Legal Framework," https://opiniojuris. org/2022/03/02/unilateral-and-extraterritorial-sanctions-symposium-unilateral-and-extraterritorial-sanctions-economic-operators-and-the-rise-of-the-business-and-human-rights-international-legal-framework/, accessed 10 September 2023。

③ Committee on Economic, Social and Cultural Rights (CESCR), *The Relationship Between Economic Sanctions and Respect for Economic, Social and Cultural Rights*, E/C. 12/1997/8, 12 Dec. 1997, para. 16.

④ 参见方瑞安《国际人权和人道主义法律体系对经济制裁的规制》,《人权法学》2022 年第 3 期。

⑤ 参见 Bahareh Jafarian, "Extraterritorial Sanctions, Transnational Corporate Activity, and State's Duty to Protect," *The City: An Object or a Subject of Law*? 1 (2021): 9。

受制裁国惩罚的风险的必要性，不应视为允许企业经营者因合规问题而自动终止或结束与受制裁国的商业伙伴或客户的商业关系，特别是在停止商业关系可能导致公司参与对人权的负面影响的情况下更应谨慎处之。① 在域外制裁的背景下，公司尽责可发挥根本作用，以确保在受制裁国的商业活动不会助长或促进侵犯人权行为。人权尽责尤其可解决过度合规的商业惯例对人权的负面影响。

综上所述，工商业与人权在一定程度上能发挥遏制域外制裁对工商企业的阻遏引发的负面人权影响，打破跨国企业过度遵守域外制裁的牢笼的作用，有助于回答国家和公司分别可以何种措施防止或减轻对经济制裁的过度合规造成的人权负面影响，工商业与人权也同样是对母国域外制裁活动的限制。

第四节　中国构建母国域外民事管辖体系的必要性

作为新兴经济体的中国，既面临作为东道国的输入型人权挑战，又面临作为母国的输出型人权挑战，特别是部分国家捏造人权谎言丑化中国政府和中国企业的形象，使中国的海外利益受到严重威胁，也使中国企业可能丧失公平竞争的国际市场环境。对中国不利的国际形势、部分中国企业自身的不当行为及现有法律的不足，警示中国须尽快完善相关对跨国企业境外侵犯人权行为的治理机制，以统筹推进涉外法治和国际法治，更好地参与全球人权治理。

一　维护中国跨国企业的国际声誉与正当利益

截至 2023 年底，中国 3.1 万家境内投资者在全球 189 个国家或地区

---

① 以瑞典墨尼克公司（Mölnlycke）案为例，该公司因担心受到次级制裁而决定停止向伊朗发货，使其伊朗商业伙伴无法进口绷带，对伊朗病人的享受健康权、免受身体和心理痛苦、非人道待遇的权利及生命权产生了负面影响。尽管该公司有人权政策，但联合国人权高专办基于《指导原则》认为该公司的决定及瑞典政府的行动违反了其确保所有人权的国际责任。参见 OHCHR, "Over-Compliance with US Sanctions Harms Iranians' Right to Health," https://www.ohchr.org/EN/NewsEvents/Pages/DisplayNews.aspx? NewsID = 27665&LangID = E, accessed 1 December 2024。

设立对外直接投资企业 4.8 万家。① 在此背景下，中国企业在海外的人权表现受到越来越多关注。然而，中国企业的境外人权表现喜忧参半。工商业与人权资源中心（Business & Human Rights Resource Centre）2021 年的报告指出，2013~2020 年，针对中国企业的海外侵犯人权指控达到 679 件，并提及中国跨国企业在缅甸、马来西亚等国的项目被控侵犯人权，对中国企业的声誉产生了严重负面影响，对社会责任和人权风险的低估有时甚至构成了中国企业海外投资失利的重要原因之一。② 截至 2024 年 12 月 1 日，在工商业与人权资源中心诉讼数据库收集的 282 起诉讼中，13 起诉讼涉及中国企业。③ 在"人权主流化"逐渐成为国际经贸发展新特征的背景下，④ 人权表现成为掣肘中国"走出去"企业海外发展的重要因素。⑤ 可见，过度依赖企业自治治理模式并不足以规制跨国企业的境外行为，因此要求国家介入进行硬法规制。

　　然而，中国现有法律不足以对企业境外投资行为起到规制作用。在程序法方面，《民事诉讼法（2023 年修正）》第 276 条第 2 款增加了"适当联系"这一管辖连接因素，并将原本规定在司法解释中的不方便法院原则纳入《民事诉讼法》第 282 条，使不方便法院原则有了明确的法律依据，虽存在扫清中国法院建立对跨国企业侵犯人权案件的管辖权障碍的可能性，但因"适当联系"的概念较为模糊，其是否能适用于此类案件仍然存疑。即便认为第 276 条第 2 款使此类案件在中国法院被管辖并无障碍，但实体诉因的缺乏仍会使受害者在中国面临获得救济困难的问题。例如，《民法典》第 86 条规定，营利法人在从事经营活动时应承担社会责任。该条规定较为原则，仅对营利法人从事经营活动提出了履行社会责任的要

① 参见商务部、国家统计局、国家外汇管理局编《2023 年度中国对外直接投资统计公报》，中国商务出版社，2024，第 4 页。

② 参见 Business & Human Rights Resource Centre, "*Going out*" *Responsibly: The Human Rights Impact of China's Global Investments* (BHRRC, 2021), p. 4.

③ 参见 Business & Human Rights Resource Centre, "Lawsuit Database," https://www.business-humanrights.org/en/from-us/lawsuits-database/, accessed 1 January 2024.

④ 参见戴瑞君《"一带一路"建设中的人权因素——以中蒙经贸合作为例的分析》，《人权》2018 年第 5 期。

⑤ 参见隽薪《国际投资背景下的跨国公司与人权保护》，法律出版社，2019，第 301~304 页。

求，并没有进一步赋予营利法人不履行社会责任导致侵犯人权结果的受害人以诉权和诉因。同时，划定《民法典》地域适用范围的第 12 条是对《民法总则》第 12 条的纳入，基本沿用了《民法通则》第 8 条的规定，是绝对属地主义原则的反映，不利于《民法典》适用于中国领域范围外。① 因此，受到第 12 条的限制，难以将第 86 条解释为可要求中国跨国企业在境外从事经营活动时应承担社会责任。更难解释出，在中国企业的境外活动导致东道国的人权受到侵犯时，东道国受害人有权根据第 86 条在中国法院对之提起侵权诉讼。由于在跨国企业侵犯人权案件中，侵权主体可能并非中国母公司，而是中国母公司在东道国设立的子公司，也难将第 86 条解释为可对外国子公司在中国境外的民事活动适用。同样的情况也适用于《公司法（2018 年修正）》第 5 条。第 5 条虽规定了公司的社会责任承担义务，但第 2 条将公司限定为依照《公司法》在中国境内设立的有限责任公司和股份有限公司，由此将通过境外投资形式创设的外国子公司排除在《公司法》的调整范围外。此举虽无可厚非并有助于避免国内法不合理的域外适用，但忽视了对境外投资的要求，产生了中国公司借助境外投资逃避承担社会责任义务的漏洞。

目前，有关境外投资规制问题的相关规定的效力级别分别为行政法规、部门规章和行业规定，其中部门规章数量最多，并无更高位阶的法律对此作出规定。在现行有效的规定中，尚无与规制跨国企业境外侵犯人权行为直接相关的规定，均为企业社会责任的规定。② 《关于进一步引导和规范境外投资方向的指导意见》提出，应指导境内企业加强对其控制的境外企业的监督和管理，建立健全境外投资决策、财务管理和违规责任追究制度。③ 可见，中国立法者注意到中国公司对其通过境外投资设立控制的外国子公司的当地活动负有监督和管理的责任，但此类责任并非法律义

---

① 参见杜涛、肖永平《全球化时代的中国民法典：属地主义之超越》，《法制与社会发展》2017 年第 3 期。
② 《关于中央企业履行社会责任的指导意见》，国资发研究〔2008〕1 号，2007 年 12 月 29 日发布并实施。
③ 《关于进一步引导和规范境外投资方向的指导意见》，国办发〔2017〕74 号，2017 年 8 月 4 日发布并实施。

务，并不具有法律约束力与强制力。

显而易见，中国现有法律规定多为倡导自愿式的规范指引，缺乏专门针对工商业履行全面人权责任的强制性法律文件及监督机制，对境外投资的约束力相对不足，① 中国母公司并无对其外国子公司的境外侵犯人权活动负责的法律义务，外国受害人难以根据现有法律规定对中国公司提起跨国企业侵犯人权诉讼并获得救济，在母国域外管辖问题上尚未完全满足《指导原则》提出的三大支柱要求，也与现有公司问责硬法化的国际趋势存在一定脱节。从长远计，中国缺少相应立法和司法实践，而导致存在部分中国公司的错误行为得不到问责、受害人无法获得有效救济的可能性，不利于中国国际形象的维护。事实上，中国企业有融入全球市场的现实需要，中国立法者将人权尽责硬法化，做好预防措施，符合企业需要，有助于促使企业积极践行人权责任，帮助企业有效避免与东道国的矛盾和冲突，降低企业的法律风险。②

有观点认为，对本国跨国企业设置相对较高的境外人权保护要求，可能不利于本国企业的营利和运作，降低本国企业的国际竞争力。对此，本书认为，该观点是逐底竞争（race to bottom）思维的体现，认为设置相对较高的人权保护要求不利于企业的经济营收的观点亦是短视之见。这是因为，作为不采取双重标准的负责任大国，中国对在本国境内经营和在本国境外经营的本国企业一视同仁，将有效避免本国企业利用跨国企业结构转移风险、有罪不罚，从商业经营角度入手扭转国际社会对中国的偏见，有利于维护中国政府及中国企业的国际形象。在此基础上，具有良好声誉的企业更易获得东道国的接纳，其产品或服务也更可获得消费者的认可，从而形成雪球效应（snowball effect），从长远看，有利于中国企业市场占有率的上升和消费者黏性的形成。且若由中国法院管辖跨国企业境外侵犯人权行为案件，则因中国法院与中国跨国企业位于同一人权话语体系下，更能准确判断中国跨国企业的行为是否构成真正意义上的侵犯人权，因此

① 参见谢迪扬、彭志杰《论国际环境民事公益诉讼的域外管辖》，《大理大学学报》2022年第7期。
② 参见梁晓晖《工商业与人权：中国政策理念的转变与业界实践的互动研究》，《国际法研究》2018年第6期。

有利于在保护外国受害者的同时,考量保护本国企业正当利益,避免偏颇。相反,若一国在法律中明确禁止母国域外管辖或规定不明,会造成国内司法或执法机关域外管辖时畏首畏尾,则有可能致使该国无力规制本国跨国企业的境外人权侵犯行为,有损该国的国际地位和声誉,降低国际社会与其开展经贸合作的信任度与积极性。[1] 因此,在东道国人权保护法律制度暂不健全的阶段,为有效规制中国企业的域外经营行为、保护人权、维护中国企业的国际声誉,有必要明确作为跨国企业母国的中国的域外管辖制度,强化企业合规意识。[2]

随着母国域外管辖机制的逐步发展,中国应尽快完善国内立法,配套相应机制,以扬长避短,查漏补缺,并对相关影响作出应对。首先,中国应当批判性借鉴相关机制,探索具有中国特色的母国域外管辖机制的建立和实施,以加强对中国跨国企业境外行为的规制,维护中国政府声誉及促进跨国企业的未来发展。其次,母国域外管辖机制确有其优势所在,有望在最小限度影响东道国主权的情况下实现母国跨国企业体系的人权保护强化,解决跨国公司通过供应链体系转移损害风险的问题。因此,构建具有中国特色的母国域外管辖机制意义重大。一方面,有助于填补跨国企业结构体系天然容易造成的人权治理漏洞,符合人权保护这一世界主流价值观;另一方面,有助于增强中国跨国企业的国际影响力。针对他国的母国域外管辖对中国企业及中国主权可能造成的影响,中国需加以研判并制定应对策略,在被动应对与主动参与构建方面双管齐下。[3]

二 促进全球人权治理

中国规制跨国企业境外侵犯人权的行动受到联合国的高度关注。人权高专办在认同中国取得进步的同时,也指出中国的不足,建议中国加强

---

① 参见谢迪扬、彭志杰《论国际环境民事公益诉讼的域外管辖》,《大理大学学报》2022年第7期。

② 参见杜焕芳《着力提升涉外法治体系和能力现代化水平》,《中国社会科学报》2022年10月22日,第4版。

③ 参见田泽华《跨国公司环境治理机制研究——以"供应链法"域外适用为依归》,《中国环境管理》2022年第4期。

对跨国企业境外行为的监管。例如，人权理事会普遍定期审议工作组肯定了中国在人权领域的大力举措和突出成就。在代表团与中国的互动对话中，尼日利亚、厄瓜多尔等国代表建议，对于总部设立在中国的跨国企业，中国应评估其人权和环境影响，确保中国跨国企业在中国境外的项目尊重人权，将中国法律适用于在中国境外经营的中国跨国企业。[①] 2022年，联合国人权事务高级专员巴切莱特在结束对中国正式访问后的声明中表示对中国的公司在其业务和供应链中采用人权标准感到鼓舞，并将成立共同工作组，以促进双方间的实质性交流和合作，将组织包括工商业和人权在内的具体专题领域的后续讨论。[②] 可见，随着工商业与人权议题的接受度逐步提升，"走出去"的中国企业的人权表现受到了来自他国和联合国越来越多的审视，作为相关企业母国的中国也被要求采取措施规制其境外行为。[③]

党的二十大报告指出，中国应积极参与全球人权治理，推动人权事业全面发展。[④] 全球人权治理是以人权为价值目标和行为准则的全球治理，包括对全球人权问题的治理和对影响人权实现的全球问题的治理。[⑤] 为捍卫中国的国家主权和安全，应对国际人权斗争，推动更加公平公正合理包容的全球人权治理，应建构中国人权话语体系与人权理论体系，塑造中国人权形象，探索新的全球人权治理理念和方案。[⑥] 中国因已成为国际社会中举足轻重的力量、具有较强的制度生成能力和较为积极的规范遵守能力，而成为全球人权治理的规范性力量。[⑦] 随着中国综合实力的提升，以

---

① HRC, *Report of the Working Group on the Universal Periodic Review：China*, A/HRC/40/6, 26 Dec. 2018.

② 参见人权高专办《联合国人权事务高级专员米歇尔·巴切莱特结束对中国正式访问后的声明》，https://www.ohchr.org/zh/statements/2022/05/statement-un-high-commissioner-human-rights-michelle-bachelet-after-official，最后访问日期：2023年9月10日。

③ 参见隽薪《"工商业与人权"议题的中国理念、措施与展望——以"走出去"战略为视角》，《财富时代》2022年第1期。

④ 参见习近平《高举中国特色社会主义伟大旗帜 为全面建设社会主义现代化国家而团结奋斗——在中国共产党第二十次全国代表大会上的报告》，人民出版社，2022。

⑤ 参见常健《构建人类命运共同体与全球治理新格局》，《人民论坛·学术前沿》2017年第6期。

⑥ 参见钱锦宇《人权文明的中国形态——习近平尊重和保障人权新理念新思想新战略理论阐释》，《法律科学（西北政法大学学报）》2023年第1期。

⑦ 参见毛俊响《中国参与全球人权治理："构建人类命运共同体"》，《人权法学》2022年第1期。

往在域外管辖时过分谦抑的做法，可能无益于中国承担大国责任。但若依托目前尚不完善的域外管辖制度，对跨国企业境外人权侵犯行为盲目扩张域外管辖权，则将构成霸权行径。只有超越只关注国家利益与全球利益、民族价值与全球价值的二元悖论，以保护和促进全人类的共同利益为根本宗旨，才有可能解决全球治理的责任错位问题，建立公平公正有效的治理体系和世界秩序。① 对此，应当贯彻构建人类命运共同体倡议，确立人类长远共同利益原则的指导原则地位，坚持以人为本，把人权保障放在核心和关键的地位，反思并修正中国现有的域外管辖制度，如此方可赢得国际社会的认可和支持，使具有中国特色的母国域外民事管辖制度成为中国参与国际人权治理的工具，使中国深入参与国际人权规范讨论，正向推广中国人权观念。②

因此，增强规制跨国企业境外侵犯人权行为有助于有效预防并回击部分国家对中国政府及中国企业的人权构陷，创建更加公平的国际营商环境，构建具有中国特色的人权保障话语体系，保证中国对外投资的通畅性，同时也符合企业利益，有利于完善企业治理体系和增强风险防控能力。③ 中国政府可以考虑在关注并参与工商业与人权国际议程的同时，进一步整合与完善国内政策体系，联合广大发展中国家积极推动明确跨国企业侵犯人权行为的域外管辖的框架公约的制定，以增强发展中国家在新一轮跨国企业侵犯人权治理规范创制中的话语地位，避免人权沦为西方国家用以责难发展中国家的政治工具。④

三　推动涉外法治和国际法治发展

2023 年 11 月 27 日，习近平总书记在中共中央政治局第十次集体学习

---

① 参见秦亚青《在共商共建共享中积极推进构建人类命运共同体》，《中国教育报》2017
年 12 月 2 日，第 3 版。
② 参见陈拯《新兴大国建设国际人权规范研究》，上海人民出版社，2014，第 253 页。
③ 参见徐亚文、黄峰《工商业人权治理的历史回眸与实现路径之展望——暨〈工商业与人权指导原则〉核可十周年》，载齐延平主编《人权研究》第 25 卷，社会科学文献出版社，2022，第 420 页。
④ 参见李卓伦《全球供应链治理视角下跨国公司人权尽责的法律规制》，《人权法学》2022
年第 4 期。

时强调，涉外法治工作是一项涉及面广、联动性强的系统工程，必须统筹国内和国际，统筹发展和安全，坚持前瞻性思考、全局性谋划、战略性布局、整体性推进，加强顶层设计，一体推进涉外立法、执法、司法、守法和法律服务，形成涉外法治工作大协同格局。要坚持立法先行、立改废释并举，形成系统完备的涉外法律法规体系。要建设协同高效的涉外法治实施体系，提升涉外执法司法效能，推进涉外司法审判体制机制改革，提高涉外司法公信力。要强化合规意识，引导我国公民、企业在"走出去"过程中自觉遵守当地法律法规和风俗习惯，运用法治和规则维护自身合法权益。[1]

广义的国际法治意味着国际关系的法治化。[2] 狭义的国际法治则是指以《联合国宪章》为基础的，旨在维护国际和平与安全、促进发展与人权保护为三大支柱的国际秩序的一种核心价值和原则。[3] 涉外法治是介于国内法治与国际法治之间的体系，是指国家制定或确认的、跨国家生效的、参与全球治理的立法、执法与司法等活动。[4] 推进涉外法治体系建设是践行正确义利观、推动构建人类命运共同体的战略性工程。在统筹推进国内法治和涉外法治的系统工程中，加快构建中国法域外适用体系具有重要意义，[5] 能够促使中国构建更具国际竞争力的涉外法律规则体系，引领国际法的发展方向。[6] 涉外法治是广义的国际法治的一部分。[7] 推进和建设涉外法治，本质上就是为推进构建人类命运共同体，积极参与全球治理体系改革和建设，坚持推进和建设的国际法治。[8] 中国于 2023 年 6 月 28 日发布的《对外关系法》第 22 条规定："中华人民共和国尊重和保障人权，

---

[1]　《习近平在中共中央政治局第十次集体学习时强调 加强涉外法制建设 营造有利法治条件和外部环境》，新华网，http://www.news.cn/politics/leaders/2023-11/28/c_11129996975.htm，最后访问日期：2024 年 1 月 1 日。

[2]　参见何志鹏《国际法治中的"大国不可能三角"》，《学术月刊》2022 年第 6 期。

[3]　参见张乃根《人类命运共同体视角的国际法治论》，《国际法学刊》2022 年第 1 期。

[4]　参见张龑《涉外法治的概念与体系》，《中国法学》2022 年第 2 期。

[5]　参见霍政欣《我国法域外适用体系之构建——以统筹推进国内法治和涉外法治为视域》，《中国法律评论》2022 年第 1 期。

[6]　参见肖永平《推进我国涉外法治体系建设》，《中国社会科学报》2022 年 10 月 12 日，第 4 版。

[7]　参见刘仁山《我国涉外法治研究的主要进展、突出问题与对策建议》，《国际法学刊》2022 年第 1 期。

[8]　参见习近平《在联合国成立 75 周年纪念峰会上的讲话》，《新华月报》2020 年第 20 期。

坚持人权的普遍性原则同本国实际相结合，促进人权全面协调发展，在平等和相互尊重的基础上开展人权领域国际交流与合作，推动国际人权事业健康发展。"该规定更是体现了中国在人权保护领域坚定推动涉外法治和国际法治发展。

针对母国对跨国企业侵犯人权行为的域外管辖，特别是域外立法管辖权措施的采取，有澳大利亚学者认为，较之欧盟及其成员国对该领域的立法动态，曾占先机的澳大利亚因未及时配套有关的域外立法管辖措施，而痛失成为该领域的领导者的机会。[1] 可见，对跨国企业侵犯人权行为的母国域外管辖问题的理论研究和实务措施是"蓝海"，是"兵家必争之地"，是国际话语权争夺的下一战场。对中国而言，涉外法律斗争为中国探索和提升国际法治话语权提供了契机。[2] 加快推进中国法域外适用法律体系建设，是完善和加强涉外法律斗争工具箱的必然选择。[3] 借此，在涉外法律斗争的攻防中，中国有充足的机遇通过法律的表达方式驳斥其他国家对中国人权政策和中国跨国企业行为的法律攻击或污名化。[4] 通过此举，中国除可成为制定该领域全球治理规则的引领者外，还可将优秀法治文化嵌入全球治理理念与价值中，将具有中国特色的人权观念向国际社会推广。[5] 同时，该领域位于涉外法治和国际法治的交叉点，构建针对跨国企业侵犯人权行为的母国域外管辖体系，不仅有助于推动中国涉外法治的建设，也能够为国际法治的完善添砖加瓦。良好的域外管辖体系有助于中国真正成为一个对本国利益负责、对世界发展负责的大国。随着中国开放程度的不断提高，中国应当越来越有能力处理涉外发展过程中的一系列问题，包括管辖本国企业在境外的活动。[6]

---

[1] 参见 Ramona Vijeyarasa, "A Missed Opportunity: How Australia Failed to Make Its Modern Slavery Act a Global Example of Good Practice," *Adelaide Law Review* 40 (2019): 857。

[2] 参见李林《新时代中国法治理论创新发展的六个向度》，《法学研究》2019 年第 4 期。

[3] 参见黄惠康《准确把握"涉外法治"概念内涵 统筹推进国内法治和涉外法治》，《武大国际法评论》2022 年第 1 期。

[4] 参见赵骏、顾天杰《国际法律斗争的攻防策略与法治破局：以国内法为视角》，《太平洋学报》2022 年第 7 期。

[5] 参见何志鹏、周萌《论涉外立法体系建设的起承转合》，《北方论丛》2022 年第 4 期。

[6] 参见何志鹏《涉外法治中的管辖攻防》，《武汉大学学报》（哲学社会科学版）2022 年第 6 期。

四　工商业与人权对中国制度完善的作用

"新疆棉"事件标志着人权问题的政治化将在一定程度上影响中国经济的发展。美国《确保在中华人民共和国新疆维吾尔自治区使用强迫劳动制造的商品不进入美国市场及用于其他目的的法律》（以下简称"涉疆法案"）等的出台意味着中国企业在境外经营过程中面临更高的人权风险。① 随着工商业与人权的发展，企业尊重人权已不仅是社会责任，而逐渐成为得到普遍认可的国际规范，并落实到越来越多国家的国内法律政策中。② 相当一部分国家国内强制性人权尽责法具有域外效力，要求本国公司对其境外子公司等商业伙伴进行人权尽责，间接影响境外公司经营，甚至有的立法直接对境外公司提出人权尽责要求。③ 强制性人权尽责法的域外效力使中国企业境外经营的合规环境更为复杂，人权风险增加。此外，工商业与人权领域的国际规范通过国内法院的诉讼在争议解决中得到间接实现，使得企业境外经营的人权合规风险更加真实。中国虽在宏观政策、具体规范、国家标准等方面发布大量规范性文件，但效力层级不高，且存在交叉甚至矛盾的问题，尚不能解决中国企业境外经营人权合规困境。为此，中国应站在构建人类命运共同体的高度学习理解工商业与人权，加强对企业境外人权合规的宣传普及，了解国际层面工商业与人权的发展动态，加强工商业的行业自律，逐步完善企业境外经营的人权合规机制。④

工商业与人权对中国的制度完善意义重大。首先，是贯彻落实党的二十大精神、构建人类命运共同体的实际行动。此外，有利于中国企业避免海外投资阻碍，保障投资顺利进行。其次，有利于降低中国企业陷入法律纠纷、面临法律制裁的风险。再次，有利于树立中国企业的良好国际形

---

① 参见王秀梅、杨采婷《国际供应链中的人权保护：规则演进及实践进程》，《社会科学论坛》2022 年第 3 期。

② 参见佟丽华《中国企业境外经营的人权合规问题研究》，《人权研究》2021 年第 3 期。

③ Lise Smit et al. , *Study on Due Diligence Requirements Through the Supply Chain* (Luxembourg: Publications Office of the European Union, 2020), p. 206.

④ 参见张万洪、金怡《论中国工商业与人权国家行动计划的制定》，《社会科学论坛》2022 年第 3 期。

象，提升国际影响力，还有利于展示中国的大国形象，为中国企业与政府部门参与国际人权对话、国际人权标准的制定与修改争取话语权。最后，有利于减少当地民众与中国海外企业的纠纷，创造友好社区环境，保障海外企业员工生命和财产安全。①

再者，规制跨国企业侵犯人权行为法律框架构建也可约束与拷问母国，要求母国在利用工商业与人权制度构建的方式提高市场准入条件的同时，将经济制裁可能造成的侵犯人权结果纳入措施采取的考量范围，三思而后行。对罔顾人权肆意进行经济制裁却规定有规制跨国企业侵犯人权行为法律制度的国家，应当质疑该法律制度构建所宣称的人权保护目的的正当性与实效性。此外，规制跨国企业侵犯人权行为的法律可与阻断法相配合，共同应对过度合规增强制裁国域外制裁的不利后果。阻断法可减少本国企业对次级制裁的过度合规，避免对受制裁国的人权造成负面影响；规制跨国企业侵犯人权行为的法律可要求公司在不得不作出退出受制裁国市场或终止与受制裁国的业务往来决定前进行必要的人权尽责，避免或减轻决定对受制裁国的人权影响，负责任地退出市场。

综上，尽管多数中国企业的海外活动严格遵守东道国法律和中国法律的要求，但少数中国企业或直接或间接、或有意或无意地与东道国当地发生的侵犯人权行为具有关联，由此在一定程度上对企业本身的经营和中国国际形象的维护造成了不良影响。作为母国的中国构建对跨国企业境外侵犯人权行为的域外民事管辖，有助于促使中国企业严格要求自身，避免侵犯人权。在侵犯人权行为确实发生后，还可对受害人提供有效救济。然而，中国现有立法缺乏强制性，难以实现上述事前预防、事后救济的构想。因此，中国有必要构建对跨国企业境外侵犯人权行为的母国域外民事管辖体系。同时，对跨国企业境外侵犯人权行为的母国域外民事管辖体系的构建，不仅有利于实现事前预防、事后救济的目的，还有利于维护中国负责任大国的形象。中国还应意识到规制跨国企业侵犯人权行为的法律制度的构建也可发挥反外国不当制裁的作用，要求受到外国制裁影响决定退

---

① 参见 Radu Mares、张万洪《工商业与人权的关键议题及其在新时代的意义——以联合国工商业与人权指导原则为中心》，《西南政法大学学报》2018 年第 2 期。

出市场的企业做好必要的人权尽责，负责任地退出市场，还可将之作为质疑规定有规制跨国企业侵犯人权行为的法律的制裁国制裁正当性的理由。总之，中国构建对跨国企业境外侵犯人权行为的母国域外民事管辖具有必要性。

第二章　母国对跨国企业侵犯人权行为
域外管辖的国际法基础

国际法特别是成文的国际条约能够为一国的对外行为提供合法性与正当性依据，是规范性强力（normative force）。① 管辖的域外行使取决于国际法规则。② 对解决跨国企业侵犯人权问题而言，域外管辖不仅被允许，而且是国家义务。为论证国际法下母国对跨国企业侵犯人权行为域外民事管辖的合法性与正当性，本章将从域外管辖的国家权利属性和国家义务属性角度进行类型化分析。首先，依据管辖权利理论，探讨国际法是否允许国家域外管辖，该种类可被进一步区分为国家行使域外管辖权的权限得到明确承认的情况和未得到明确承认的情况。其次，依据管辖义务学说，探讨国际法是否要求国家对跨国企业境外侵犯人权行为进行域外管辖，即国家是否有义务域外管辖，以确保跨国企业的侵犯人权行为受到惩处。简言之，在工商业与人权领域的跨国企业境外侵犯人权的语境下，国际法是否允许母国域外管辖，甚至要求母国域外管辖，是本章的讨论重点。

第一节　母国域外管辖权利

自由层面的域外管辖的性质是法律权威（legal authority）。③ 有权威做

---

① 参见 Angela Müller, "Justifying Extraterritorial Human Rights Obligations: An Ethical Perspective," in Mark Gibney et al., eds., *The Routledge Handbook on Extraterritorial Human Rights Obligations* (Abingdon, New York: Routledge, 2022), p. 53。

② 参见 Malcolm N. Shaw, *International Law* (9th edn., Cambridge: Cambridge University Press, 2021), p. 557。

③ 参见 Hannah L. Buxbaum, "The Practice (s) of Extraterritoriality," in Hannah L. Buxbaum & Thibaut Fleury Graff, eds., *Extraterritoriality/L'extraterritorialité* (Leiden: Brill, 2022), p. 50。

即有权利做，权威的本质是权利。① 此处的权利包含两重含义，分别为被允许做某事的自由（freedom）及领受权（right of recipience），前者即霍菲尔德概念矩阵中的自由（liberty），后者即主张（claim）。② 主权权利是国际法下国家的基本权利与自由，包含主张管辖的权利，国际法给予每一个国家主张域外管辖的权利。③ 在一定条件下，母国在处理跨国企业境外侵犯人权问题上享有域外管辖的权利。

一　母国域外管辖权利的表现形式

母国域外管辖权利的表现形式是指其借以存在并获得表现的外部形式，是在规范层面对母国域外管辖权利的体现，主要表现为人权条约机构的文书，《拟议条约》、《侵犯人权国际民事诉讼最佳实践索菲亚准则》（以下简称《索菲亚准则》）等拟议法，以及《国际劳工组织关于多国企业和社会政策的三方原则宣言》（以下简称《多国企业宣言》）等软法。

（一）人权条约机构的一般性评论及结论性意见

自《指导原则》出台以来，经社文委员会在多份国家定期报告的结论性意见中体现了对母国有关跨国企业在东道国的人权表现的规制水平的关切。2011~2013 年，经社文委员会未将工商业与人权问题单列为一部分讨论，仅对德国、挪威和奥地利的公司的境外表现表示关切。④ 2013 年后，结论性意见开始以专门部分观察跨国企业境外侵犯人权行为并提出建议，多将该部分命名为"工商业与经社文权利"⑤ 或"工商业与

---

① 参见 D. D. Raphael, *Problems of Political Philosophy* (2nd edn., London: Macmillan, 1990), p. 166。
② 参见王涌《私权的分析与建构：民法的分析法学基础》，北京大学出版社，2020，第 77 页。
③ 参见 Oana-Adriana Iacob, "Principles Regarding State Jurisdiction in International Law," *Lex ET Scientia International Journal* 27 (2020)：22。
④ CESCR, *Concluding Observations on the Fifth Periodic Report of Norway*, E/C. 12/NOR/CO/5, 13 Dec. 2013, para. 6; CESCR, *Concluding Observations on the Fourth Periodic Report of Austria*, E/C. 12/AUT/CO/4, 13 Dec. 2013, para. 12; CESCR, *Concluding Observations of the Committee on Economic, Social and Cultural Rights: Germany*, E/C. 12/DEU/CO/5, 12 July 2011, para. 10.
⑤ CESCR, *Concluding Observations on the Second Periodic Report of China, Including Hong Kong, China, and Macao, China*, E/C. 12/CHN/CO/2, 13 June 2014, para. 13; CESCR, *Concluding Observations on the Sixth Periodic Report of Finland*, E/C. 12/FIN/CO/6, 17 Dec. 2014, para. 10; CESCR, *Concluding Observations on the Sixth Periodic Report of Canada*, E/C. 12/CAN/CO/6, 23 Mar. 2016, para. 15.

人权"①，少数表述为"跨国企业和其他工商企业"② 或"企业社会责任"③。除经社文委员会外，其他人权条约机构的一般性评论或结论性意见中也涉及母国对跨国企业侵犯人权域外管辖问题。

联合国条约机构的态度表现为从"鼓励"到"建议"再到"敦促"各国在该领域采取措施，以促进人权的实际实现，但多数文书中仍以建议为主要态度。虽人权条约机构的文书不一定能够佐证域外管辖义务确然存在，但可为国家域外管辖权利提供证明。

（二）《拟议条约》

《拟议条约》中域外管辖问题体现最为明显的，便是草案中规定的管辖权条款，后更名为"司法管辖权条款"，在第九次会议后产生的更新版草案中又将该条款改为"管辖权条款"，删去了"司法"。该条款的作用虽为赋权与工商企业存在密切关联的国家司法管辖权，但可发现，该条款实质上是赋予国家对其本不可行使司法管辖权的境外侵犯人权案件以司法管辖权。例如，零号草案中的管辖权条款未明确管辖权的性质，并将作为或不作为发生地及被告所在地（如法定所在地、决策中心地、实质性商业利益地、子公司等所在地）等作为管辖权行使依据。自一号草案制定后，管辖权条款被明确为司法管辖权条款，依据也增加了受害人住所地和促成侵犯行为的作为或不作为的发生地，被告住所地的判断标准也发生变化，但被告所在地和促成地这两个因素显然旨在赋予母国法院以域外司法管辖权。第九次会议后产生的更新版草案回归了零号草案不区分管辖权类型的方式，将管辖权行使条件设置为人权侵犯行为发生地或损害结果地全部或部分在缔约国领土或管辖范围内，以及加害者或受害者住所地、经常居所地或国籍地是缔约国。其中，"全部或部分"中的"部分"使得母国管辖权范围得以扩张，给予母国域外管辖权利。

---

① CESCR, *Concluding Observations on the Second Periodic Report of Kazakhstan*, E/C. 12/KAZ/CO/2, 29 Mar. 2019, para. 16.

② CESCR, *Concluding Observations on the Combined Initial and Second Periodic Reports of Thailand*, E/C. 12/THA/CO/1-2, 19 June 2015, para. 12.

③ CESCR, *Concluding Observations on the Fourth Periodic Report of France*, E/C. 12/FRA/CO/4, 13 July 2016, para. 12.

　　《拟议条约》的制定过程主要反映在几次工作组会议纪要中。在第一次工作组会议中，部分代表强调《拟议条约》应为国家提供域外管辖权依据，也有代表强调应注意域外管辖具有局限性，提供救济应限定在本地范围内。① 在第二次会议上，有代表就如何调和国家主权与域外管辖权和普遍管辖权的关系提出了疑问。② 在第三次会议第四座谈小组管辖权小组的讨论中就要素草案中的连结点是否恰当产生争议，多数代表认为其过于广泛，可能导致滥用域外管辖。③ 从第四次会议开始讨论草案文本。在第四次会议中，与会代表主要讨论了零号草案，认为部分条款可被解读为对域外管辖的赋权。④ 在第五次会议中，主要讨论了一号草案，普遍认为第 7 条可能导致法院对发生在域外的行为行使管辖权。⑤ 中国代表主张行使域外管辖权必须十分谨慎，限定在国际法许可的范围内，以免侵犯他国主权，且不能轻易否定不方便法院原则。第六次会议讨论了二号草案，域外管辖问题仍引发了很大争议。⑥ 第七次会议和第八次会议讨论了三号草案，争议未消。中国代表认为三号草案存在管辖权过宽、给国家和企业施加的义务过重等突出问题，应平衡兼顾发展和人权。⑦ 中国建议删除三号草案中的多个条款，并对多个条款持保留态度，中国的反对或保留意见多针对管辖权条款与法律责任条款。⑧

　　由此可见，自《拟议条约》磋商伊始，赋予母国域外管辖权便是工作组的努力方向之一。

（三）欧洲人权保护机制及欧盟的规范性文件

　　欧洲人权保护机制主要包括欧洲人权委员会、欧洲部长委员会和欧洲人权法院。欧盟的主要机构有欧盟委员会、欧盟对外行动署等。

---

① HRC, *Report on the First Session of the OEIGWG*, A/HRC/31/50, 5 Feb. 2016, p. 12.

② HRC, *Report on the Second Session of the OEIGWG*, A/HRC/34/47, 4 Jan. 2017, p. 10.

③ HRC, *Report on the Third Session of the OEIGWG*, A/HRC/37/67, 24 Jan. 2018, p. 7.

④ HRC, *Report on the Fourth Session of the OEIGWG*, A/HRC/40/48, 2 Jan. 2019, p. 6.

⑤ HRC, *Report on the Fifth Session of the OEIGWG*, A/HRC/43/55, 9 Jan. 2020, p. 13.

⑥ HRC, *Report on the Sixth Session of the OEIGWG*, A/HRC/46/73, 14 Jan. 2021, p. 63.

⑦ HRC, *Report on the Seventh Session of the OEIGWG*, A/HRC/49/65, 29 Dec. 2021, p. 6.

⑧ HRC, *Text of the Third Revised Draft Legally Binding Instrument with Textual Proposals Submitted by States During the Seventh and the Eighth Sessions of the OEIGWG*, A/HRC/52/41/Add. 1, 23 January 2023.

1. 欧洲人权保护机制的规范性文件

欧洲委员会议会大会（PACE）第 1757 号决议注意到，许多指称的公司侵犯人权行为发生在第三国，特别是欧洲以外的国家，目前很难将公司的域外侵权行为提交国家法院或欧洲人权法院。① 参照该决议，在第 1936号建议中，PACE 建议部长委员会探讨加强企业在尊重和促进人权方面的作用的方法及途径。② 关于发生在第三国，特别是欧洲以外的公司涉嫌侵犯人权的行为，议会大会注意到将跨国企业侵犯人权案件提交国家法院的困难，呼吁成员国填补该领域存在的法律真空，提高人们对人权的认识并鼓励企业承担责任，立法保护人权免受侵犯。③ PACE 还通过了第 2311 号决议，鼓励欧洲委员会成员国采取一切必要措施实施《指导原则》和部长委员会《关于工商业与人权的建议》，并注意在国外经营的企业侵犯人权的潜在风险。④

部长委员会《支持指导原则的部长级宣言》呼吁成员国制定和实施政策和措施，促进所有工商企业在其国家管辖范围内外的整个经营活动中尊重人权，并确保当此类侵权行为发生在其领土和/或管辖范围内时，受影响的人能够获得有效救济。⑤ 在《关于工商业与人权的建议》中，部长委员会虽未明确使用"域外管辖"一词，但仍建议成员国采取措施要求设在其管辖范围内的企业在其海外活动中尊重人权，同时应保护在其管辖范围内的个人免遭企业的侵犯人权行为。⑥

人权指导委员会（CDDH）受部长委员会的委托，负责就公司侵犯人

① Parliamentary Assembly of Council of Europe (PACE), *Human Rights and Business*, Resolution 1757 (2010), para. 3.
② PACE, *Human Rights and Business*, Recommendation 1936 (2010), para. 2.
③ The Steering Committee for Human Rights, *Draft Report on the Implementation of the Recommendation CM/Rec(2016)3 on Human Rights and Business*, CDDH (2021) 13Rev, para. 183.
④ PACE, *Human Rights and Business—What Follow-up to Committee of Ministers Recommendation CM/Rec(2016)3*, Resolution 2311 (2019), para. 8.
⑤ The Committee of Ministers of the Council of Europe, *Declaration of the Committee of Ministers on the UN Guiding Principles on Business and Human Rights* (2014).
⑥ Council of Europe, *Recommendation CM/Rec(2016)3 of the Committee of Ministers to Member States on Human Rights and Business*, Appendix to *Recommendation CM/Rec(2016)3*, 2 Mar. 2016, para. 13.

权行为的责任开展工作，包括在 2015 年底前编写一份在欧洲实施《指导原则》的不具约束力的文书。在 2013 年至 2015 年的多次会议中，CDDH起草了一份在起草非约束性文书时应考虑的相关要点清单，包括域外管辖权问题。① 在 2014 年 2 月的会议上，CDDH 最终决定，由于小组内部意见不一，推迟讨论是否应在不具约束力的文书中考虑域外管辖问题。② 然而在后续第三次会议至第六次会议中，域外管辖问题被搁置不再提及。在实施报告草案中，CDDH 注意到一些成员国已实施了必要的立法和其他措施，以确保在其管辖范围内的公司对造成的侵犯人权行为根据其各自的法律承担民事责任。如法国认识到扩大其法院的域外民事或刑事管辖权在确保法国公司海外子公司犯下的某些侵犯人权行为不会逍遥法外的重要作用。③

欧洲人权保护机制对母国对跨国企业侵犯人权行为的域外民事管辖问题的明文讨论多见于 2010 年至 2014 年，此后的文件中虽未再明确提及域外管辖，但仍强调成员国采取措施确保企业在境外开展的运营活动中尊重人权。

2. 欧盟的规范性文件

母国对跨国企业侵犯人权行为域外民事管辖的问题在欧盟的议程中占据重要地位，欧盟的多项指令、决议等虽未明言，但表现为具有域外影响的国内措施，较少采取直接域外管辖措施，且越来越多的文件规定了民事责任，有利于实现欧盟成员国对跨国企业侵犯人权问题的域外民事管辖。目前，欧洲法院尚未就欧盟法律是否适用于在欧盟经营的公司在欧盟以外的地方侵犯人权的案件。尽管如此，欧盟在其对外行动中显然力争严格执行人权。例如，《2012 年欧盟人权与民主战略框架》表明欧盟寻求在全世

---

① The Steering Committee for Human Rights Draft Group on Human Rights and Business (CDDH-COPR), *1ˢᵗ Meeting Report*, CDDH-CORP (2013) R1, 16 Oct. 2013, para. 12; CDDH-COPR, *Appendix Ⅳ of 1ˢᵗ Meeting Report: Indicative List of Issues to Be Considered in Preparation of a Council of Europe Non-Binding Instrument on Human Rights and Business*, CDDH-CORP (2013) R1, 16 Oct. 2013, p. 12.

② CDDH-COPR, *2ⁿᵈ Meeting Report*, CDDH-CORP (2014) R2, 14 Feb. 2013, para. 13.

③ CDDH, *Draft Report on the Implementation of the Recommendation CM/Rec (2016) 3 on Human Rights and Business*, CDDH (2021) 13Rev, para. 30.

界范围内防止侵犯人权的行为，在发生侵权行为时，确保受害人能够获得司法救济，并确保责任人被追究责任。①

（四）其他

1. 国际劳工组织《多国企业宣言》

《多国企业宣言》2017 年版②特别强调母国政府应在考虑到东道国的社会和劳动法律、法规和做法及有关国际标准的情况下，根据《多国企业宣言》推进其在国外经营的多国企业的良好社会实践。③ 虽未对"良好社会实践"作出定义，但也存在将"良好社会实践"理解为包括本国法律的可能性，因此《多国企业宣言》并未否认可对在国外经营的企业适用母国法律。

2. 美洲间人权委员会报告

美洲国家组织常设理事会和其他政治机构有关对跨国企业侵犯人权的域外管辖问题辩论仍处于初期阶段，美洲人权体系的机构也尚未就公司对其行为引起的侵犯人权结果的域外责任作出具体决定。美洲间人权委员会发表的《土著人民、非洲裔社区和自然资源的采掘、开采和发展活动中的人权保护报告》指出跨国诉诸司法因不承认域外管辖权而面临障碍，并注意到国际法中不断发展的原则和其他人权条约机构制定了有关域外管辖权的某些基本原则。④

3. 国际法协会《索菲亚准则》

国际法协会在 2012 年第 75 次会议上通过了由国际民事诉讼和公众利益委员会负责起草的《索菲亚准则》，⑤ 旨在解决国家法院在侵犯人权的

---

① Council of the European Union, *EU Strategic Framework on Human Rights and Democracy*, 11855/12, 25 June 2012, p. 2.

② ILO, The ILO MNE Declaration: What's in It for Workers? (International Labour Organization, 2018), p. 9。

③ ILO, Tripartite Declaration of Principles Concerning Multinational Enterprises and Social Policy (5th edn., International Labour Organization, 2017), p. 5.

④ Inter-American Commission on Human Rights, *Indigenous Peoples Communities of African Descent Extractive Industries*, OEA/Ser. L/V/Ⅱ. Doc. 47/15OEA/Ser. L/V/Ⅱ. Doc. 47/15, 31 Dec. 2015, para. 20.

⑤ International Law Association, "Sofia Guidelines on Best Practices for International Civil Litigation for Human Rights Violations," https://ila. vettoreweb. com/Storage/Download. aspx? DbStorageId = 1117&StorageFileGuid = 0e1adc5c − ec25 − 4b20 − 9646 − b435e7daf446, accessed 10 September 2023.

国际民事诉讼中经常面临的国际私法问题，使母国法院在侵犯人权国际民事诉讼中获得域外司法管辖权，并赋予域外适用法院地法律的机会。《索菲亚准则》虽在一些外国学者的文献中出现，却并未引起过多关注，后续发展乏力，但一定程度上为母国对跨国企业侵犯人权行为的域外司法管辖权提供了思路和视角。

4. 欧洲国际私法小组《〈企业尽责和企业问责〉国际私法建议》

欧洲国际私法小组（GEDIP/EGPIL）向欧盟委员会提出的《关于未来欧盟〈企业尽责和企业问责〉文书中国际私法方面的建议》（以下简称《〈企业尽责和企业问责〉国际私法建议》）① 从管辖权和法律适用两方面为欧盟《企业尽责和企业问责指令》提出了国际私法方面的规定建议，为欧盟境外的公司侵犯人权行为的受害人提供了诉诸欧盟成员国国内法院的依据，使母国法院可对与本国除公司联系外不具有其他联系的案件行使域外司法管辖权。

综上所述，来自联合国、欧盟等国际性或区域性组织及非政府组织的越来越多的文书表示出对母国针对跨国企业侵犯人权行为的域外民事管辖权行使的关注与支持，其中不乏国际私法角度的探讨，体现出母国对跨国企业侵犯人权行为的域外民事管辖在饱受争议的同时生机勃勃地发展与壮大。

二　母国域外管辖权利的边界

当今主权国家的国际法律秩序的出发点仍是原则上每个国家都拥有最高权力制定和执行有关其领土内的行为体和活动的规则和条例。然而，由于全球相互联系日益紧密，行动体和活动越来越多地处于跨国而非国内环境中，因此可能受制于多国权威。由此产生的不同国家对这些行为体和活

---

① European Group for Private International Law, "Recommendation of the European Group for Private International Law (GEDIP/EGPIL) to the European Commission Concerning the Private International Law Aspects of the Future Instrument of the European Union on [Corporate Due Diligence and Corporate Accountability]," https://gedip-egpil. eu/wp-content/uploads/2021/02/Recommandation-GEDIP-Recommendation-EGPIL-final-1. pdf, accessed 10 September 2023.

动的监管竞争主张引发了国际管辖权冲突，空间竞争持久化。① 在人权法领域，一部分国内法的内容被吸纳入国际法领域，意味着国家管辖权向国际社会的转移。根据一般国际法，某些形式的域外管辖权并未被禁止。因此，国际法是否允许国家通过制定可以域外适用的法律，寻求在其国家领土外促进人权保护，是本部分的研究重点。

在规制跨国企业境外侵犯人权问题上，对于国际法对域外管辖权行使的限制主要存在三种立场。第一种立场是，除非满足行使域外管辖权的习惯国际法基础，并按照合理性原则（principle of reasonableness）对之加以适用，否则不应允许行使域外管辖权。《指导原则》对国家针对公司侵犯人权行为的域外保护义务采取相对谨慎的路径，认为国家无域外管辖的一般要求，但在有被普遍承认的管辖权依据时，国际法也不禁止其域外管辖。② 第二种立场是，一国要对某些情况主张管辖权，该国与有关情况须存在以习惯国际法中的管辖权基础为代表的合理联系（reasonable link）。除非援引普遍性原则作为管辖权基础，否则若无任何因素将该情况与该国联系起来，在由主权国家组成的世界中，此种域外管辖权主张难以被接受。第三种立场是，国家可自由行使域外管辖权，除非构成对东道国主权的侵犯和内政事务的干涉。除不干涉原则外，无其他的重大国际法律障碍。③ 《框架》指出，共识是只要不违反不干涉原则，国际法就不禁止域外管辖。④ 《框架》所持立场与第三种立场基本相符。简言之，第一种立场是有明确授权的域外管辖权行使，第三种立场是无明确授权的域外管辖权行使，第二种立场处于中间地带。且在三种立场中，国际法对域外管辖权行使的限制力度逐渐减弱，从要求同时存在国际法依据和符合合理性原

---

① 参见张佳《大卫·哈维的历史—地理唯物主义理论研究》，人民出版社，2014，第18页。

② 参见 Daniel Augenstein & David Kinley, "Beyond the 100 Acre Wood: In Which International Human Rights Law Finds New Ways to Tame Global Corporate Power," *The International Journal of Human Rights* 19 (2015): 828。

③ 参见 Seminar of Legal Experts, "Extraterritorial Legislation as a Tool to Improve the Accountability of Transnational Corporations for Human Rights Violations," https://media.business-human-rights.org/media/documents/1cf6171548189ebdf57c6f97f1 6e3a6b9005c395.pdf, accessed 10 September 2023。

④ 参见 John Ruggie, "Protect, Respect & Remedy: A Framework for Business and Human Rights," *Innovations Technology Governance Globalization* 3 (2008): 193。

则，到合理联系的存在，再到不构成对东道国主权的侵犯即可。三种立场的不同，根源在于所遵循的法律逻辑不同，即"国际法无授权不可为"和"国际法无禁止即自由"两种法律逻辑的拉锯，取决于对国际法管辖权学说旨在服务于什么功能的理解。① 也有学者将三种立场分别对应为"法无授权即禁止说"、"弹性禁止说/弱化的禁止说"和"法无禁止即许可说"。②

（一）有明确授权的域外管辖权行使

国际法不禁止国家行使域外管辖权，此论断并未限定国家行使域外管辖权的领域和对象，由此是否可推导出国际法不禁止国家针对跨国企业侵犯人权行为行使域外管辖权？

1935 年，《关于犯罪方面管辖权的哈佛研究公约草案》（以下简称《哈佛公约草案》）③ 的发表确定了一套在一定程度上得到国际法承认的管辖权依据。④《哈佛公约草案》的核心依据是属地原则，属人原则、保护原则、普遍原则等被解释为受承认的域外管辖权依据。⑤ 近年来，影响学说也受到了越来越多的关注。⑥

对具有母国国籍的公司而言，将行使域外管辖权建立在积极属人原则的基础上似乎合理，特别是在涉及禁止性规定与侵犯人权有关的情况下更是如此。根据国籍原则，国家有权行使其域外管辖权，规制跨国企业的境

---

① "国际法无禁止即自由"原则为荷花号案所确立，又称剩余主权论，表明在国际法无明文禁止时，国家享有主权和自由。"国际法无授权不可为"原则要求相关国家域外管辖实践须基于某种法律义务感。*The Case of the S. S. "Lotus" (France v. Turkey)*, Judgment No. 9 of 7 September 1927, P. C. I. J. Reports 1928, Series A, No. 10, p. 18; Marco Vöhringer, "State Jurisdiction and the Permissiveness of International Law: Is the Lotus Still Blooming?," *London School of Economics Law Review* 7 (2021): 29.

② 参见汤净《域外立法管辖权的第三条路径》，《当代法学》2022 年第 3 期。

③ "Draft Convention on Jurisdiction with Respect to Crime," *American Journal of International Law* 29 (1935): 439.

④ 参见 Dan Jerker B. Svantesson, "A New Jurisprudential Framework for Jurisdiction: Beyond the Harvard Draft," *AJIL Unbound* 109 (2015): 69。

⑤ 参见 Cedric Ryngaert, *Jurisdiction in International Law* (2nd edn., Oxford: Oxford University Press, 2015), p. 101。

⑥ 参见 Cedric Ryngaert, "Jurisdiction: Towards a Reasonableness Test," in Malcolm Langford et al., eds., *Global Justice, State Duties: The Extraterritorial Scope of Economic, Social, and Cultural Rights in International Law* (Cambridge: Cambridge University Press, 2012), p. 194。

外行为，以防止跨国企业从事可能侵犯人权的行为。这是国家拥有的一项权利，使其能够履行国际人权法规定的保护义务。事实上，传统上为将域外管辖权建立在该原则基础上提出的两个理由可用于母国域外管辖跨国企业侵犯人权行为。第一，由于法人传统上不能被引渡，根据积极属人原则在域外适用国家立法可确保某些罪行不会免于惩罚。域外管辖权的行使可被视为对一国拒绝将其国民引渡到罪行发生地国家的补偿，是对东道国的一种声援姿态。第二，通过依据积极属人原则行使域外管辖权，一国确保其国民不会在国外采取在法院地国被视为犯罪的行为形式，从而使一国国民在国内不能做的事也不应允许它们在另一国做的基本价值观一以贯之，只要该行为的严重性证明有必要扩大禁止性规定的地域适用范围。母国要求其在国外的公司遵守源自国际人权法的某些要求，就是在维护某些被认为是基本的、对整个国际社会都很重要的价值观。在保护原则方面，对造成侵犯人权结果的外国子公司，母国可以该公司的运营在母国境内产生影响为由行使域外管辖权；东道国可以外国母公司通过本国子公司导致侵犯人权结果的发生为由对外国母公司行使管辖权。在普遍原则方面，对国际普遍认可的人权的侵犯，可能构成对国际强行法的违反，因此可以普遍管辖权为依据主张行使域外管辖权。

然而，相应习惯国际法依据适用于公法领域，国家实践似乎证明"国际法无授权不可为"构成公法域外管辖的普遍实践，但对私法领域并非如此。[①] 在私法领域，若非条约义务或国家豁免要求，否则一国在域外管辖方面不存在国际法约束。由此，便引发了对无明确授权的域外管辖权行使的合法性与正当性的思考。

（二）无明确授权的域外管辖权行使

有观点认为，国际法不限制以私法关系的国外行为为对象的立法管辖权，对于有关行使公权力的立法管辖权才要求有正当依据或和管辖国与案例有真正联系。[②] 此种观点是第二种立场与第三种立场的结合，即对公法

---

① 参见龚宇《国家域外管辖的法律逻辑评析——对"荷花号"案的再思考》，《国际法学刊》2021 年第 3 期。
② 参见〔日〕小寺彰、〔日〕岩泽雄司、〔日〕森田章夫编《国际法讲义》，梁云祥译，南京大学出版社，2021，第 172 页。

领域的域外立法管辖权采取第二种立场，对私法领域的域外立法管辖权采取第三种立场。另有观点认为，对于利用域外管辖权作为工具，使跨国企业在所有行动领域，包括在国外的业务中遵守国际公认的人权，国际法并未施加任何阻碍。[①] 此种观点与第三种立场相仿。那么，在国际法未积极授权时，国家是否可自由行使域外管辖权规制跨国企业侵犯人权行为？此时的域外管辖权行使是否构成对东道国主权的侵犯，或对其内部事务的干涉？[②] 换言之，一般国际法并未禁止域外管辖权的行使，在不满足上述国际法明确授权的条件即允许性规定时，针对母国管辖跨国企业境外侵犯人权这一特定问题是否存在国际法禁止性规定，是本部分的考察重点。

1. 合理联系的内涵

第二个立场中提出了合理联系标准，要求主张域外管辖权的国家与相关事项有连结因素，连结因素包括习惯国际法中的管辖权依据，但不限于此。此处的合理联系还可包含哪些因素？一般而言，在发生管辖权冲突时，并非一定推定东道国的属地管辖权优先，而是按照与具体作为对象的事项存在实质性和真正联系及按照各国利益的比较平衡等因素判断。此处的实质性和真正联系与合理联系是否为同义词？对跨国企业母国的域外管辖而言，母国因与母公司紧密的国籍联系而满足管辖权行使的依据自不待言，但母国缘何能够对从法律意义上而言的外国子公司在境外的侵犯人权行为行使域外管辖权值得探讨。例如，母国法院为何能够受理外国受害人在母国法院提起的跨国企业侵犯人权诉讼？母国法院对外国子公司如何建立对人管辖权？换言之，母公司对子公司的有效控制能否构成母国与境外侵犯人权行为的合理联系？该问题将于后文展开讨论，本部分将仅列举可能构成合理联系的因素。

首先，辅助性原则为扩展域外管辖权的行使依据提供了可能性。在一国不能或不愿管辖时，辅助性原则将会创造、引发或扩展他国的域外管辖

---

① 参见 Arindo Augusto Duque Neto et al., *The Obligations of Home States: Their Extraterritorial Obligations on Human Rights Violations by TNCs* (HOMA, 2016), p. 3。

② 参见 Rosalyn Higgins, "The Legal Basis of Jurisdiction," in Cecil J. Olmstead, ed., *Extra-territorial Application of Laws and Responses Thereto* (Oxford: International Law Association in association with ECS Publishing Ltd., 1984), p. 14。

权以保护全球利益。其次，儿童权利委员会在其第 16 号一般性评论中认为，一些国家根据《儿童权利公约》及其《任择议定书》有义务在企业的域外活动和业务中尊重、保护和实现儿童权利，条件是国家与有关行为存在合理联系。合理联系是指商业企业的活动中心、注册地、常驻地、主要营业地或实质性商务活动位于该国。① 儿童权利委员会采用了比直接控制更广泛的概念确定国家的域外保护义务，其目的是将《指导原则》中笼统描述的标准具体化。再次，联系必须是客观、直接且已经存在的，实质真实联系是允许国家在考虑并衡量各连结因素后合理行使域外管辖权的方法。此外，充分性也是判断联系是否合理的主张之一。② 最后，合理联系包括一国对第三方的影响程度及对某项活动或潜在风险的了解。若一国知道需要采取行动的情况，只要它有能力影响该情况，就须使用其掌握的必要手段来防止或救济该情况。③ 在属人管辖原则方面，对跨国企业而言，注册地虽对于确定母国具有决定性作用，但跨国企业可在多国注册，因此可具有多重国籍，实际上是去国籍化的表现，使注册地作为连结因素发挥的作用有限。此时，依据控制理论而发生的因果关系，即从表面上看，侵犯人权行为可直接归因于注册登记于东道国的子公司，但从深层次上看，侵犯人权行为是基于注册登记于母国的母公司的政策或决定作出的，在此情景中，母国与跨国企业境外侵犯人权行为的合理联系在于产生了决定性影响的跨国企业决策地在母国。④

2. 不干涉原则的内涵

第三个立场表明，只要国际法未明文规定禁止为人权目的行使域外管辖权，则国家可自由行使域外管辖权，亦即"国际法无禁止即自由"观点

---

① Committee on the Rights of the Child (CRC), *General Comment No. 16 (2013) on State Obligations Regarding the Impact of the Business Sector on Children's Rights*, CRC/C/GC/16, 17 Apr. 2013, para. 43.

② Swiss Federal Department of Foreign Affairs, *ABC of Diplomacy* (FDFA 2008), p. 14.

③ 参见 ILA, *ILA Study Group on Due Diligence in International Law* (International Law Association 2016), p. 8.

④ 参见 Sigrun Skogly & Philippa Osim, "Jurisdiction—A Barrier to Compliance with Extraterritorial Obligations to Protect Against Human Rights Abuses by Non-state Actors?," *Human Rights & International Legal Discourse* 13 (2020): 117。

在工商业与人权领域的体现。即使认为国际法无禁止即自由，也并未肯定国家存在行使域外管辖权的无限自由，而是指出行使域外管辖权的方式不得构成对东道国内政事务的干涉。一般认为，域外执法管辖权明显构成对他国领土主权的侵犯，但域外立法或司法管辖权是否构成对他国内政的干涉，则存在疑问。曼恩（F. A. Mann）认为，域外立法管辖权的效果体现为规制外国人在外国领土上的行为，构成对他国内政的干涉。[1] 阿桑修（Hervé Ascensio）则认为，干涉是指具体和实质性行为，抽象的立法行为只有在真正意义上在他国领土内执行或其潜在不利后果对他国造成巨大压力时，方构成对他国内政的干涉。[2] 产生此种争议的原因在于不干涉原则含义的模糊性。为论证母国对跨国企业境外侵犯人权行为域外管辖的正当性，须明确不干涉原则的内涵，从而判断母国对跨国企业境外侵犯人权行为的域外管辖是否构成对东道国内政的干涉。

不干涉原则被普遍接受为构成国际法基本原则，要求一国不得干涉他国内政，是对各国为自己的特殊利益而进行的干涉所加的限制。当一国对发生于他国的行为规定法律后果时，它就对该行为进行了控制，当控制影响到他国的基本利益时，就可能构成对该外国主权权利的干涉。[3] 不干涉原则禁止所有国家直接或间接干涉其他国家的内部或外部事务，因此，被禁止的干涉必须是涉及国家主权原则允许每个国家自由决定的事项。[4] 被国际法所禁止的干涉的核心特征是胁迫（coercion），构成干涉的干预必须具有强力性（forcible）、专断性（dictatorial）或胁迫性（coercive），事实上剥夺了被干涉国家对相关事项的控制权。真正的干涉总是专断地干预，

---

[1] 参见 F. A. Mann, "The Doctrine of Jurisdiction in International Law," *Collected Courses of the Hague Academy of International Law* 111 (1964): 47。

[2] 参见 Hervé Ascensio, "Are Spanish Courts Backing Down on Universality? The Supreme Tribunal's Decision in *Guatemalan Generals*," *Journal of International Criminal Justice* 1 (2003): 699。

[3] 参见 David Gerber, "Beyond Balancing: International Law Restraints on the Reach of National Laws," *Yale Journal of International Law* 10 (1984): 210。

[4] ICJ, *Case Concerning Military and Paramilitary Activities in and Against Nicaragua* (*Nicaragua v. United States of America*), merits, judgment of 27 June 1986, para. 205.

而非单纯地干预。① 在一国行使域外管辖权可能干涉他国主权事务时，该域外管辖权的行使不被允许。域外管辖并不必然构成对他国内政的干涉，而取决于具体管辖行为是否具有胁迫的意图或效果，其行使的意图是否使他国或实际上造成了他国不能自由按其意志处理其主权管辖范围内的事务。② 某一具体的国家管辖行为是否构成对他国内政的干涉从而被国际法禁止，需结合实际情况利用利益平衡等方法进行个案分析，若主张域外管辖权的国家的利益超过所涉及的其他国家，则该管辖权主张遵守了不干涉原则。因此难以得出不干涉原则构成对域外管辖的一般性禁止的结论。③ 然而，域外管辖权主张何时会侵犯他国主权的标准并不明朗，本质上模糊的利益平衡方法能否对国际行为的管辖权主张的可允许性提供法律确定性也受到质疑，利益平衡方法能否成为广泛接受的评估方法也有待时间的检验。

人权和不干涉原则的面向不同，前者强调个人利益，后者则强调国家利益，存在个人利益被国家利益压倒的风险。④ 在人道主义干预的背景下，基于保护责任，为人道主义目的进行干预的权利被重新表述，当其他国家不愿也不能保护自己的公民免受对人权的侵犯时，干预不再被认为是一种权利，而是国家的义务。此时，保护受害人可能被视为压倒一切的理由，凌驾于不干涉原则之上。然而，这并不意味着任何涉及侵犯或威胁人权的案件都会自动导致干预义务，只是在有关国家无法保护受害人时作为最后手段援引此种基于需求规模的义务。对干预的重新解释虽已在军事背景下用于人道主义干预，但国家实践是否支持在非军事、域外、监管框架下作此解释是有疑问的。虽有学者认为全球宪政主义能为干涉提供合理性，⑤

① 参见〔英〕劳特派特修订《奥本海国际法》（上卷 第一分册），王铁崖、陈体强译，商务印书馆，1989，第 229 页。

② 参见李伯军《不干涉内政原则研究——国际法与国际关系分析》，湘潭大学出版社，2010，第 52 页。

③ 参见陈一峰《国际法不禁止即为允许吗？——"荷花号"原则的当代国际法反思》，《环球法律评论》2011 年第 3 期。

④ 参见 Patricia Rinwigati Waagstein, "Justifying Extraterritorial Regulations of Home Country on Business and Human Rights," *Indonesian Journal of International Law* 16 (2019): 383。

⑤ 全球宪政主义的核心是反映宪法原则特别是法治、人权和民主的国际法思想。参见须網隆夫《日本的工商业与人权——〈工商企业与人权：实施联合国"保护、尊重和补救"框架指导原则〉的实施》，袁浩然译，《人权研究》2022 年第 2 期。

但该理论推行的原则和思想的解释权仍被发达国家把控，发展中国家的话语权在一定程度上被剥夺，仍是新自由主义理论的反映，其正当性存疑，以之为据进行干涉难以服众。

具体到母国对跨国企业侵犯人权行为的域外民事管辖权利在国际法语境下的正当性问题，需探讨旨在保护人权的域外管辖是否构成通过胁迫进行干涉。母国寻求通过域外立法方式规范跨国企业在东道国的活动，并非强迫东道国或强迫当地公司遵守母国制定的规范。在不影响国际人权法规定的义务的情况下，东道国仍可自由地对其国家领土上的活动进行立法，其对相应活动的控制权并未被剥夺。因此，母国域外管辖权的行使不构成胁迫。

3. 合理性原则的限制性

无论采取何种立场，都要求符合合理性原则。如何理解合理性原则，合理性原则是否构成习惯国际法，是本部分将展开分析的内容。

仅仅是行为或活动符合习惯国际法中管辖权依据之一，并不一定能证明行使管辖权的合理性。目前国际法的推定是，主张域外管辖权的国家须进一步证明根据上述依据行使域外管辖权的合理性。根据巴塞罗那电车案，各国法院有义务在对含有域外因素的案件行使管辖权时采取节制且有限制的态度，不能不当侵犯更适宜的国家的管辖权。[1] 该判例在一定程度上体现了对合理性原则的要求。《指导原则》中也提及，基于多边协定等因素可增强国家域外管辖行使权的实际合理性，说明在工商业与人权领域，合理性原则对域外管辖权的行使有重要影响。[2]

当然，哪些因素可能使行使域外管辖权更合理或更不合理，还有待讨论。以下因素提供了有用的出发点。第一，正如《指导原则》所言，多边措施可能比单边措施更易被接受，更有益于鼓励各国提高效率、共同学习和加强能力建设，并为其他利益相关者提供公平的竞争环境，还有助于避免标准的重复，并促进多边措施一致和有效地实施。第二，各国的法律、

---

① ICJ, *Barcelona Traction, Light, and Power Company, Ltd. (Belgium v. Spain)*, [1970] ICJ Rep. 3, 105.

② 参见 John Ruggie, *Guiding Principles on Business and Human Rights*, A/HRC/17/31, 21 Mar. 2011, Principle 2, Commentary.

政治和文化差异意味着，对适用于域外或具有域外影响的国际标准采取基于原则和以结果为导向的方法（principles-based and outcomes-oriented approaches），可能比基于规则的规定性方法（prescriptive, rules-based approaches）效果更佳，也可能使企业遵守不同的规章制度更可行。第三，对某一活动的不法性有合理程度的国际共识。若各国就共同的标准和执行方法达成一致，包括解决相互竞争的管辖权主张，这些措施就会得到加强。明确界定的标准的协调对减轻企业对法律不确定性和相关交易成本的担忧至关重要。虽根据国际法，具有域外影响的国内措施在设计和实施时是否应考虑到合理性因素并不明确，但谨慎的国家应考虑其可能对其他国家和利益相关者的利益产生何种影响，以确保其有效性和长期合法性。不同利益相关者对合理性因素有不同意见，各国应尽最大努力了解其决定对利益相关者的影响。①

　　国际法下管辖权行使的合理性标准包括礼让原则、不干涉原则、真实联系原则、比例原则等。虽有观点认为合理管辖构成法律确信（opinio juris），② 但多数观点认为，管辖合理性原则不似习惯国际法一般具有约束力，缺乏统一的国家实践和法律确信，故不能被认为构成既定的基础原则（established foundational principle）或习惯国际法规则。③ 可见，管辖合理性学说是否构成习惯国际法存在争议。④ 然而，有迹象表明，各国认为自己有义务在管辖权方面行使某种节制或合理性。⑤ 第三版《美国对外关系法重述》认为合理性原则构成习惯国际法，应被各国适用以限制域外管辖

---

① John Ruggie, "Exploring Extraterritoriality in Business and Human Rights: Summary Note of Expert Meeting," https://media. business-humanrights. org/media/documents/files/media/documents/ruggie-extraterritoriality-14-sep-2010. pdf, accessed 10 September 2023.

② 参见 Cedric Ryngaert, *Jurisdiction in International Law* (2nd edn. , Oxford: Oxford University Press, 2015), p. 154。

③ 参见 Mistale Taylor, "Reasonableness in Its Reasoning: How the European Union Can Mitigate Problematic Extraterritoriality on a De-Territorialised Internet," *Questions of International Law* 62 (2019): 40。

④ 参见 Dan E. Stigall, "International Law and Limitations on the Exercise of Extraterritorial Jurisdiction in U. S. Domestic Law," *Hastings International and Comparative Law Review* 35 (2012): 337。

⑤ 参见 Danielle Ireland-Piper, *Accountability and Extraterritoriality: A Comparative and International Law Perspective* (Cheltenham: Edward Elgar Publishing, 2017), p. 44。

权的行使。可是，在第四版《美国对外关系法重述》中，该观点被否定，第四版认为合理性原则并非习惯国际法，仅为美国法院的司法实践。① 虽然如此，第三版第 403 节第 2 款②规定的合理性原则评估因素对判断域外管辖权行使的合理性仍有一定的借鉴意义。第三版中描述的合理性评估因素与被称为"国家间黄金法则"的礼让原则密切相关。当两个国家对某一个人或某一特定行为拥有共同的管辖权时，各国应进行平衡测试，并服从于利益明显更大的国家。

（三）习惯国际法是否对域外司法管辖权施加外部限制

有观点认为，上述限制因素只适用于域外立法管辖权，而不适用于集中于民事诉讼领域的域外司法管辖权。③ 此种观点的代表是第三版和第四版《美国对外关系法重述》的立场转变。第三版认为司法管辖权属于习惯国际法范畴，其行使应受习惯国际法限制。④ 然而，受迈克尔·阿克赫斯特（Michael Akehurst）⑤ 的影响，以第四版为代表的观点认为，除豁免外，习惯国际法未对域外民事司法管辖权施加任何限制，⑥ 并认为司法管辖权主要受一国国内法的自发限制，而国内法作出限制是出于法律权利感而非受法律义务感的驱使。⑦

两版重述的观念转变反映出学术界在国际公法是否限制司法管辖权的问题上存在分歧。支持习惯国际法对司法管辖权作出了或可能作出限制的观点认为，法律实践证明了国际法限制的存在，因此第四版的观点并不正确。⑧

---

① 参见郭玉军、王岩《美国域外管辖权限制因素研究——以第三和第四版〈美国对外关系法重述〉为中心》，《国际法研究》2021 年第 6 期。

② 参见 *Restatement（Third）of Foreign Relations Law*，§ 403（1987）。

③ 参见宋晓《域外管辖的体系构造：立法管辖与司法管辖之界分》，《法学研究》2021 年第 3 期。

④ 参见 *Restatement（Third）of Foreign Relations Law*，Part Ⅳ，Chapter 2，Introductory Note（1987）。

⑤ 参见 Michael Akehurst，"Jurisdiction in International Law," *British Yearbook of International Law* 46（1974）：177。

⑥ 参见 *Restatement（Fourth）of Foreign Relations Law*，Part Ⅳ，Chapter 2，Introductory Note（2018）。

⑦ 参见 William S. Dodge，"A Modest Approach to the Customary International Law of Jurisdiction," *European Journal of International Law* 32（2021）：1478。

⑧ 参见 Austen Parrish，"Personal Jurisdiction：The Transnational Difference," *Virginia Journal of International Law* 59（2019）：102。

国际公法要求存在与争端的联系，才能有效行使司法管辖权。实际联系原则目前可被视作唯一被承认的习惯国际法限制要求。① 国际公法与民事司法管辖权间关系的更好立场是，后者可能受国际公法限制。习惯国际法对立法管辖权的限制要求没有理由不适用于司法管辖权，完全从国际法领域中删除司法机关对国家权力的主张确不协调。即使目前习惯国际法确未对司法管辖权施加限制，也不能排除习惯国际法施加限制的演变可能。② 也有学者并未明确其立场，但指出第四版的观点有待商榷，③ 表示国际公法对司法管辖权的限制问题仍悬而未决的原因主要是司法管辖权不一定是习惯国际法下的管辖权种类之一。④ 还有观点认为，国际公法不对在民事事项中行使司法管辖权作出限制，是因为司法管辖权是执行管辖权的子类别。国内法院的司法/执行自然发生在法院地国的领土上，因此不存在被禁止的域外执行管辖权问题。⑤

对此，第四版的报告人道奇（William Dodge）表示，第四版是对习惯国际法现状的重述，现有习惯国际法尚未对司法管辖权作出限制要求，但并不意味着第四版否认了习惯国际法限制司法管辖权的可能性。不将习惯国际法对立法管辖权的限制要求适用于司法管辖权，是因为司法管辖权不同于立法管辖权。当国家行使过度管辖权时，其他国家通常不会以违反习惯国际法为由抗议这种行使。相反，各国在国内法层面对过度管辖权的反应是拒绝承认和执行判决。⑥

由此可见，对于习惯国际法是否对司法管辖权施加限制，总体观点是

① 参见杜涛《论国际民事诉讼中的过度管辖权》，《武大国际法评论》2017年第1期。

② 参见 Cedric Ryngaert, "The Restatement and the Law of Jurisdiction: A Commentary," *European Journal of International Law* 32 (2021): 1468。

③ 参见 Duncan French & Verónica Ruiz Abou-Nigm, "Jurisdiction: Betwixt Unilateralism and Global Coordination," in Verónica Ruiz Abou-Nigm et al., eds., *Linkages and Boundaries in Private and Public International Law* (Oregon: Hart Publishing, 2018), p. 84。

④ 参见 Ralf Michaels, "Is Adjudicatory Jurisdiction a Category of Public International Law?," https://opiniojuris.org/2018/09/20/is-adjudicatory-jurisdiction-a-category-of-public-international-law/, accessed 10 September 2023。

⑤ 参见 Satya T. Mouland, "Rethinking Adjudicative Jurisdiction in International Law," *Washington International Law Journal* 29 (2019): 173。

⑥ 参见 William S. Dodge, "A Modest Approach to the Customary International Law of Jurisdiction," *European Journal of International Law* 32 (2021): 1479。

习惯国际法可对司法管辖权施加限制，核心分歧是现有习惯国际法是否已对司法管辖权作出限制要求。鉴于道奇的观点反映了第四版态度转变的原因，故本书将通过辩驳道奇提出的理由进行探讨。

第一，道奇表示，司法管辖权不同于立法管辖权，因此对立法管辖权的习惯国际法限制不适用于司法管辖权。产生此种分歧的本质原因在于，不同于公法事项中立法管辖权与司法管辖权的重合，私法事项上的立法管辖权和司法管辖权因法律选择过程而存在分离的可能性，同时关于是否行使管辖权的决定并不侧重于争议与法院间是否存在证明行使权力正当的联系，而是侧重于为当事各方的利益解决争议的可行性及索赔人的权利。这构成了对侧重于国家权力而非当事方利益的传统国际公法管辖权方法的挑战。① 然而，该观点存在的问题是将立法管辖权、司法管辖权与执法管辖权视为截然不同的，而忽略了它们之间的辩证统一关系。诚然，不同于立法管辖权会对域外行为产生潜在影响，司法管辖权主要由一国法院在国内行使，更偏向于程序规则，可能会对域外产生影响的是法律选择过程中的立法管辖权的作用发挥和判决承认与执行过程中的执法管辖权的作用发挥，作为偏向于程序规则的司法管辖权只是判断能否使涉外案件进入内国司法程序，因此只适用国内程序法进行判断即可。可是，国内程序法的制定属于立法管辖权事项，在制定此类立法的过程中也必然受到习惯国际法对立法管辖权的限制因素的影响，此种影响亦会间接渗透到司法管辖权的行使过程中。因此，即便认为现有习惯国际法并未对司法管辖权设置直接限制要求，但法官在行使司法管辖权的过程中也会受到对立法管辖权的限制因素的影响。

第二，道奇认为，各国采纳司法管辖权的依据特别是构成过度管辖权的依据中并无正当性依据，表明设立司法管辖权是各国的自由，无须依据允许性规则。同时，过度管辖权依据极少引发他国抵制或抗议，受影响国更多是通过拒绝承认与执行的方式反对基于过度管辖权作出判决。然而，

---

① 参见 Alex Mills, "Justifying and Challenging Territoriality in Private International Law," in Michael S. Green et al., eds., *Philosophical Foundations of Private International Law* (Oxford: Oxford University Press, 2024): 174-196。

首先，正如上文所述，"国际法无禁止即自由说"与"国际法无授权不可为说"间存在"弹性禁止说"的第三条道路，行使司法管辖权无须允许性规则并不意味着对司法管辖权无限制性要求。至于他国不抗议，在《关于习惯国际法的识别的结论草案案文》中，联合国国际法委员会指出，若当事国不抗议，但对方已采取具体的行动、当事国知晓该行动且该行动对其利益有直接不利影响，则更有可能反映出该项惯例已被接受为法律。[1]因此，他国未在司法管辖权的行使过程中提出抗议，可能的原因之一是民事诉讼更多涉及的是私人利益，国家在一国法院行使司法管辖权时并不一定知晓该诉讼的存在，更何谈抗议。其次，受影响国可能在法院开启诉讼时便已了解该诉讼，但同意法院基于相应依据进行司法管辖。之所以未作出抗议，可能正在于管辖权的行使是基于事项与法院地国间存在真正联系，因此并不违反国际法。[2]再次，或因诉讼当事人在法院地有财产，法院在本国境内即可完成执行，而不需在他国境内执行，故他国也无法在拒绝承认与执行时声明对判决作出法院的管辖权依据的反对，更何况若拒绝承认与执行判决的理由为原审国法院的管辖权不合理，即已表明受影响国对过度管辖权依据的反对态度。因此，道奇的理由难以成立。最后，规定过度管辖权的国家的法院，也极少仅据之即行使管辖权，通常存在行使管辖权的其他原因，因为法官在作出涉外判决时，必然会考虑判决承认与执行的可行性，也从侧面表现出此类国家的法院对过度管辖权不受欢迎的认知。因此，侧重当事方利益与侧重国家权力并行不悖。侧重当事方利益的核心在于尽可能使判决得到承认与执行，而判决承认与执行的前提是判决的作出不损害他国基本利益，他国法院可能会因判决只基于过度管辖权作出而拒绝承认与执行，原因在于此种基础不符合受影响国的基本利益，故法院在判断是否管辖时虽侧重于为当事各方的利益解决争议的可行性及索赔人的权利，但也会考虑他国的利益，避免侵犯他国权力，最终导致判决

---

① UN General Assembly, *Report of the International Law Commission* (2018), A/73/10, p. 133.

② 参见 Austen Parrish, "Adjudicatory Jurisdiction and Public International Law: The Fourth Restatement's New Approach," in Paul B. Stephan & Sarah H. Cleveland, eds., *The Restatement and Beyond: The Past, Present, and Future of U. S. Foreign Relations Law* (Oxford: Oxford University Press, 2020), p. 312。

难以被承认与执行。

因此，无论是民事还是刑事事项领域的司法管辖权的行使，都受国际法约束。在民事司法管辖权基于过度管辖权行使时，法院可通过法律选择规则适用外国法抵消司法管辖权的不适当性，在适用法院地强制性规定时，司法管辖权与立法管辖权的重叠更意味着司法管辖权的行使应受国际公法管辖原则约束。但如此解释不免存在循环解释之嫌，换个角度思考，在适用法律选择规则时，总有可能适用本国法，即存在立法管辖权与司法管辖权重叠的可能性，既然此种情形的概率不为零，则为防患于未然，将适用于立法管辖权的习惯国际法限制适用于司法管辖权便并非不可行。加之行使司法管辖权的依据来源于基于立法管辖权作出的诉讼法规定，内部蕴含着立法管辖权的限制因素，故司法管辖权受习惯国际法限制当无疑问。特别是母国对跨国企业侵犯人权行为的域外民事司法管辖，是一国公法通过赋予私人提起民事诉讼诉因的私人执行机制，适用不受限制的司法管辖规则无疑会不当助长域外管辖，因此应受必要限制。

综上所述，国际法允许母国在一定条件下行使域外管辖权。在遵守《指导原则》采用的"国际法无授权不可为"立场时，母国对跨国企业侵犯人权行为域外民事管辖的行使若与侵犯人权行为具有真实联系，符合合理性原则，并不干涉他国内政，则更可减少质疑。

第二节 母国域外义务

母国域外义务的实质是指母国可否对外国人负有人权义务，或言母国的人权义务可否延伸至域外。国家义务层面的域外义务的性质是义务（obligation）。义务大致可对应为霍菲尔德概念矩阵中的责任（liability）和职责（duty）。① 国家防止跨国企业侵犯人权行为的义务可否延伸至域外争议极大，国际人权法对此尚未形成统一做法。然而，域外人权义务虽尚

---

① 参见 Martin Hogg, *Obligations: Law and Language* (Cambridge: Cambridge University Press, 2017), p. 25。

未得到国际法律的明文规定，但已出现此类尝试与主张。① 域外人权义务可区分为救济性域外义务和全球义务，前者表现为通过对侵犯人权者的问责实现对受害人的救济，后者表现为援助潜在受害人与建设更有利于个人的全球制度。② 国家的救济性域外义务包含国家是侵犯人权者或侵犯人权结果可归因于国家的直接域外义务、作为政府间组织成员的域外义务及规制和影响非国家行为体的域外义务。③ 域外管辖义务是域外人权义务的派生义务。④ 本书所述域外管辖义务主要体现为直接域外义务及规制和影响非国家行为体的域外义务。

一　要求母国承担域外义务的趋势形成

在实践中，《拟议条约》是要求母国承担域外管辖义务的表现之一。此外，联合国多个人权条约机构在一般性评论和结论性意见等条约解释文件中也主张母国应承担域外管辖义务。美洲人权法院的咨询意见中也表达了相同主张。《马斯特里赫特原则》更是旗帜鲜明地表示认同经社文权利方面的域外义务存在。由此体现出要求母国承担域外管辖义务的主张的接受度不断提升，存在成为明文规定的国际法律义务的可能性。

（一）《拟议条约》制定过程中的观点

在第一次工作组会议中，专设一个议题讨论域外义务，题目为"国家保证跨国企业和其他工商企业尊重人权的义务，包括域外义务"。⑤ 在讨论中，有代表认为文书应澄清国家的现有义务，并填补国内法律制度无法

---

① 参见 B. S. Chimni, "The International Law of Jurisdiction: A TWAIL Perspective," *Leiden Journal of International Law* 35 (2022) 53。

② 救济性域外义务是后顾型理论的体现，强调因果联系；全球义务是前瞻型理论的反映，缺乏因果联系。前瞻型理论和后顾型理论是大卫·米勒提出的侵犯人权责任分配理论，前者关注的是谁处于援助侵犯人权行为受害人的更佳位置，后者关注的是谁为侵犯人权行为负责。参见 David Miller, "Distributing Responsibilities," *Journal of Political Philosophy* 9 (2001): 465。

③ 参见 Elena Pribytkova, "What Global Human Rights Obligations Do We Have?," *Chicago Journal of International Law* 20 (2020): 384。

④ 参见 Cedric Ryngaert, *Jurisdiction in International Law* (2nd edn., Oxford: Oxford University Press, 2015), p. 162。

⑤ 参见 Carlos Lopez & Ben Shea, "Negotiating a Treaty on Business and Human Rights: A Review of the First Intergovernmental Session," *Business and Human Rights Journal* 1 (2016): 111。

涵盖的空白，确保公司不能操纵国家的国内管辖权以逃避责任，解决管辖权限制以实现域外适用，落实域外义务，填补法律空白。东道国和母国均应承担国家保护义务。① 域外义务是重新平衡当前国际世界秩序中导致公司有罪不罚现象的核心工具，在域外义务的基础上建立保护人权不受公司活动影响的全球伙伴关系，是文书的关键组成部分。② 在第二次会议上，讨论国家域外义务的议题名称为"国家的主要义务，包括与跨国企业和其他工商企业有关的保护人权的域外义务"。在该议题下设的第一主题"履行国际人权义务：适用于跨国企业和其他工商企业的人权方面的国家立法和国际文书的实例"的讨论中，有代表就如何调和国家主权与域外管辖权及普遍管辖权的关系、何时使母公司为子公司的侵害人权行为负责等提出了疑问。在第二主题"对域外管辖和国家主权要素的法理和实践方法"的讨论中，有代表强调多加关注域外管辖问题。③ 第二次会议虽激烈讨论了域外义务和域外管辖问题，却未得到妥善的解决方案。④ 第三次会议主要讨论了要素文件。要素文件指出，此种性质的文书可使管辖规则和人权义务标准化，使受害人能迅速有效获得司法救济，强调为在国外经营的公司及其子公司的侵权行为的受害人制定更明确的诉诸法律的规则的重要性，并重申缔约国在保护人权方面的义务并不局限于其领土边界。⑤ 各方代表就要素文件中反映出的域外义务问题也产生诸多争论，⑥ 有代表建议将域外义务纳入《拟议条约》，但也有代表对此表示强烈反对，认为《拟议条约》不应允许各国行使任何类型的域外管辖。⑦ 第四、五次会议中，虽仍

---

① HRC, *Report on the First Session of the OEIGWG*, A/HRC/31/50, 5 Feb. 2016, p. 15.

② 参见 Laura Michéle et al., eds., *For Human Rights Beyond Borders: Handbook on How to Hold States Accountable for Extraterritorial Violations* (Heidelberg: ETO Consortium, 2017), p. 41。

③ HRC, *Report on the Second Session of the OEIGWG*, A/HRC/34/47, 4 Jan. 2017, p. 10.

④ 参见 Carlos Lopez, "Struggling to Take off?: The Second Session of Intergovernmental Negotiations on a Treaty on Business and Human Rights," *Business and Human Rights Journal* 2 (2017): 365。

⑤ HRC, *Elements for the Draft Legally Binding Instrument*, HRC Res. A/HRC/RES/26/9, 29 Sept. 2017.

⑥ 参见 Doug Cassel, "The Third Session of the UN Intergovernmental Working Group on a Business and Human Rights Treaty," *Business and Human Rights Journal* 3 (2018): 277。

⑦ HRC, *Report on the Third Session of the OEIGWG*, A/HRC/37/67, 24 Jan. 2018, p. 7.

对条约赋予国家人权义务有所讨论，但未再明确提及域外义务问题，而是
转向对赋权母国进行域外管辖的讨论，① 与会代表对域外管辖和其对国家
主权的阻碍表示保留或直接反对。② 第六次会议纪要中未出现"域外"字
样。③ 第七次会议中，仅人权中心这一非政府组织认为《拟议条约》规定
了国际团结和域外义务、获得救济等关键要素，进一步弥补了《指导原
则》自愿性质的缺陷。④

《拟议条约》中的域外人权义务要求受到其他区域性机构的认可。例
如，《欧盟议会对欧盟投入联合国跨国企业和其他工商企业与人权的关系
问题具有约束力的文书的 2018 年 10 月 4 日决议》支持《拟议条约》的制
定工作，并主张承认各国的域外人权义务。⑤

（二）人权条约机构的观点

人权条约机构是监测核心国际人权条约执行情况的独立专家委员会，处
于国际人权条约法解释和适用的核心，有助于在国家一级促进、保护和落实人
权。通过审查缔约国报告发布结论性意见，条约机构成员协助各国落实条约规
定。一般性意见的出台澄清了与条约有关的特定条款和专题的含义。⑥

1. 一般性评论

儿童权利委员会在第 16 号一般性评论中指出，东道国和母国均负有
尊重、保护和落实儿童权利的义务。⑦

消除对妇女歧视委员会第 28 号一般性建议指出，缔约国的义务适用
于在该国领土或不在该国领土内但受该国有效控制的公民或非公民，缔约

---

① HRC, *Report on the Fourth Session of the OEIGWG*, A/HRC/40/48, 2 Jan. 2019；HRC, *Report on the Fifth Session of the OEIGWG*, A/HRC/43/55, 9 Jan. 2020.

② 参见 Ruwan Subasinghe, "A Neatly Engineered Stalemate: A Review of the Sixth Session of Negotiations on a Treaty on Business and Human Rights," *Business and Human Rights Journal* 6 (2021): 386。

③ HRC, *Report on the Sixth Session of the OEIGWG*, A/HRC/46/73, 14 Jan. 2021.

④ HRC, *Report on the Seventh Session of the OEIGWG*, A/HRC/49/65, 29 Dec. 2021, p. 33.

⑤ *European Parliament Resolution of 4 October 2018 on the EU's Input to a UN Binding Instrument on Transnational Corporations and Other Business Enterprises with Transnational Characteristics with Respect to Human Rights [2018/2763(RSP)]*, P8_TA (2018) 0382, 4 Oct. 2018.

⑥ OHCHR, *Handbook for Human Rights Treaty Body Members* (United Nations 2015), p. 2.

⑦ CRC, *General Comment No. 16 (2013)*, CRC/C/GC/16, 17 Apr. 2013, para. 43.

国对其影响人权的所有行动负责，不论受影响的个人是否在该国领土内，且要求缔约国防止私人行为体对妇女的歧视，缔约国有义务采取一切措施消除个人、组织或企业对妇女的歧视，该义务也适用于在海外从事业务的国有公司的行为。①

禁止酷刑委员会第 2 号一般性评论指出，《禁止酷刑和其他残忍、不人道或有辱人格的待遇或处罚公约》（以下简称《禁止酷刑公约》）第 1 条第 1 款规定的酷刑行为是公职人员或以官方身份行使职权的其他人所造成或者在其唆使、同意或默许下造成的。事实上，承担国家任务的私人承包商等非国家机构可被解释为构成以官方身份行使职权的人，从而使国家承担《禁止酷刑公约》下的域外义务。② 然而，母国因在国外独立于其经营的与其缺少主权联系的私营公司而负担《禁止酷刑公约》下的母国域外保护义务似乎值得怀疑。

经社文委员会在第 12 号③、第 14 号④、第 15 号⑤、第 19 号⑥、第 22 号⑦、第 23 号⑧、第 24 号⑨和第 25 号⑩一般性评论中均提及国家的域外

---

① Committee on the Elimination of Discrimination Against Women, *General Recommendation No. 28*, CEDAW/C/GC/28, 16 Dec. 2010, para. 12.

② Committee Against Torture, *Convention Against Torture and Other Cruel, Inhuman or Degrading Treatment or Punishment General Comment No. 2*, CAT/C/GC/2, 24 Jan. 2008, para. 15.

③ 缔约国有义务确保受其管辖的所有人的粮食权得到保障，且应尊重并保护他国享受取得粮食的权利，跨国私营企业部门不应侵犯取得粮食的权利。CESCR, *General Comment No. 12 (1999)*, E/C. 12/1999/5, 12 May 1999, para. 36.

④ 缔约国若未能对公司活动作出规定导致其管辖范围内的人的健康权受到侵犯，则违反其保护义务。CESCR, *General Comment No. 14 (2000)*, E/C. 12/2000/4, 11 Aug. 2000, para. 51.

⑤ 缔约国应禁止本国公司侵犯他国个人和群体的水权。CESCR, *General Comment No. 15 (2002)*, E/C. 12/2002/11, 20 Jan. 2003, para. 33.

⑥ 缔约国应防止本国的公民和国家实体侵犯他国的社会保障权利，以保护域外的社会保障权利，可在尊重国际法的前提下通过立法或政治手段影响在其管辖范围内的跨国企业尊重他国的社会保障权利。CESCR, *General Comment No. 19 (2008)*, E/C. 12/GC/19, 4 Feb. 2008, para. 54.

⑦ 缔约国有确保跨国企业不侵犯他国人民的性健康和生殖健康权的域外义务。CESCR, *General Comment No. 22 (2016)*, E/C. 12/GC/22, 2 May 2016, para. 60.

⑧ CESCR, *General Comment No. 23 (2016)*, E/C. 12/GC/23, 27 Apr. 2016, para. 70.

⑨ 缔约国须采取必要步骤防止设立在本国和/或受其管辖的公司在海外有侵犯人权行为。CESCR, *General Comment No. 24 (2017)*, E/C. 12/GC/24, 10 Aug. 2017, para. 25.

⑩ 各国在充分实现参与科学进步及其应用并从中受益的权利方面有域外义务，应监管和监测其可行使控制权的跨国企业的行为，并为受害人提供包括司法救济在内的救济措施。CESCR, *General Comment No. 25 (2020)*, E/C. 12/GC/25, 30 Apr. 2020.

人权义务。特别是第 23 号一般性评论指出，缔约国应采取包括立法措施在内的措施说明在其领土和/或管辖范围内的企业须在其所有域外业务中尊重享受公正和良好的工作条件的权利，在造成损害时，跨国企业应负责，确保受害人获得救济，并对如何在域外尊重该权利向企业提供指导意见。

2. 结论性意见

人权事务委员会在德国提交的定期报告的结论性意见中鼓励德国清晰阐明希望所有在德国境内开设和/或在德国司法管辖下的公司尊重人权，并采取适当措施向因上述公司的海外经营活动遭受侵害的人提供救济措施。①

儿童权利委员会在针对德国的结论性意见的 "儿童权利和工商业部门" 部分，建议德国审查和修改其法律框架，确保在德国境内经营或在其境内管理的工商企业及其子公司对侵犯儿童权利和其他人权的行为负法律责任。② 建议新加坡为受其管辖的国内及国际企业在可能影响儿童权利的所有领域进行报告提供框架。对于韩国，委员会敦促其为在国内外经营的公司建立儿童保护框架。③ 在对土耳其④、摩纳哥⑤、法国⑥、西班牙⑦、新加坡⑧、澳大利亚⑨等国的结论性意见中，也可找到引入立法框架规制受缔约国管辖或控制并在缔约国内外经营的公司的行为，并建立针对这类侵害的调查和救济机制的类似建议。然而，无论针对发达国家抑或

---

① Human Rights Committee, *Concluding Observations on the Sixth Periodic Report of Germany*, CCPR/C/DEU/CO/6, 12 Nov. 2012, para. 16.

② CRC, *Concluding Observations on the Combined Third and Fourth Periodic Reports of Germany*, CRC/C/DEU/CO/3-4, 25 Feb. 2014, para. 22.

③ CRC, *Concluding Observations on the Combined Fifth and Sixth Periodic Reports of the Republic of Korea*, CRC/C/KOR/CO/5-6, 24 Oct. 2019, para. 15.

④ CRC, *Consideration of Reports Submitted by States Parties Under Article 44 of the Convention*, *Concluding Observations: Turkey*, CRC/C/TUR/CO/2-3, 20 July 2012, para. 23.

⑤ CRC, *Concluding Observations on the Combined Second and Third Periodic Reports of Monaco*, CRC/C/MCO/CO/2-3, 29 Oct. 2013, paras. 20-21.

⑥ CRC, *Concluding Observations on the Fifth Periodic Report of France*, CRC/C/FRA/CO/5, 23 Feb. 2016, para. 22.

⑦ CRC, *Concluding Observations on the Combined Fifth and Sixth Periodic Reports of Spain*, CRC/C/ESP/CO/5-6, 5 Mar. 2018, para. 12.

⑧ CRC, *Concluding Observations on the Combined Fourth and Fifth Periodic Reports of Singapore*, CRC/C/SGP/CO/4-5, 28 June 2019, para. 16.

⑨ CRC, *Concluding Observations on the Combined Fifth and Sixth Periodic Reports of Australia*, CRC/C/AUS/CO/5-6, 1 Nov. 2019, para. 17.

发展中国家，2021 年以降的结论性意见中再无类似建议。

消除种族歧视委员会在对挪威提交的报告的结论性意见中建议挪威采取适当的立法和行政措施，确保在挪威领地和/或隶属挪威管辖的领地上开设的跨国企业经营活动不对域外人权造成不良影响，并应追究侵犯人权的跨国企业的责任。① 但在 2019 年对挪威的意见中不再有该建议。2012 年对加拿大的建议也是朝着类似的方向，要求加拿大采取措施，防止并救济“在加拿大注册的跨国企业从事对加拿大以外领土上土著人享有权利产生不利影响的活动”。② 2017 年意见在 2012 年意见的基础上，进一步强调对在加拿大注册、海外经营的跨国企业的侵权行为的救济措施。③ 在 2014 年对美国的建议中可看到几乎相同的措辞，但对象的范围明显扩大，即“采取适当措施，防止在缔约国内注册登记的跨国企业的活动”对其他国家人民的人权享有造成不利影响。④ 但也应注意到，自 2018 年至今的结论性意见中，未再出现过相关内容。

3. 声明

经社文委员会的多份声明提及母国域外管辖义务，要求母国采取必要措施防止总部受其管辖的公司境外侵犯人权，如《缔约国关于企业部门与经济、社会及文化权利的义务问题的声明》⑤、《公共债务、紧缩措施和〈经济、社会、文化权利国际公约〉声明》⑥，并在《关于普遍和公平获得新型冠状病毒（COVID-19）疫苗的声明》⑦、《关于普遍接种负担得起的

① CERD, *Concluding Observations: Norway*, CERD/C/NOR/CO/19-20, 8 Apr. 2011, para. 17.

② CERD, *Concluding Observations of the Committee on the Elimination of Racial Discrimination: Canada*, CERD/C/CAN/CO/19-20, 4 Apr. 2012, para. 14.

③ CERD, *Concluding Observations on the Combined Twenty-First to Twenty-Third Periodic Reports of Canada*, CERD/C/CAN/CO/21-23, 13 Sept. 2017, para. 21.

④ CERD, *Concluding Observations on the Combined Seventh to Ninth Periodic Reports of the United States of America*, CERD/C/USA/CO/7-9, 25 Sept. 2014, para. 10.

⑤ 缔约国应在确保不侵犯东道国的主权或克减东道国的公约义务的前提下，采取步骤防止总部受其管辖的公司境外违反人权。CESCR, *Statement on the Obligations of States Parties Regarding the Corporate Sector and Economic, Social and Cultural Rights*, E/C.12/2011/1, 20 May 2011, para. 5.

⑥ 该声明提及缔约国对贷款进行人权影响评估，避免侵犯生活在其国土外的人的人权。CESCR, *Public Debt, Austerity Measures and the International Covenant on Economic, Social and Cultural Rights*, E/C.12/2016/1, 22 July 2016, para. 11.

⑦ CESCR, *Statement on Universal and Equitable Access to Vaccines for the Coronavirus Disease (COVID-19)*, E/C.12/2020/2, 15 Dec. 2020, para. 8.

新型冠状病毒（COVID-19）疫苗、国际合作和知识产权的声明》①中重申，缔约国负有确保设在本国和/或受其管辖的工商企业不在海外侵犯经社文权利的义务。人权事务委员会和经社文委员会的联合声明中指出，工商业与人权语境下的国家的人权保护义务和企业的人权责任得到承认，人权条约的域外影响逐渐得到确认。② 消除对妇女歧视委员会、经社文委员会、保护所有移民工人及其家庭成员权利委员会、儿童权利委员会和残疾人权利委员会的联合声明中指出，各国承担域外义务，须监管私人行为体，要求对其在域外造成的损害负责。③

（三）美洲人权法院咨询意见

在关于环境与人权的咨询意见中，美洲人权法院承认基于对具有域外影响的国内活动的控制的新域外管辖联系，认为当起源国对侵犯人权活动行使有效控制时，域外管辖义务得以建立，国家不仅承担域外消极义务，还应承担域外积极义务。该依据基于在国家领土上实施的行为与国外发生的侵犯人权行为间的事实，或称因果关系，其法理依据是尽责义务。④ 此种管辖依据为母国对跨国企业域外侵权行为的管辖提供了理由。

（四）《马斯特里赫特原则》

2011年，由来自各大洲的学者、联合国条约机构和区域人权法院的前成员及人权理事会的前任和现任特别报告员等国际法专家组成的小组起草了《马斯特里赫特原则》，旨在澄清国家实现经社文权利的域外义务内容，特别是国家对跨国企业的管辖问题，解决国家忽视其域外人权义务的

---

① CESCR, *Statement on Universal Affordable Vaccination Against Coronavirus Disease* (*COVID-19*), *International Cooperation and Intellectual Property*, E/C. 12/2021/1, 23 Apr. 2021, para. 9.

② Human Rights Committee & CESCR, *The International Covenants on Human Rights: 50 Years On*, CCPR/C/2016/1-E/C. 12/2016/3, 17 Nov. 2016, para. 6.

③ CEDAW, CESCR, CRC, Committee on the Protection of the Rights of All Migrant Workers and Members of Their Families & Committee on the Rights of Persons with Disabilities, *Statement on Human Rights and Climate Change*, HRI/2019/1, 14 May 2020, para. 10.

④ The Environment and Human Rights [State Obligations in Relation to the Environment in the Context of the Protection and Guarantee of the Rights to Life and to Personal Integrity-Interpretation and Scope of Articles 4 (1) and 5 (1) of the American Convention on Human Rights], Advisory Opinion OC-23/18, Inter-Am. Ct. H. R., (ser. A) No. 23 (Nov. 15, 2017), para. 95. 参见 Samantha Besson (2020), «La due diligence en droit international», *Recueil des cours de l'Académie de Droit International de la Haye*, Vol. 409, p. 170。

现状。起草者认为，《马斯特里赫特原则》以国际人权条约、习惯国际法、国际人权机构和人权法院等的声明和判决为来源依据，在一定程度上构成国际法渊源中的权威学说。《马斯特里赫特原则》并未创设新法，而是重申国家已接受的国际法律义务。《马斯特里赫特原则》专注于国家在经社文权利领域的域外义务，但相关原则亦可适用于公民权利和政治权利领域，着重强调对域外侵犯人权行为的问责和救济。该原则的出发点是，所有国家都有尊重、保护和实现经社文权利的域内和域外义务，而在某些情况下，施加影响的可能性已足以确立管辖权。①

《马斯特里赫特原则》第 25 条明确了国家有义务规制公司的五种情形，分别是：①损害来源地国或损害发生地国；②公司国籍国；③母公司或控制公司活动中心地国、注册住所地国、主要营业地或实际运营地国；④与规制行为存在合理联系的国家；⑤对于国际犯罪，各国均有权行使普遍管辖权。第 27 条规定了国家间合作义务，以确保跨国企业的行为不侵害人权享有。合作缺失是实现有效规制和企业问责的主要障碍。② 经社文委员会早期的一般性评论中虽涉及缔约国对跨国企业侵犯人权行为的域外义务，但多表述为国际义务或强调对跨国企业行为的规制，在第 19 号评论中首次出现"域外"字眼，但尚未明确形成域外义务的概念，在第 22 号评论中开始正式讨论域外义务。这与《马斯特里赫特原则》的出台密不可分，在第 22 号评论的脚注中也可见一斑。③ 由此侧面佐证《马斯特里赫特原则》对《经济、社会及文化权利公约》（ICESCR）的解释亦能发挥重要作用，即使对《马斯特里赫特原则》能否构成权威学说有疑问，原则本身及其评注也可用于解释和理解母国对跨国企业侵犯人权行为的域外管辖义务。

二　母国承担域外义务的依据

在规制跨国企业侵犯人权问题上出现了新的法律共识，即各国对跨国企

---

① *Maastricht Principles on Extraterritorial Obligations of States in the Area of Economic, Social and Cultural Rights*, Principles 3 (FIAN international, 2013).

② 参见 Laura Michéle et al., eds., *For Human Rights Beyond Borders：Handbook on How to Hold States Accountable for Extraterritorial Violations* (Heidelberg：ETO Consortium, 2017), p. 38.

③ CESCR, *General Comment No. 22 (2016)*, E/C. 12/GC/22, 2 May 2016, footnote 43.

业全球人权影响的监管以对跨国企业侵犯人权行为的外国受害者的国际法律义务为基础。换言之，域外管辖义务以域外人权义务为基础。因此，域外人权义务的触发因素对理解域外管辖义务的触发因素具有重要作用。人权义务分配给国家的决定性标准即其触发因素不是域外行使国家权力的国际合法性，而是国家与境外个人间存在基于权威、权力或控制的管辖关系。① 本小节前两部分将聚焦于域外人权义务的承担依据，第三部分将讨论域外管辖义务的承担依据。

（一）基于管辖的母国域外人权义务的承担依据

基于管辖的母国域外人权义务是直接域外义务的体现，此时跨国企业境外侵犯人权行为可归因于母国。

1. 理论基础

（1）人权条约域外适用理论

人权义务来源于国际条约的明文规定，国际人权法规定了国家以某种方式作为或不作为，以增进国家保障个人或群体的人权和基本自由享有的义务。国家负有尊重、保护和落实其所批准的国际人权公约中载入的人权的法律义务，国家作出的人权声明和此类其他法律承诺，虽不具有法律约束力，但也带来类似责任。保护人权免遭工商业践踏是对所有国家的期望，且在多数情况下，是由于各国批准了载有申明此意的条款、具有法律约束力的国际人权条约而成为一项法律义务。《指导原则》所指的国家保护义务源于这些义务。国家的国际人权法义务的范围取决于人权条约的地域适用范围，缔约国的国际人权法义务是否延伸至本国领土范围外取决于对人权条约的地域适用范围的解释。② 人权条约的适用范围主要有两大类展现方式：一类是有地域适用范围条款；另一类是无地域适用范围条款。有地域适用范围条款又可区分为"领土+管辖"字样均有条款和仅有"管辖"字样条款。对无地域适用范围条款的条约而言，虽为域外人权义务留下了更大的解释空间，但也因其不确定性而更易引起争论。

---

① 参见 Daniel Augenstein, "Home-State Regulation of Corporations," in Mark Gibney et al., eds., *The Routledge Handbook on Extraterritorial Human Rights Obligations* (Abingdon, New York: Routledge, 2022), p. 284.

② 参见隽薪《论母国规制跨国公司的域外人权义务》，《国际经济法学刊》2016 年第 2 期。

（2）对角法律关系理论

现代法律理论区分了几类法律关系：相互不从属的平等行为体（国家、政府间组织、非国家行为体和个人）间的横向关系；处于同一层级不同层次的主体间的纵向关系（个人及其政府，组织的管理机构及其成员或员工）；不通过水平或垂直关系连接的主体间的对角线关系（个人和全球参与者）。域外法律关系本质上是对角法律关系，往往涉及多个行为体。承认个人是域外法律关系的正式主体，并将域外义务分配给多个全球参与者，有助于实现从国际正义到全球正义及从以国家为中心到以人为中心的全球秩序的变化。然而，这并未废除国家作为代理人的作用，个人可通过国家代理人主张和执行其人权。这也不排除国家有义务影响其他行为体的行为，作为其保护人权的属地义务和域外义务的一部分。①

2. 国际人权法与一般国际法项下管辖的不同

人权条约中的管辖不同于一般国际法项下的管辖。一般国际法项下的管辖权理论为国家行使权力提供了法律依据，是一国管理行为或事件后果的法律权限限制（limits of legal competence）。人权条约中的管辖指的是不同国家对个人的保护网络，管辖的目的是尽可能恰当地划定一国应确保人权的人的范围，是扩大而非限制对个人保护的机会，确定条约何时可被适用。两种形式的管辖可能会产生交集，却是为不同目的而设计的完全不同的概念。一般国际法项下的管辖是主权国家对其国民进行管理和控制的权力问题，国际人权法中的管辖则是义务承担者对权利持有人的义务问题，构成触发国家对特定个人的人权义务的门槛标准，是被用作限制义务范围和分配人权义务的工具。② 在域外合法地活动并不自动意味着国家符合人权条约中的管辖要求，在域外非法地活动也不意味着不能适用人权条约。③

部分人权条约中采取"领土+管辖"的地域适用范围条款。根据现

---

① 参见 Elena Pribytkova, "What Global Human Rights Obligations Do We Have?," *Chicago Journal of International Law* 20 (2020): 407。
② 参见 Lea Raible, "Between Facts and Principles: Jurisdiction in International Human Rights Law," *Jurisprudence* 13 (2021): 62-71。
③ 参见 Michael O'Boyle, "The European Convention on Human Rights and Extraterritorial Jurisdiction: A Comment on 'Life after Bankovic'," in Fons Coomans & Menno T. Kamminga, eds., *Extraterritorial Application of Human Rights Treaties* (Belgium: Intersentia, 2004), p. 125。

有国际学说和判例，领土与管辖是相互独立且不重叠的概念。国际人权法中的领土与管辖亦服务于不同的目的。领土实质上是指国际法中的领土所有权（title to territory），是对领土的主张；是否有可被违反的义务取决于国家是否进行管辖，若一国无管辖权，则不会产生人权条约中的义务。对领土与管辖的关系，存在三种解读模型，分别为近似模型、区分模型和分离模型。① 目前的主流观点是前两种模型，认为域外义务虽是超越边界（beyond borders）的义务，却非无边界（without borders）的义务。域外义务与领土密切相关是因为民族国家仍是最终的义务承担者，但分离模式也受到了广泛关注与支持。根据《公民权利和政治权利公约》（ICCPR）和《欧洲人权公约》的准备工作资料，人权条约中的地域适用范围的措辞一度由"管辖"涵盖"领土"的主张占上风，表明管辖不以领土为限，管辖的概念也不依赖于领土。② 此外，管辖的起源早于领土，领土的概念在威斯特伐利亚时期才伴随着地图制图技术的发展方得确立。③

---

① 近似模型（approximation model）认为管辖具有属地性，是权利问题，管辖标准由确立领土所有权的标准推导出来。不足在于未考虑作为权利行使与义务适用的管辖标准的区别。区分模型（differentiation model）是指，国家对个人的人权义务的存在与否取决于国家与特定领土的关系，将管辖概念化为领土的形式或结果。该模型混淆了作为权利的管辖和作为义务触发器的管辖。分离模型（separation model）下人权义务的分配依据是国家与相关个人的关系，而非个人所在的领土，强调人权的关系性质与义务分配的关键联系。国际公法中的领土所有权概念不能也不应为国际人权法中管辖的含义提供依据。参见 Lea Raible, "Title to Territory and Jurisdiction in International Human Rights Law: Three Models for a Fraught Relationship," *Leiden Journal of International Law* 31 (2018): 319。

② 对 ICCPR 第 2 条第 1 款中的在其境内和受其管辖，追溯至该公约的准备工作期间，曾有代表对在其领土和受其管辖概念表示反对，认为保留"管辖"一词即可，因为管辖足以表示对人权的确保延伸至受缔约国属地管辖和属人管辖的个人，在其领土的措辞可能会限制某些权利的行使，如使个人（不论其居住地在何处）无法自由诉诸其国籍国法院。但最终选择保留了两者。参见 United Nations General Assembly, *Draft International Covenants on Human Rights*, *Report of the Third Committee*, A/5655, 10 Dec. 1963, para. 18.《欧洲人权公约》的预备工作资料显示，该公约草案中使用的措辞是"在其领土内"，经讨论后使用了"在其管辖范围内"，其目的是防止对基本权利的适用范围错误地限制于缔约国居民，认为基本权利不仅适用于缔约国领土范围内的居民，还适用于居住在其海外领土或殖民地的所有人。参见 *Collected Edition of the Travaux Préparatoires of the European Convention on Human Rights*, Vol. VI, p. 132; Council of Europe, *Preparatory Work on Article 1 of the European Convention on Human Rights*, Cour (77) 9, 31 Mar. 1977, p. 40。

③ 参见 Cedric Ryngaert, "Territory in the Law of Jurisdiction: Imagining Alternatives," in Martin Kuijer & Wouter Werner, eds., *Netherlands Yearbook of International Law 2016: The Changing Nature of Territoriality in International Law* (The Hague: T. M. C. Asser Press, 2017), p. 70。

因此，依据历史解释方法，对有地域适用范围条款的人权条约而言，分离模式更具合理性。而且，国际法院将"和"解释为"或"的做法，[1] 及《拟议条约》中将连接词写作"和/或"，表示领土与管辖是并重的，且考虑到准备资料中认为二者语义不重叠，可将"在领土内"解释为缔约国对在其领土内的任何人毫无疑问地排他性地承担人权义务，而"受其管辖"可被解释为缔约国对与之构成管辖关系的不在其领土内的人非排他性地承担人权义务。但近似模式和区分模式也并非全无道理，管辖的主要属性是属地性，仅在特殊情况下具有域外性的观点可予以保留，该观点的本质是避免徒惹侵犯他国主权、干涉他国内政之嫌，是礼让精神的体现。

在判断是否达到触发域外人权义务的人权条约中的管辖条件时，除要考虑下文讨论的标准外，还需注意不侵犯他国主权。换言之，基于领土履行的人权义务是首要义务，基于管辖履行的人权义务应是基于领土履行的人权义务的补充，是次要义务，只有在应基于领土履行首要人权义务的缔约国未履行或未妥善履行其人权义务时，基于管辖履行人权义务的另一个或几个缔约国的人权义务方被真正触发。对包含仅有"管辖"字样的地域适用范围条款和无地域适用范围条款的人权条约而言，亦是如此。

3. 国际人权法项下的管辖要求

在明确基于领土履行的人权义务是首要义务，基于管辖履行的域外人权义务是次要义务后，需明确作为次要义务的域外人权义务何时被触发，即明确管辖的标准。人权条约通过基于权力或权威的有效控制或控制程度标准判断可否被域外适用。[2] 尽管有控制就有责任（control entails responsibility）原则在国际法中得到了确立，但当控制是共享的或复杂的时候，其限制就变得很明显。[3] 对管辖的理解，可根据合法与否、作用对

---

① ICJ, *Legal Consequences of the Construction of a Wall in the Occupied Palestinian Territory*, Advisory Opinion of 9 July 2004, p. 108.

② ECtHR, *Loizidou v. Turkey*, no. 15318/89, p. 62 (1995); *Cyprus v. Turkey*, no. 25781/94, p. 71 (2001); *Ocalan v. Turkey*, no. 46221/99 (2003); *Issa v. Turkey*, no. 31821/96 (2004).

③ 参见 Todd Howland, "Multi-State Responsibility for Extraterritorial Violations of Economic, Social and Cultural Rights," in Mashood A. Baderin & Manisuli Ssenyonjo, eds., *International Human Rights Law: Six Decades After the UDHR and Beyond* (London: Ashgate, 2010), p. 385.

象等作区分。

（1）以合法与否为标准的区分

以合法与否为标准的区分是指，将人权条约中的管辖区分为国家对管辖权的技术性行使和在无授权的规范性法律的情况下进行的，或其目的不是执行国家法律但可归因于国家的权力行使。管辖的产生可区分为基于事实关系产生的管辖和基于法律关系产生的管辖，前者表现为因果关系和有效控制，后者则是国际法允许的管辖；前者是非法的或不正当的域外管辖，后者是合法的域外管辖。[①] 法律联系要求意味着国家在国外非法行使权力时无管辖权，故不需尊重人权，该结论显然是极为荒谬的。[②] 国家权力的非法域外行使，即一国的行为超出了国际法所允许的范围，可以而且应该触发该国的人权义务。基于因果关系的纯事实管辖理论，有可能触发拥有事实权力的国家的人权义务，以确保外国领土上的非公民的权利。就人权法而言，为排除保护方面的荒谬和空白，管辖应被理解为有时是由于国家和个人间的法律关系而产生的，有时是由于特定的事实关系而产生的。简言之，根据国际法的管辖原则，一国应承担与其法定权利（entitlements）或权限（competence）相称的人权义务。但当一国的行为超出了国际法规定的管辖范围时，也应将那些受其非法行为影响的人纳入其管辖范围，从而触发其人权义务。

由此，对地域适用范围条款中仅有管辖字样的条约和虽无地域适用范围条款，但适用范围暗以管辖为标准的条约而言，管辖可被分为三类，分别是一国因控制领土而产生的符合国际法的合法行为能力，一国基于非领土因素的符合国际法的合法行为能力，以及一国超越国际法所允许的、影响个人人身或财产的行为。对地域适用范围条款中领土与管辖均有的条约而言，管辖的含义为后两者。基于领土的管辖使领土上的每个人都在控制国人权管辖范围内。若一国基于非领土因素拥有合法域外行动权，则国家只对行使该合法管辖权所涉及的人权负责，且只对国家可合法行使的

---

① 参见 F. A. Mann, *Studies in International Law* (Oxford: Clarendon Press, 1973), p. 4。

② 参见 Eleni Kannis, "Pulling (Apart) the Triggers of Extraterritorial Jurisdiction," *University of Western Australia Law Review* 40 (2015): 226。

人负责。管辖的两种合法行为能力需被事实上的因果关系补充，在国家行为超出其合法管辖权时，若国家行为影响到某些人，则这些受影响的人均被纳入其管辖范围，且须避免侵犯，并在某些情况下确保其相关权利。①

（2）以作用对象为标准的区分

人权条约中的管辖被理解为有效控制的权威或权力，针对作用对象的不同，通常可区分为对地区的有效控制②、对人员的有效控制③和对具有域外效力的国内活动的有效控制。对位于国家领土外的人员或地区的有效控制属于事实上的控制，在另一国邀请、同意或默许的情况下在该国领土上行使公共权力属于法律上的权威。④

与母国对跨国企业侵犯人权行为的域外管辖义务最密切相关的标准是对具有域外效力的国内活动的有效控制。在国家无法控制引起人权责任的个人或地区时，有学者建议将管辖标准扩展到对人权享有具有域外影响的局势的有效控制，该标准使国家在外国领土上的实际存在将不再是管辖的必要条件，重点在于控制有害情况。对该标准可施加的限制应包括侵犯人权的严重程度、受影响权利的范围和事实/因果关系的性质的最低门槛等。第一，该标准适用的限制因素之一应为有害行为对国外人权享有的影响强度。并非所有可追溯到母国控制的情况都会触发管辖。影响的危险性、影响持续时间、手段的选择和目标或受影响个人的脆弱性，以及受影响个人

---

① 参见 Hugh King, "The Extraterritorial Human Rights Obligations of States," *Human Rights Law Review* 9 (2009): 523。

② 对地区的有效控制标准即空间标准（spatial model）认为，人权义务源于领土控制，植根于国家主权原则，要求国家对外国领土进行有效控制，人权义务的性质和范围与国家对领土施加的控制程度成正比。参见 Ralph Wilde, "Triggering State Obligations Extraterritorially: The Spatial Test in Certain Human Rights Treaties," *Israel Law Review* 40 (2007): 504。

③ 对人的权威或控制即对人标准（personal model）主要包括外交或领事人员的权威或控制，基于当地政府的同意、邀请或默许而实施的权威，通过使用武力对人施加实质权威和控制。参见 Marko Milanovic, *Extraterritorial Application of Human Rights Treaties: Law, Principles, and Policy* (Oxford: Oxford University Press, 2011), p. 33。

④ 参见 Daniel Augenstein & Lukasz Dziedzic, "State Obligations to Regulate and Adjudicate Corporate Activities Under the European Convention on Human Rights," European University Institute Working Papers Law 2017/15 (2017), p. 23。

所在国的整体安全环境，应在确定管辖关系方面发挥作用。第二，应明确国家因不遵守尽责义务造成侵犯人权所确定的域外管辖所针对的权利类型。第三，应就所需的事实/因果关系提供准则。仅提到因果关系可能是过度简化，无法描述国家不作为与域外后果间往往复杂的事实联系，特别是在有多个国家导致侵犯人权的情况下事实联系则更为复杂。权利人与义务承担者间的关系应具有具体性和精确性，跨境影响须集中在可识别的个人身上，在缔约国控制的情况和受影响的个人须有足够的管辖联系。[①] 因果关系与可预见性和关联性（proximity）或直接伤害问题有关，可借鉴欧洲人权法院的直接和即时的原因（direct and immediate cause）标准[②]、足够近的影响（sufficiently proximate repercussions）标准[③]、真实和即时的风险（real and immediate risk）标准[④]等。事实/因果关系的最低关联性应被定为域外管辖的门槛标准。

以限制性方式解释人权管辖权，则管辖权与域外人权义务之间的关系是：一方面，一国行使管辖权保护其境外的人权，不应过度干涉其他国家对其领土和境内人民行使的主权权利，这解释了为何域外人权义务的范围通常由根据国际公法的公认依据确定的国家管辖权界定；另一方面，不应允许一国以超越其在国际公法中的管辖权为由规避其国际人权义务，这解释了为何将人权义务分配给国家的决定性标准不是国家权力域外行使的国际合法性，而是国家与境外个人之间的权威、权力或控制的管辖关系。[⑤] 此种方式是国家主权主义的做法，缺点在于未回应工商业与人权领域的一个核心关切，即母国的人权义务，以防止和纠正在公司投资东道国发生的

---

① 参见 Tilmann Altwicker, "Transnationalizing Rights: International Human Rights Law in Cross-Border Contexts," *European Journal of International Law* 29 (2018): 590。

② ECtHR, *Georgia Andreou v. Turkey*, no. 45653/9 (2008).

③ ECtHR, *Ilaşcu and others v. Republic of Moldova and Russia*, no. 48787/99 (2004).

④ ECtHR, *Rantsev v. Cyprus and Russia*, no. 25965/04 (2010).

⑤ 参见 Maarten den Heijer & Rick Lawson, "Extraterritorial Human Rights and the Concept of 'Jurisdiction'," in Malcom Langford et al., eds., *Global Justice, State Duties: The Extraterritorial Scope of Economic, Social, and Cultural Rights in International Law* (Cambridge: Cambridge University Press, 2012), pp. 153-159。

侵犯人权行为。① 因此产生了超越管辖的母国域外人权义务理论。

（二）超越管辖的母国域外人权义务的承担依据

超越管辖的母国域外人权义务是指不能将侵犯人权行为归因于母国，或权利受到损害的人并不受母国控制的情形。下文将探究此种类型的母国域外人权义务的理论基础与有效影响。

1. 理论基础

超越管辖的母国域外人权义务的触发因素的理论基础是第三国②义务理论。虽存在认为规制和影响非国家行为体的行为是一国的域外人权义务的主张，但该主张先验地认为，一国基于与非国家行为体的关联即可对不在其领土或管辖范围内的（潜在）受害人负有域外人权义务，忽略了域外人权义务来自个人或集体所享有的人权，核心是国家和个人或集体的关系，而非国家与侵犯人权者即非国家行为体的关系。由此，产生了第三国义务理论，即超越管辖的域外人权义务。第三国义务理论基于普遍主义概念，认为在某些情况下，无论该人位于何处，或国家是否对其有任何控制，国家都应帮助保障人的权利。在一些例外情况下，即便权利受到影响的人不在其管辖范围，国家仍可承担人权义务。当发生侵犯人权行为且东道国无法对其采取有效行动，或其本身就是不法行为人时，第三国对防止或制止侵犯人权行为至关重要。然而，第三国防止侵犯人权的义务尚未被完全接受为现行法，接受度低于基于领土或管辖的人权义务。然而，有些义务有可能发展成为习惯法，而另一些义务可能以其他方式影响国际法的发展。③

第三国义务理论在工商业与人权领域的发展尚不成熟，只能非常笼统地评估其内容和范围。预计各国将通过纳入防止在国外侵犯人权的保障措

---

① 参见 Daniel Augenstein, "Towards a New Legal Consensus on Business and Human Rights: A 10th Anniversary Essay," *Netherlands Quarterly of Human Rights* 40 (2022): 50。

② 第三国（third states）用于描述不对人权受到影响的人民行使领土或域外管辖权的国家。第三国亦被称为旁观者国家（bystander states）。本书使用"第三国"，是为与未单独受到影响，但在遵守国家责任条款第 41 条意义上的国际义务方面具有法律利益的国家相区分。

③ 参见 Nienke van der Have, *The Prevention of Gross Human Rights Violations Under International Human Rights Law* (The Hague: T. M. C. Asser Press, 2018), p. 191。

施来规范在其境内注册的公司的活动。在可能的救济措施中，可选择向公司所在国的国内法院提起诉讼，要求赔偿在国外造成的与企业有关的人权损害。制定防止和纠正跨国企业境外侵犯人权行为的义务，凸显了第三国在打击跨国企业某些形式的侵犯人权行为方面的重要作用。[①]

2. 母国对境外侵犯人权行为的有效影响

对具有域外效力的国内活动的有效控制也可解释为无地域适用范围条款的人权条约的域外适用的条件。

国际法院在波黑诉塞黑案中试图澄清有效影响的含义，提供了三个因素以帮助确定一国何时具有这种能力，分别是地理距离、政治和其他联系的强度及面临危险的情况和人员的法律地位。前两个因素是实质性因素，第三个是法律因素。第一个因素指的是邻国或周边国家，但也指在（潜在）受影响地区行使域外管辖权的国家。第二个因素似乎最为广泛，因为许多国家可能与参与（潜在）种族灭绝案件的主要行为体有政治或其他联系。第三个因素似乎主要是为了强调国际法对各国行动的限制，如未经另一国同意或安理会授权，各国不得在该国境内或针对该国使用武力。使用"有效"一词和三个因素评估一国何时有能力施加影响，表明在具体案件中防止种族灭绝的义务虽不受领土或管辖的限制，但在适用方面仍然有限。因此，尽管塞尔维亚对大屠杀发生地区缺乏有效控制，也无对受害人的权威和控制，但其有能力有效影响种族灭绝的肇事者，故其应为未采取措施防止大屠杀的发生而负有责任。[②] 可见，有效影响的能力并不一定要求一国对其权利受到影响的个人行使权力和控制。第三国义务基于对肇事者的影响，影响的有效性决定是否使第三国承担义务。[③]

[①]　参见 Robert McCorquodale & Penelope Simons, "Responsibility Beyond Borders: State Responsibility for Extraterritorial Violations by Corporations of International Human Rights Law," *Modern Law Review* 70 (2007): 617。

[②]　ICJ, *Application of the Convention on the Prevention and Punishment of the Crime of Genocide* (*Bosnia and Herzegovina v. Serbia and Montenegro*), Merits, 26 Feb. 2007, ICJ Rep. 2, para. 438.

[③]　参见 Errol P. Mendes, *Global Governance, Human Rights and International Law: Combating the Tragic Flaw* (2nd edn., London: Routledge, 2022), p. 204。

(三) 母国域外管辖义务的承担依据

对于跨国企业境外侵犯人权行为的解决，母国域外管辖义务首先面临母国是否有防止公司侵犯人权的义务，其次是母国是否对在其领土外的人负有保护其免受公司侵犯人权的义务。前两部分主要讨论了母国域外人权义务的产生条件，本部分集中于探讨母国域外人权义务的派生义务——域外管辖义务，即母国规制跨国企业境外侵犯人权义务产生的理论基础及其触发因素。

1. 可归因于母国的直接域外管辖义务

对于企业的侵权行为，无论是国家控制企业，还是企业行为可归因于国家，都可能构成违反国家本身的国际法律义务。若国家拥有或控制某工商企业，它们在其权力范围内就有确保关于尊重人权的政策、法律和条例得到执行的最大手段。经社文委员会在第 24 号一般性评论中指出，缔约国在下列情况下可能需对工商实体的作为或不作为承担直接责任：相关实体在实施特定行为时事实上是根据缔约国的指示行事或由缔约国控制或指导，涉及公共合同时可能如此；工商实体由缔约国立法授权行使政府某些权力，或因特定情形在没有或缺少官方当局时而需行使政府职能；或缔约国认可工商实体的行为并将其采纳为自己的行为，此时需视缔约国在何种程度上这样去做。[①] 该观点体现了直接域外义务与第三国义务的结合，直接域外义务侧重于跨国企业与母国的联系，第三国义务侧重于侵犯人权行为（潜在）受害人与母国的联系，此种观点以对角法律关系理论将人权义务传导给母国，使母国对跨国企业境外侵犯人权行为的受害人负有域外人权义务，进而据此产生规制或影响跨国企业行为的域外管辖义务。

(1) 对公司的控制使公司成为母国代理人

当国家对工商企业行使控制、权力或权威的方式影响到国外的人权享有时就会产生域外管辖义务，这一观点得到了部分国际人权文书的印证。然而，现有文书的通病在于权利受到影响的人进入母国管辖范围的逻辑链条不完整，虽可解释为国家通过与工商企业的控制关系而建立起与因工商企业活动而权利受到影响的人的间接关联，从而使权利受到影响的人进入

---

① CESCR, *General Comment No. 24 (2017)*, E/C. 12/GC/24, 10 Aug. 2017, para. 10.

其管辖范围，因之对其负有人权义务，进而产生域外管辖义务，但此种解释稍显勉强，在各国都参与全球化的今天，可能使所有国家动辄得咎。在跨国企业境外侵犯人权情况下，域外侵犯人权行为由受母国管辖的公司实施，包括受母国事实上和法律上控制。若公司作为国家代理人行事，则可将公司行为直接归因于国家，公司域外侵犯人权行为因之可将个人置于该国的管辖范围内。[①]

（2）外国受害人进入母国管辖范围内

若国家与位于其境外的申诉人存在切实的管辖联系，国家应承担域外人权义务毫无疑问。然而，国家能否仅因对在其境内注册设立的公司的组成部分的事实或法律控制而获得对该公司的组成部分的域外侵犯人权行为的受害人的必要管辖联系？该问题尚未得到明确解答。

经社文委员会第 14 号一般性评论认为，国家若未能对公司的活动作出规定导致其管辖范围内的人的健康权受到侵犯，则违反其保护义务。[②]在该一般性评论中，国家保护义务产生的必要条件是其管辖范围内的人的人权因公司的活动受到侵犯。但该评论未明确公司活动的发生地，不确定保护义务是否延伸至域外。然而，由于在其管辖范围内的人包括依据国籍与国家建立管辖关系的人，若受母国控制的公司在境外对具有母国国籍的人的人权造成侵犯，则母国负有域外人权义务毋庸置疑，除却受母国控制的公司行为与损害结果存在因果关系外，更重要的原因在于受害人与母国具有国籍联系。除国籍联系外，位于国家领土外的人在公司侵犯人权时如何与国家产生管辖联系？

国家对受害人建立管辖联系所需的对受害人的有效控制与国家对造成侵犯人权的公司的有效控制不应被混淆。第一种有效控制是该国对之负有人权义务的原因，第二种有效控制用于根据关于国家责任的法律将公司行为归于国家，可用于确定国家对公司造成的违反人权义务行为的直接责任。仅仅是国家对跨国企业的控制和与权利人所受伤害的来源存在因果关系，不足以转化为国际人权法中的国家义务。欧洲人权法院不认同国家对

---

① ECtHR, *Jaloud v. The Netherlands*, no. 47708/08, para. 154 (2014).
② CESCR, *General Comment No. 14 (2000)*, E/C. 12/2000/4, 11 Aug. 2000, para. 51.

在其境内注册设立的公司的组成部分可施加事实或法律控制即可使受害人进入其管辖范围内，但认为一旦位于国家领土外的个人向该国国内法院提起诉讼，则该国因此获得对该人的程序性管辖权，该人进入该国的管辖范围。① 该观点为母国为受害人提供事后救济的域外义务提供了依据，但对母国是否有提供事前预防措施的义务未予明确。

部分条约监督机构的一般性评论或结论性意见虽建议甚至敦促国家采取事前预防或事后救济措施以避免或救济在其管辖范围内的公司境外侵犯人权，似乎表示对公司的控制即可触发国家的域外人权义务，但一则条约监督机构的文件并不具有法律约束力且仅可发挥辅助解释作用，故仅可表示存在以此为依据主张国家域外义务存在的趋势，却难以证成国家域外人权义务确然存在；二则分析现有人权条约可知，人权条约的核心为人与国家的关系，域外人权义务成立需位于境外的人进入国家管辖范围内，而仅存在国家与公司的关系，尚不能表明公司域外侵犯人权行为的受害人与国家建立起管辖联系，即国家不仅因公司的域外侵犯人权活动即对受害人承担域外人权义务。

2. 不可归因于母国的对跨国企业的域外管辖义务

历经多次修改后，《拟议条约》三号草案将母国域外管辖义务的条件设定为公司"在其领土、管辖范围或受其控制"。此种表述方式可解释为条约的适用范围不限于领土范围内，特别是控制因素的引入，更是赋权母国对受其控制的公司的境外行为进行域外管辖，特别是在责任条款中引入母国管辖依据更是明确了各国有义务确保其国内法律规定了全面和适当的法律责任制度。② 有代表要求明确管辖与控制的含义与关系，③ 这反映出对明确公司行为可否归因于母国的条件要求。事实上，多数跨国企业与母国的联系表现为在其母公司所在地在母国，部分实体向母国纳税，难以说明其与母国的联系之强足以使其行为归属于母国，更何谈实际情况多为与母国并无法律联系的东道国子公司实施了侵犯人权行为。因此，不可归因于母国的情况在工商业与人权领域的侵犯人权案件中更为常见。但正是此

---

① 参见 Samantha Besson, "Due Diligence and Extraterritorial Human Rights Obligations—Mind the Gap!," *ESIL Reflections* 9 (2020): 1。

② HRC, *Report on the Fifth Session of the OEIGWG*, A/HRC/43/55, 9 Jan. 2020, para. 69.

③ HRC, *Report on the Third Session of the OEIGWG*, A/HRC/37/67, 24 Jan. 2018, para. 106.

种观点使母国可心安理得地作壁上观，导致受害人难以获得有效救济，造成对跨国企业侵犯人权行为的治理漏洞。为此，有必要分析不可归因于母国时，母国负有域外管辖义务的原因。

（1）国家尽责义务与功能性管辖理论

若要论证国家确因对公司的控制即可使因公司行为人权受到侵犯的受害人进入其管辖范围，需了解受其控制的公司的何种错漏将致使国家因之违反了义务，该违反义务的国家行为而最终导致了侵犯人权结果的产生，此时并非违反了对受害人负有的义务，而是违反了因成为条约缔约国应承担的条约履行义务。

这或许是功能性管辖理论的反映，即仅在某种功能上国家对某人存在管辖，如母国仅就规制跨国企业这一事项对东道国居民形成了管辖，进而有保护义务。功能性管辖理论是指通过批准人权条约而承担的义务与履行和遵守这些义务的义务相辅相成，管辖产生于承担这些义务的简单事实，也产生于履行或不履行这些义务的能力。[1] 当一国可能对位于其领土之外的商业实体行使控制、权力或权威，且这种方式可能影响受此类实体活动影响的人们享有人权时，该国因此承担域外管辖义务。[2] 换言之，该方法并未将受害人进入国家管辖范围作为触发域外人权义务的充要条件。相反，该方法是将受害人进入国家管辖范围作为域外人权管辖触发的条件之一，域外管辖义务触发的另一个条件是国家对其遵守和履行条约的义务的违反。其中，批准人权条约而承担的义务是指国家因批准人权条约而自愿受条约约束，承担的遵守和履行条约的义务，而履行和遵守义务的实质便是指国家为实现条约义务而应承担的附加义务，如国家的尽责义务。若一国未采取合理措施防止违反国际义务，则违反尽责义务。[3] 只有在面对间

---

[1] ECtHR, *Al-Skeini and others v. United Kingdom*, no. 55721/07, Concurring Opinion of Judge Bonello, para. 12 (2011).

[2] CESCR, *Draft General Comment on State Obligations Under the International Covenant on Economic, Social and Cultural Rights in the Context of Business Activities*, E/C. 12/60/R. 1, 17 Oct. 2016, para. 33.

[3] 参见 Marcella Ferri, "Extraterritorial States' Obligations to Prevent Business-Related Human Rights Violations and Requirements of Human Rights Due Diligence for Transnational Corporations: Looking for Some Rules of Regional Customary Law," *Ricerche giuridiche* 8 (2019): 52.

接归责的不法行为时，才需要国家根据尽责义务进行管辖。只要一国与某一情况存在有效联系，它就有法律义务尽责。①

（2）第三方效应与间接水平效力理论

基于舒伊（Henry Shue）②和艾德（Asbjørn Eide）③的研究，现有通说是人权义务包含尊重义务、保护义务和履行义务。早在 1997 年，国际法学家委员会《关于违反经济、社会及文化权利的马斯特里赫特方针》便认为，保护义务包括国家有责任确保其行使管辖权的跨国企业不剥夺个人的经社文权利。国家对其未能尽责控制跨国企业的行为而导致的侵犯经社文权利的行为负责。④保护义务要求国家履行尽责义务，采取措施防止第三方干涉权利享有，被称为"第三方效应"（third-party effect）。当个人和第三方存在权力不平衡时，保护义务强调为防止、阻止第三方干预或获得救济或惩罚而须采取的国家行动，通常通过国家对私人行为的监管、检查和监督，对不遵守规定的第三方实施制裁，以及为被第三方侵犯人权的受害人提供救济手段等方式实现。若国家未履行尽责义务将违反保护义务，进而违反人权义务。《关于违反经济、社会及文化权利的马斯特里赫特方针》中尚未考虑义务的域外扩展问题，后该问题在《马斯特里赫特原则》中得到解答。

一国不能对第三方的行为负责，因为这并非自己的行为，但其可以且确实在第三方行为的背景下承担保护义务。保护义务要求国家履行尽责义务，保护人权不受第三方的损害。这是因为国家保护人权的国际义务通常要求它们在国家层面为公司设立直接义务或行为标准。因此，国际人权法要求公司以符合人权的方式行事，由此产生间接水平效力（indirect hori-

---

① 参见 Vassilis P. Tzevelekos, "Reconstructing the Effective Control Criterion in Extraterritorial Human Rights Breaches: Direct Attribution of Wrongfulness, Due Diligence, and Concurrent Responsibility," *Michigan Journal of International Law* 36 (2014): 173。

② Henry Shue, *Basic Rights: Subsistence, Affluence, and U. S. Foreign Policy* (Princeton: Princeton University Press, 1980), p. 52.

③ Asbjørn Eide, *Report on the Right to Adequate Food as a Human Right*, E/CN. 4/Sub. 2/1987/23, 7 July 1987, para. 66.

④ International Commission of Jurists, *The Maastricht Guidelines on Violations of Economic, Social and Cultural Rights*, in Economic, Social and Cultural Rights: A Compilation of Essential Documents 87 (1997).

zontal effect)。尽管相关条约缺乏直接水平效力，但多个人权条约机构关注到公司对人权造成干扰的情况下间接水平效力的发挥。条约机构支持国家履行保护人权免受公司有害行为侵害的义务，尽管该义务的履行标准因造成伤害的公司而异，如私营企业和履行国家授予公共职能的私营公司适用不同标准。在涉及私营企业时常以国家尽责义务为中心，即调查、防止和惩罚公司干涉人权的义务；在涉及履行公共职能的私营公司时，条约机构侧重于将其行为归咎于国家，同时也坚持国家有义务监管此类公司。条约机构使间接水平效力发挥效用的方式是对角间接水平效力（diagonal indirect horizontal effect），即涉及国家保护人权的积极义务，是为公司创造间接国际义务的最常用方法，要求在政策和法规方面采取预防行动，并规定若第三方损害人权，则国家有义务调查和起诉。行为违反保护义务，导致相关国家必须承担责任。然而，第三方侵害人权并不意味着一国一定违反其保护义务。因此，这并不意味着该国须自动承担责任。[①]

正如上文提及的对具有域外影响的国内活动的控制也可能成为国家履行域外义务的标准，影响能力表现为尽责义务标准。对影响能力的确定是根据有关国家的地理距离、相关事件及政治和其他联系的强度，以演绎方式进行的。具体到母国对跨国企业境外侵犯人权行为的域外管辖，单从地理距离来看，若事件发生在远离母国领土的地方，进行管辖将被认为不合理。一种填补地理距离造成的法律空白的方式是通过对在其他国家有子公司的母公司行使领土管辖权，因子公司的行为在某些方面取决于母公司的决策，故通过此种方式，母国可对外国子公司进行事实上的控制或影响。此时，由于公司管理的经济-法律媒介，确定母国责任的标准与确定母公司责任的标准交织在一起。因此，为避免国家责任，母国应防止侵犯人权行为的发生，或若发生侵犯人权行为，应让跨国企业承担责任。除地理距离外，影响能力的确定也应以国际法确定的法律标准为基础，可适用管辖

---

① 参见 Charlotte Lilian Lane, *The Horizontal Effect of International Human Rights Law: Towards a Multi-Level Governance Approach* (Ph. D. diss., University of Groningen, 2018), p. 293。

权理论规定的允许性联系，以及人权法项下的义务性联系。① 因此，母国若未设定适当的条件让该公司获得支持，或未纠正该公司的侵犯人权行为，就会引发国家的尽责义务，从而使人权被跨国企业侵犯的个人也进入母国管辖范围。母国的影响能力可作为确立导致国家责任的管辖的手段，为解释对企业的管辖含义提供灵活的标准，并对母国施加义务。困难在于建立必要联系和适用合理性原则，合理性原则要求国家、个人或被监管的活动间关系密切。若国家与公司/活动间联系很强，且其他国家的主权利益未受到侵犯，则将个人或公司置于母国管辖范围内是合理的。这也意味着，尽管个人与母国间有很强的联系，但若违反了不干涉原则，后者也不应承担人权保护义务。此时，主权限制了管辖的实践。但此种解释并不意味着国家无权管理和保护其他国家的个人，而是意味着它无义务。若母国与公司/活动的联系很弱，或其他国家有更大的利益，国家就不能保护不受其管辖的个人。②

经社文委员会在第 24 号一般性评论中重申该观点，指出缔约国虽通常不因某私营实体侵犯经社文权利的行为而被直接追究国家责任，但如果相关侵权事件显示缔约国未能采取本可预防此行为发生的合理措施，那么缔约国就违反了 ICESCR 规定的义务。即使其他原因也助长侵权情况的发生，或即使国家未预见侵权情况会发生，只要这种侵权情况是可合理预见的，国家就要承担责任。③

综上所述，可假设三种国家与受害人建立关系的情形。第一种情形是，受 A 国控制的公司在 B 国实施的作为或不作为导致位于 B 国的 A 国人的人权受到侵犯；第二种情形是，受 A 国控制的公司在 B 国实施的作为或不作为导致位于 B 国的 B 国人的人权受到侵犯；第三种情形是，受 A 国控制的公司在 B 国的子公司（该子公司不受 A 国控制）在 B 国实施的作为或不作为导致位于 B 国的 B 国人的人权受到侵犯。正如上文分析，在

---

① 管辖权理论中的允许性联系是指国家可对跨国企业的违法行为负责，只要跨国企业拥有母国国籍、公司在国外的活动对母国有实质性影响或违法行为构成普遍管辖的国际犯罪。义务性联系是指通过对跨国企业的有效控制，或通过贷款担保、投资和其他渠道在经济上和政治上支持跨国企业使母国可能有能力影响跨国企业的行为。

② 参见 Patricia Rinwigati Waagstein，"Justifying Extraterritorial Regulations of Home Country on Business and Human Rights," *Indonesian Journal of International Law* 16（2019）：378。

③ CESCR, *General Comment No. 24 (2017)*, E/C. 12/GC/24, 10 Aug. 2017, para. 32.

第一种情形下，受害人为 A 国人，因国籍而在 A 国的管辖范围内，其权利受到侵犯的原因是公司行为而非国家行为。若公司行为可基于国家控制而归因于 A 国，可将公司行为视为国家行为，则 A 国违反其条约下的人权义务且承担国际法下的直接责任；但若公司行为不可归因于 A 国，公司行为并非国家行为，则 A 国并未违反其人权义务，但应承担国际法下的间接责任。在第二种和第三种情形下，受害人与公司母国不再有国籍联系，受害人是否在母国管辖范围内存疑。在第二种情形下，由于公司受 A 国控制，此处的公司行为与国家行为的关系与第一种情形的分析相同。第三种情形是最为复杂的情形，由于真正造成侵犯人权的作为或不作为的实施者是 B 国公司，虽与 A 国公司存在事实关系或法律关系，但与 A 国本身不存在直接联系，B 国公司的行为也难以归因于 A 国，在此种情形下，使受害人 B 国人进入 A 国管辖范围内，一种解释是 A 国公司的行为导致 B 国公司的侵犯人权行为，而 A 国公司的行为又可归因于 A 国，由此使受害人进入 A 国管辖范围内，另一种解释是 B 国公司因与 A 国公司的紧密联系而可被视为 A 国公司，其行为又可归因于 A 国，使受害人最终进入 A 国管辖范围内。通过对上述假设情形的分析可知，在不考虑受害人与母国的国籍联系时，受害人进入母国管辖范围内的唯一可能便是公司行为可归因于母国。亦即只有在经社文委员会第 24 号一般性评论中提出的三种情形下，母国真正对受害人负有域外管辖义务，在其余情形下，难以作出此种论断。表 2-1 是对上述假设情形的展现。

表 2-1　母国与受害人建立关系的情形假设及原因分析

实施侵犯人权行为的公司"国籍"	侵犯人权行为发生地	受害人国籍	受害人所在地	公司行为可否归因于 A 国，从而使受害人进入 A 国管辖范围内
A 国	B 国	A 国	B 国	可归因于 A 国：A 国违反其条约下的人权义务且承担国际法下的直接责任
				不可归因于 A 国：公司行为并非国家行为，则 A 国并未违反其人权义务，但因对公司的积极属人原则和对受害人的消极属人原则而可能承担国际法下的间接责任

续表

实施侵犯人权行为的公司"国籍"	侵犯人权行为发生地	受害人国籍	受害人所在地	公司行为可否归因于 A 国，从而使受害人进入 A 国管辖范围内
A 国	B 国	B 国	B 国	可归因于 A 国：A 国违反其条约下的人权义务且承担国际法下的直接责任
				不可归因于 A 国：公司行为并非国家行为，则 A 国并未违反其人权义务，但因对公司的积极属人原则而可能承担国际法下的间接责任
B 国子公司（A 国母公司）	B 国	B 国	B 国	A 国公司的行为导致 B 国公司的侵犯人权行为，而 A 国公司的行为又可归因于 A 国，由此使受害人进入 A 国管辖范围内
				B 国公司因与 A 国公司的紧密联系而可被视为 A 国公司，其行为又可被归因于 A 国，使受害人最终进入 A 国管辖范围内

若以功能性管辖理论角度为切入点，则位于境外的人是否在母国的管辖范围内并不重要，重点是国家是否妥善履行尽责义务。国家对不能归因于它的第三方侵犯人权行为承担间接责任的原因在于，人权保护义务要求国家履行规制第三方行为的尽责义务。鉴于母国对公司进行控制，能够或可以预见公司在境外可能实施侵犯人权行为，若母国未能采取措施防止侵犯人权行为的发生，则母国违反了人权条约对之赋予的人权保护义务。亦即，工商企业侵犯人权不是国家责任的产生原因，工商企业实施侵犯人权行为也不意味着一国一定违反其保护义务，而须考察国家是否履行其尽责义务。[①] 在母国怠于履行或未适当履行对其境内的跨国企业在其生产经营活动中保护人权的监管义务时，母国应对这些公司侵犯人权造成的损害承担相应的国家责任。需要注意的是，因缺乏国家不法行为要素及损害结果局限于东道国境内，母国因怠于履行或未适当履行对其境内的跨国企业在其生产经营活动中保护人权的监管义务而承担的国家责任不是国际法上的国际不法行为的国家责任，而只能是基于国家对本国公司的监管职责及尽

---

① 参见 Danwood Mzikenge Chirwa, "State Responsibility for Human Rights," in Mashood A. Baderin and Manisuli Ssenyonjo, eds., *International Human Rights Law: Six Decades After the UDHR and Beyond* (London: Ashgate, 2010), p. 406。

责义务而产生的基于国际合作义务的国家责任。跨国企业侵犯人权的国家责任是对跨国企业侵犯人权赔偿责任的补充和完善，而非替代。此种国家责任与现行国际法律规范并不抵触，是一种融合具有实质关联性的赔偿责任、不具有实质关联性的补偿责任于一体的国际共同责任。此种国家责任强调各国负有建立防止跨国企业侵犯人权的法律和制度框架的义务，要求积极探索域外管辖道路，在国内法中明确规定国家责任条款并赋予其域外效力以落实跨国企业侵犯人权的国家责任。①

　　问题在于，母国是否应不作区分地对所有跨国企业境外侵犯人权行为承担域外人权义务？

三　母国域外人权义务内容和范围的影响因素

　　域外人权义务的产生原因是满足管辖或控制的门槛条件，侵犯人权行为的程度、人权义务的性质等事实、法律、权力因素将影响域外人权义务的内容和范围。

（一）侵犯人权行为的严重性

　　域外人权义务源自条约法和国际法一般原则，在强行法（*jus cogens*）领域及在严重和系统性侵犯人权的情况下最为明确。② 国际法尚无对严重侵犯人权行为（gross human rights abuses）定义的共识，但一般认为种族灭绝、奴隶制和类似奴隶制的做法、即决处决和任意处决、酷刑、强迫失踪、任意和长时间拘留、系统性歧视等可被视为构成严重侵犯人权行为，若侵犯经社文权利等其他类型的人权的行为是严重的和系统的，也可被视为严重侵犯人权行为，如大规模的或针对特定人口群体的侵权行为。一些最严重的侵犯人权行为可构成国际罪行。国际罪行包括灭绝种族罪、危害人类罪、战争罪和侵略罪。对严重侵犯人权行为的理解，主要存在两个对立的观点：一是认为严重针对的是人权种类与类型；二是认为严重描述的是侵犯人权行为的规模与程度。由于人权具有普遍性、相互关联性、不可

---

① 参见邵莉莉《跨国公司环境损害的国家责任建构——以实现"双碳"目标为背景》，《环球法律评论》2022年第4期。

② 参见 Joseph Schechla，"Extraterritorial Human Rights Obligations of Local Government，" http://www.hlrn.org/img/hicfiles/etos-lgs.pdf，accessed 10 September 2023。

分割性和不可转让性是国际共识，虽存在根据代际或内容的不同作出的公民权利和政治权利、经社文权利及集体人权的类别区分，但不同类别的人权原则上并无优先劣后顺序，①针对不同类别的人权的侵犯均可能具有严重性，故认为严重侵犯人权行为强调的是侵犯人权行为的规模与程度更具合理性。应将严重侵犯人权理解为对情况的限定，即建立一套作为索赔裁决基础的事实，而非意味着根据所侵犯的特定权利建立一个单独的赔偿法律制度。②

严重侵犯人权行为的特点是大规模、严重性和系统性，在受冲突影响地区企业被卷入严重侵犯人权行为中的风险更高。加大的风险要求在此类冲突区开展经营的公司更加尽责，也要求国家特别注意确保公司不会实施或主张此类侵权行为。即使东道国在冲突情况下坚持履行人权保护义务，也通常有心无力。此时，母国有责任与此类公司接触，帮助公司查明、预防和减少人权风险。母国也应拒绝为卷入严重侵犯人权行为且拒绝予以救济的公司提供公共支持或服务。③《指导原则》也在第一支柱中强调在涉及跨国企业时，母国在受冲突影响地区应发挥协助跨国企业和东道国的作用，并采取措施确保企业不卷入侵犯人权行为，或追究实施严重侵犯人权行为的企业的法律责任，并指出此类措施是对武装冲突局势中国家的国际人道主义法义务和国际刑法义务的补充。④

将严重侵犯人权行为区别于一般侵犯人权行为讨论国家域外义务的存在与否或正当与否，实质上是认为国家域外义务的正当性在于侵犯人权行为的严重性，而不在于人权本身有何区别，原因在于人权无等级顺序。然而，该主张是否成立？可否认为严重性是国家域外义务的产生原因？本书

---

① 参见联合国人权高级专员办事处《尊重人权的公司责任：解释性指南》，HR/PUB/12/02，联合国，2012，第82页。

② 参见 Cherif Bassiouni, *Report of the Independent Expert on the Right to Restitution, Compensation and Rehabilitation for Victims of Grave Violations of Human Rights and Fundamental Freedoms*, UN. Doc E/CN. 4/Sub. 2/1999/65, 8 Feb. 1999, para. 85。

③ 参见联合国人权高级专员办事处《工商企业与人权指导原则常见问题》，HR/PUB/14/3，联合国，2014，第23页。

④ John Ruggie, *Guiding Principles on Business and Human Rights*, A/HRC/17/31, 21 Mar. 2011, Principle 7.

认为，对于域外人权义务，管辖是域外人权义务产生的门槛条件，事实、法律、权力等因素影响域外义务的内容和范围。因此，导致域外义务产生的不是侵犯人权的严重性，而是人权条约的域外适用性，即对管辖和因果关系的理解，严重性只是使此种域外义务更具紧迫性和必要性，而非域外义务的产生原因。

如前所述，母国对跨国企业侵犯人权行为的域外管辖义务的产生原因在于人权受到侵犯的个人进入母国管辖范围因而满足人权条约域外适用的条件，或母国的尽责义务。其中，置于母国域外管辖的优先顺位的应为规制跨国企业严重侵犯人权行为或其风险，母国应重点关注在受冲突影响地区经营的跨国企业的活动。

（二）人权义务的性质

为避免人权条约适用范围的无限扩张使国家负担过重义务，应限制人权条约的适用范围。人权义务可区分为积极义务与消极义务，而积极义务又可进一步区分为实体性积极义务和程序性积极义务。前者要求国家采取以制度性措施为代表的措施确保公约权利的充分实现，即事前预防并提供有效的制度保障；后者是指为受害人提供程序上救济的义务，即事后救济。由此产生的问题是，是否所有类型的人权义务均可域外适用。

应针对不同类型的义务分别确定其域外性存在与否。例如，消极义务的范围不应受管辖的限制，国家应尊重一切人的人权，或可认为针对消极义务管辖自动成立，因为在国家企图侵害某人时便将其置于本国的管辖下。实体性积极义务的范围为国家领土内，难以期待主权国家为他国人民投入大量资源采取制度性措施。程序性积极义务的履行虽也需消耗国家资源，但相对较少。消极义务和程序性积极义务可延伸至域外，但实体性积极义务应为严格属地义务。[1] 然而，应注意到，儿童权利委员会和消除种族歧视委员会的一般性评论和结论性意见对缔约国的域外义务要求，除包括消极义务外，也包括提供救济的程序性积极义务要求，还包括修改完善对公司规制的法律的实体性积极义务要求。因此，至少对部分人权条约而言，程序性积极义务、实体性积极义务与消极义务均具有域外性。本书认

---

[1]　参见于亮《跨国公司母国的人权义务》，法律出版社，2020，第49页。

为，前一主张更具合理性，实体性积极义务应以领土为限，否则会使国家负担过重。一国虽并不对域外侵犯人权行为负担实体性积极义务，但该国可自愿对跨国企业境外行为加以事前规制。

四　域外义务和域外管辖权利的关系

人权针对的是国家，国家有义务尊重、保护、实现人权，其道德基础来自国家的存在目的，内容之一是由国际政治权力配置的现实状况所决定的人权的国际保护，通过国家行使主权得以实现。① 主权是一国境内的最高权威。换言之，国家义务通过国家权威实现。因此，域外义务和域外管辖权利的关系是，域外管辖权利是域外义务的实现方式。两者的面向不同，前者在自由层面的客体是他国，在主张层面的客体是跨国企业；后者的客体是人权受到影响的人，内容是规制跨国企业的境外行为。域外义务包含域外人权义务和域外管辖义务，前者解释了国家为何要尊重、保护、实现位于域外的人的人权，后者解释了为何要规制跨国企业境外行为。域外管辖义务是域外人权义务的派生义务，来源于尽责义务。

在分析了域外管辖权利和域外义务的关系后，有必要结合上文进一步分析总结并不广为人知的域外义务的产生及运行机理，鉴于域外管辖权利的运行机理为人熟知，此处不作赘述。域外管辖义务是域外人权义务的派生义务，域外人权义务是域外管辖义务的基础。域外人权义务的触发因素是符合作为门槛条件的管辖要求，域外管辖义务的触发因素是尽责义务。跨国企业境外侵犯人权行为若可归因于母国，则基于对角法律关系理论和第三国义务理论，跨国企业行为可被视为母国行为，人权受到侵犯的东道国居民因而进入母国的管辖范围内，母国违反其域外人权义务，因其行为构成违反相应人权条约的国际不法行为而负有国家责任；跨国企业境外侵犯人权行为若不可归因于母国，母国未履行其尽责义务，未采取必要的预防或救济措施，则违反其域外管辖义务，因而可能产生国家责任（见图2-1）。

---

① 参见刘志强《人权法国家义务研究》，法律出版社，2015，第47页。

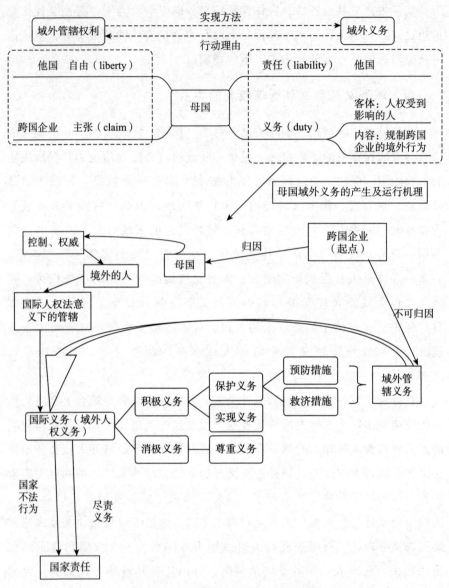

图 2-1 母国域外管辖的正当性依据

虽然，经社文委员会表现出对域外义务的大力支持，且 ICESCR 与工商业与人权关联最紧密，至少可说明在涉及经社文权利时，域外管辖义务可能不仅是道德义务，已逐渐成为法律义务，母国在设在其领土内或受其管辖的公司的境外活动侵犯经社文权利时应进行域外管辖。然而，尽责义务尚不构成一般国际法原则,[①] 且认为在母国对跨国企业侵犯人权行为负有域外管辖义务的观点多由人权条约机构或学者提出,人权条约机构的一般性评论和结论性意见不构成嗣后实践,[②] 而学者的观点能否称为权威学说也存疑。联合国人权条约机构对域外义务的态度不尽相同,除人权事务委员会和经社文委员会外,其他委员会多仅零星在一般性评论或结论性意见中明确支持域外义务,甚至有委员会在近两年至三年内未再提及针对公司的境外活动的域外义务问题。因此,人权条约机构对域外管辖义务的理解是否真的代表一场无声的革命,是否会发展成为各国对本国公司的国外活动制定国内法规的法律义务,仍有待商榷。在此背景下,很难作出母国域外管辖义务的确存在的论断。但是,即便对受害人不负有域外义务,母国对设在其领土上或在其管辖范围内的公司的境外行为也有域外管辖的权利。无论是从域外管辖权利或域外义务角度出发,严重侵犯人权行为因其程度应被置于母国域外管辖的优先顺位,母国应重点关注在受冲突影响地区经营的跨国企业的活动。

---

① 参见 Neil McDonald, "The Role of Due Diligence in International Law," *International & Comparative Law Quarterly* 68 (2019): 1041。

② United Nations General Assembly, *Report of the International Law Commission, 68th session (2 May-10 June and 4 July-12 August 2016)*, A/71/10, p. 148.

第三章　母国对跨国企业侵犯人权行为域外立法管辖的主张

在联合国的大力倡议下，面对日益增长的受害人获得有效救济的需求及域外人权义务理论接受度的提升，越来越多国家开始针对跨国企业侵犯人权问题进行域外立法管辖，预防在其境内和/或管辖范围内的公司的境外侵犯人权行为。正如第二章所分析，国家为发生在本国境外的跨国企业侵犯人权问题制定和完善立法框架是其履行域外人权义务的体现，但基于何种依据制定何种形式的法律是国家的域外立法管辖权利。本章将首先通过对与规制跨国企业境外侵犯人权相关的现行法与拟议法中适用范围的域外扩展现象，分析域外立法管辖权行使的触发依据，评估已被适用的依据是否具有其制定国所宣称的合法性与正当性。随后，将关注现行法或拟议法中的民事责任，探讨立法者将母公司作为责任承担者的理由，重点分析将包括子公司和供应商在内的外国公司的侵犯人权行为与母公司相联系的原因和方式，以及使外国公司直接承担责任的情形，理解基于域外立法管辖权确立的法律规则对国内外公司的威慑作用、其对跨国企业境外侵犯人权行为的预防作用及对受害人获得救济的法律依据的提供作用。最后，将聚焦近年来欧盟为确保基于域外立法管辖权制定的法律规则得以实施而采取的老工具新用法，即优先性强制规则的明确立法定性，探究范式转变反映的立法意图的明确对国内法域外适用司法途径的影响。

第一节 规制跨国企业侵犯人权行为的
法律域外适用触发依据

《指导原则》虽只建议各国设定在其境内注册的企业在经营过程中尊重人权的期望，但国家法规往往包含更严格的要求，并在地理上扩大了其人权保护标准的范围，产生的实质性和程序性义务通常适用于整个供应链。承担义务的公司不仅包含在该国注册成立的公司，还包括所有在那里经营的公司。国内法适用范围域外延伸的触发依据主要包括积极属人原则、影响学说等。①

一 积极属人原则

各国多依据积极属人原则和影响学说主张域外民商事管辖权，如对在当地设立子公司的跨国企业采取扩大的国籍主义，以便确立对其各项活动的管辖权。②

（一）公司在其境内设立或受其管辖标准

1. 欧洲政策性文件与立法提案中的适用标准

（1）欧盟机构作出的文件中的适用标准

早在 1999 年，欧盟便对在发展中国家经营的欧盟公司提出了行为准则。③ 在 2002 年的企业社会责任决议中，欧盟议会呼吁成员国将使欧盟成员国法院对在欧盟注册或居住的公司在第三国遭受损害的案件拥有管辖权的《关于民商事案件管辖权和判决执行的第 44/2001 号条例》（以下简称

---

① 参见 Rachel Chambers, "An Evaluation of Two Key Extraterritorial Techniques to Bring Human Rights Standards to Bear on Corporate Misconduct Jurisdictional Dilemma Raised/Created by the Use of the Extraterritorial Techniques," *Utrecht Law Review* 14 (2018): 30。

② UN, *Report of the International Law Commission on the Work of the Fifty-Eighth Session*, Annex E, A/61/10, 2006, p. 284.

③ *Resolution of 15 January 1999 on EU Standards for European Enterprises Operating in Developing Countries: Towards a European Code of Conduct*, OJ C 104, 14 Apr. 1999, p. 180.

《布鲁塞尔条例 I 》)① 中的域外管辖原则纳入本国立法。② 2013 年的《会计指令》虽未明确所涵盖的公司是否须为欧盟公司，但通过表示"应确保企业不可能通过创建一个包含在欧盟内外建立的多层企业的集团结构将自己排除在该范围外"，③ 表明其年度报告要求适用于欧盟公司及其外国子公司。在 2016 年决议中，欧盟议会重申迫切需要解决因公司及其行为的域外性质产生的法律问题，和与此相关的侵犯人权责任不确定性问题，呼吁欧盟和成员国制定明确规则，规定在其境内设立或受其管辖的公司须在整个运营过程中及在欧盟外的商业关系中尊重人权。④ 关于欧盟服装业旗舰倡议的第一份报告草案呼吁欧盟委员会提交对子公司和供应链规定有约束力的尽责义务的立法提案，该提案不仅应适用于欧盟公司，还应适用于向欧盟进口产品的公司。⑤ 在 2021 年决议中，欧盟议会明确表示未来关于企业尽责和企业问责的立法具有域外效力，涵盖受成员国法律管辖或在联盟境内设立的所有大型企业以及在联盟境外设立但在内部市场上活跃的企业。⑥

（2）欧洲委员会机构作出的文件中的适用标准

在 2016 年建议中，欧洲委员会部长委员会建议成员国应采取必要措施，酌情要求在其管辖范围内注册的工商企业在海外经营过程中尊重人权，并在整个运营过程中，或在成员国管辖范围内开展实质性活动的工商

---

① European Union, *Council Regulation (EC) No 44/2001 of 22 December 2000 on Jurisdiction and the Recognition and Enforcement of Judgments in Civil and Commercial Matters*, OJ L 12, 16 January 2001.

② *European Parliament Resolution on the Commission Green Paper on Promoting a European Framework for Corporate Social Responsibility* [COM （2001） 366 – C5 – 0161/2002 – 2002/2069 （COS）], para. 50.

③ *Directive 2013/34/EU of the European Parliament and of the Council of 26 June 2013 on the Annual Financial Statements, Consolidated Financial Statements and Related Reports of Certain Types of Undertakings*, 29 June 2013, L 182/20.

④ *European Parliament Resolution of 25 October 2016 on Corporate Liability for Serious Human Rights Abuses in Third Countries [2015/2315(INI)]*, P8_TA （2016） 0405, para. 3.

⑤ Sajjad Karim, *Opinion on the EU Flagship Initiative on the Garment Sector*, 2016/2140 （INI）, 28 Feb. 2017, para. 8.

⑥ *European Parliament Resolution of 10 March 2021 with Recommendations to the Commission on Corporate Due Diligence and Corporate Accountability [2020/2129 (INL)]*, P9 _TA （2021） 0073, para. 9.

企业对此类活动实施人权尽责。① 对于该建议书中多次提及的住所在其管辖范围内，在解释性备忘录中指出管辖的含义应与欧洲人权法院对《欧洲人权公约》第 1 条中的管辖的应用与解释的含义相同。正如第二章所言，《欧洲人权公约》第 1 条中的管辖不以领土为限，若一国满足有效控制标准，则人员或区域便在该国管辖范围内。此外，住所应理解为《关于民商事案件管辖权和判决执行的第 1215/2012 号条例（重订）》（以下简称《布鲁塞尔条例Ⅰ（重订本）》）和《罗马条例Ⅱ》中的含义，即企业的法定所在地、中央管理机构所在地或主要营业地。②

可见，欧洲政策性文件与立法提案中调整公司在欧洲以外行为的主要依据是公司与欧洲的积极属人联系，即公司的住所地在欧洲管辖范围内。

2. 《拟议条约》中的适用标准

《拟议条约》零号草案第 10 条第 1 款和一号草案第 6 条第 1 款未明确法律责任适用对象的范围。二号草案第 8 条法律责任条款明确要求缔约国在其国内法中规定在其领土或管辖范围内居住或经营，或在其控制下从事商业活动的法人和自然人对其自身商业活动（包括具有跨国性质的商业活动）或其商业关系可能产生的侵犯人权行为负有全面和充分的法律责任。三号草案第 8 条对二号草案第 8 条进行微调，将法律责任主体规定为在其领土、管辖范围内或在其控制下从事商业活动的法人和自然人。第九次会议后产生的更新版草案第 8 条进一步修改了三号草案第 8 条，强调商业活动或商业关系可具有跨国性质，即将法律责任主体规定为在其领土或管辖范围内居住或经营，或在其控制下从事商业活动的法人和自然人对其包括具有跨国性质在内的商业活动或商业关系可能产生的侵犯人权行为负有全面和充分的法律责任。

若认为法律责任条款对适用范围的反映尚不明显，几份草案文本在预防条款中则更加明确其适用范围。《拟议条约》零号草案第 9 条第 1 款规

---

① Council of Europe, *Recommendation CM/Rec (2016)3 of the Committee of Ministers to Member States on Human Rights and Business*, 2 Mar. 2016, p. 9.

② CDDH, *Explanatory Memorandum to Recommendation CM/Rec(2016)3 of the Committee of Ministers to Member States on Human Rights and Business*, CM (2016) 18-addfinal, 2 Mar. 2016, para. 8.

定承担尽责义务的主体是在缔约国境内或在其管辖或控制下从事具有跨国性质的商业活动的公司，其应在整个商业活动中承担尽责义务。一号草案第 5 条第 1 款、二号草案第 6 条第 1 款规定，缔约国应有效规制在其领土或管辖范围内的所有工商企业的活动。为此，各国应确保其国内立法要求所有在其领土或管辖范围内从事商业活动（包括具有跨国性质的商业活动）的人尊重人权，预防侵犯或践踏人权。为实现一号草案第 5 条第 1 款、二号草案第 6 条第 1 款的目的，各国应采取必要措施确保所有从事商业活动（包括具有跨国性质的商业活动）的人履行人权尽责义务。三号草案第 6 条第 1 款则进一步细化二号草案，并将商业企业的范围扩展至在其控制下的所有商业企业。第九次会议后产生的更新版草案第 6 条第 1 款未对三号草案第 6 条第 1 款作出修改。

可见，《拟议条约》规制公司境外活动的依据也是积极属人原则，但与欧洲以公司在规制国领土或管辖范围内有住所的标准不同，《拟议条约》在欧洲标准基础上引入控制标准。控制包括事实控制与法律控制，由于一般认为住所标准是法律控制的表现，可认为《拟议条约》中的控制标准是指事实控制，即规制国与公司虽不存在法律联系，但存在事实控制联系，规制国可据此对该公司的行为进行规制。然而，控制的概念过于模糊，《拟议条约》的文本与工作组会议纪要中并未说明可否将母公司对外国子公司的控制理解为母公司母国控制了外国子公司。《拟议条约》虽与国内法不同，可通过创新方式在国家接受基础上为国家创设立法管辖新依据，但新依据的创设不应天马行空，应具有可行性，否则将使本不愿意或不能管辖但最应进行管辖的国家更有理由拒绝管辖，使本无管辖依据的国家获得管辖的依据进而滥用其管辖权为本国攫取利益、损害他国利益。《拟议条约》在短期内尚无获得通过的可能性，除意识形态对立原因外，还在于《拟议条约》本身的规定过于泛泛难以达成共识。为获得通过并最终获得尽可能多的国家批准，《拟议条约》的完善仍前路漫漫。

（二）以控制为核心的企业理论标准

责任的企业理论（enterprise theory of liability）是指，跨国企业作为单一经济实体和单一职能性决策制定单元，因母公司在职能上控制子公司或以经济控制为基础的紧密关联性而使该实体中任意组成部分造成的损害均可归咎于该实体整体，可适用于严重侵权领域。法律在面对经济现实时，认识到法律实体的独立存在不能被视为绝对，因此，无视法律实体的过程在某些情况下被认为合理且公平。利用企业理论，可将子公司的行为扩展到母公司所在的国家。①

1. 法国《警戒义务法》中的适用标准

《有关母公司和供应链公司警戒义务的第 2017-399 号法律》（以下简称《警戒义务法》）② 是规范商业公司域外行为前所未有的尝试。③ 该法第 1 条规定，符合要求的公司的首要责任是公布和实施警戒计划，确定与公司活动有关的环境和人权风险，并提出适当预防措施。评估应扩展到法国公司的子公司，甚至是与之有密切业务联系的其他公司，体现了以控制为核心的企业理论标准。通过将《警戒义务法》的规制对象范围限制在注册办事处在法国的公司，法国避免了直接监管如子公司或供应商等外国公司，从而避免了对其他国家内部事务的不当干涉，符合"国家主权平等原则意味着一国原则上不能在国家与被规制行为间不存在联系时行使域外立法管辖权"的观点。此外，适用积极属人管辖原则表明该法选择了先验合理和外交正确的联系因素。④ 外国受害人成功使总部在法国且为大型跨国集团领导的公司承担民事责任的可能性取决于《警戒义务法》的域外范围。在讨论《警戒义务法》对有效司法救济权利的尊重及法的可接受性和可理解性时，宪法委员会提及根据该法可使公司对在国外发生的损害承担责任，进一步明确该法的域外适用性。⑤ 该法可能使法律规定的实质性义务转嫁给集团或网络中的所有公司，无论其总部或活动的位置在何处，即

---

① 参见 Julia Ruth-Maria Wetzel, *Human Rights in Transnational Business: Translating Human Rights Obligations into Compliance Procedures* (Cham: Springer, 2016), p. 243。

② LOI n°2017-399 du 27 mars 2017 relative au devoir de vigilance des sociétés mères et des entreprises donneuses d'ordre.

③ 参见 Maria Monnheimer, *Due Diligence Obligations in International Human Rights Law* (Cambridge: Cambridge University Press, 2021), p. 309。

④ 参见 Claire Bright (2013), «L'accès à la justice civile en cas de violations des droits de l'homme par des entreprises multinationales», Thèse du doctorat de l'European University Institute, p. 66。

⑤ Conseil constitutionnel, Décision n°2017-750 DC du 23 mars 2017 Loi relative au devoir de vigilance des sociétés mères et des entreprises donneuses d'ordre, JORF n°0074 du 28 mars 2017 texte n°2, ECLI: FR: CC: 2017: 2017. 750. DC, para. 5.

使有更有效的连结因素将其与另一国联系在一起亦是如此。[①] 若母公司或主导公司因违反其警戒义务被诉，即使损害发生在国外，法国法院仍具有管辖权。[②] 如有必要，即使是外国的子公司、供应商和分包商也可在法国法庭上被诉，被追究责任。

然而，《警戒义务法》受到诸多质疑。根据比较法研究，无一国家立法具有如此广泛的范围，且立法并不总是具有域外效力。[③] 该法将对法国公司的竞争力和法国的经济吸引力造成不成比例的严重风险，导致某些法国公司全部或部分退出某些外国市场，降低法国对大型外国公司的吸引力。[④]

2. 瑞士"负责任商业行为倡议"中的适用标准

由几个瑞士非政府组织起草的瑞士"负责任商业行为倡议"（以下简称"瑞士倡议"）建议在宪法中引入第 101a 条企业责任，规定注册办事处、中央行政机构或主要营业场所设在瑞士的公司将对其控制下的公司在国外造成的侵犯人权和破坏环境行为承担民事责任，使侵犯人权和破坏环境的受害人能在瑞士寻求救济。[⑤] 尽责义务主体不限于由母公司依法控制的子公司，还扩展到与人权和环境风险有关的任何商业关系中，尤其是由母公司实际控制的子公司。[⑥] 因此瑞士倡议中对责任主体适用了以控制为核心的企业理论标准。瑞士倡议有域外效力，因为所涉公司须在其国际供应链中履行尽责义务，即使伤害发生在另一国领土上，受害

---

① 参见 Aude-Solveig Epstein（2018），« La portée extraterritoriale de la loi relative au devoir de vigilance des sociétés mères et des entreprises donneuses d'ordre», *Cahiers de droit de l'entreprise*, n°4, p. 48。

② 参见 Béatrice Parance（2017），« L'influence du droit international de l'environnement sur les entreprises multinationales : à propos de la proposition de loi française relative au devoir de vigilance des entreprises», dans Société française pour le droit international, *L'entreprise multinationale et le droit international*, Pedone, p. 279。

③ 参见 Olivera Boskovic（2016），« Brèves remarques sur le devoir de vigilance et le droit international privé», *Recueil Dalloz*, p. 385。

④ 参见 Horatia Muir Watt et Jonathan Pratter（2017），« RJR Nabisco : la ‹focale› de l'action individuelle du *private attorney general*», *Revue critique de droit international privé*, n°1, p. 70。

⑤ 参见 Swiss Coalition for Corporate Justice, "About the Initiative," https：//corporatejustice. ch/about-the-initiative/, accessed 10 September 2023。

⑥ Eidgenössische Volksinitiative, *Für verantwortungsvolle Unternehmen-Zum Schutz von Mensch und Umwelt*, 31 October 2015, BBl 2015, 3245, para. b。

人也可在瑞士提起诉讼。① 但该倡议仅对瑞士公司的行为产生直接影响，并不直接规制外国公司的行为，因此该倡议是对本国公司外国活动产生影响的国内措施。② 然而，该倡议公投失败，在下议院提出的第一项反提案中，民事责任主体改为其自身或为受其法律控制的公司行为的公司，但该反提案亦失败。③ 上议院提出的第二项反提案删除了民事责任的规定，④ 最终虽获通过，但其对企业的规制力度远远弱于倡议提案。⑤ 反提案被纳入瑞士《义务法典》第964节中，主要规定了非财务报告和关于冲突矿产和童工的供应链尽责义务。其中，前者仅适用于主要上市公司和受监管的金融实体提供者，而后者则适用于在瑞士注册的每一家公司。

瑞士立法机关最终未采纳以控制为核心的企业理论标准，体现出该标准过于广泛难被接受。美国在制裁领域常适用与之类似的实际控制标准。⑥ 该标准虽非习惯国际法，但被越来越多的国家效仿，很难认定该标准一定违反国际法。

（三）纳税标准

挪威《有关公司在透明度和基本人权和体面工作环境工作方面的法律》（以下简称《透明度法》）⑦ 第2条规定，该法适用于居住在挪威并在挪威境内外提供商品和服务的大型企业，也适用于在挪威提供商品和服务并根据挪威国内立法有义务向挪威纳税的大型外国企业。大型企业是指

---

① 参见 Sandra Cossart et al., "The French Law on Duty of Care: A Historic Step Towards Making Globalization Work for All," *Business and Human Rights Journal* 2 (2017): 319。

② 参见 Gregor Geisser & Alexandre Müller, "The Swiss Responsible Business Initiative (RBI): Discussion and Legal Assessment," translated from Gregor Geisser, Die Konzernverantwortungsinitiative, Aktuelle Juristische Praxis-AJP 8/2017, pp. 943 et seq., p. 8。

③ 参见 Franz Werro, "The Swiss Responsible Business Initiative and the Counter-Proposal," *Journal of European Tort Law* 10 (2019): 166。

④ 参见 Beat Kühni et al., "Switzerland: New ESG Regulations Enter into Force as of January 1, 2022," https://www.mondaq.com/switzerland/corporate-and-company-law/1146664/new-esg-regulations-enter-into-force-as-of-january-1-2022, accessed 10 September 2023。

⑤ 参见 Swiss Coalition for Corporate Justice, "Stages in Parliament," https://corporatejustice.ch/stages-in-parliament/, accessed 10 September 2023。

⑥ 参见 Kern Alexander, *Economic Sanctions: Law and Public Policy* (London: Palgrave Macmillan, 2009), p. 152。

⑦ Act Relating to Enterprises' Transparency and Work on Fundamental Human Rights and Decent Working Conditions (Transparency Act), LOV-2021-06-18-99.

符合《会计法》规定的企业，或在财务报表日满足以下三个条件中两个条件的企业，即销售收入超过 7000 万挪威克朗、资产负债表总额超过 3500万挪威克朗、本财政年度的平均雇员人数超过 50 名全职雇员。若母公司和子公司作为整体满足这些条件，则母公司应被视为大型企业。挪威 2019年《税法》规定，外国公司若将管理团队设在挪威就会被视为该国居民，因此公司的全球收入也应向该国纳税。可见，根据挪威法律，负有纳税义务的大型外国公司被视为挪威公司，应遵从《透明度法》。

通过上述标准可知，多数国家将积极属人原则作为行使域外管辖权的合法依据，但在运用积极属人原则时则各有不同。部分国家的法律虽仅针对本国母公司，但将外国子公司的经营情况作为本国母公司可否被涵盖入相应立法范围内的辅助依据，其本质仍是将跨国企业作为整体看待，是企业理论而非实体理论①的体现；部分国家将不在本国注册的公司基于一定的标准解释为受相关法律的管辖，其本质是对公司国籍的扩大化解释，亦反映出企业理论的思想。

二　影响学说

除积极属人原则外，影响学说亦为立法者就跨国企业境外侵犯人权事项行使域外立法管辖权提供了依据。

（一）营业额标准

欧盟《企业尽责和企业问责指令》第 2 条规定，该指令适用于大型企业、公开上市的中小型企业，以及在高风险领域经营的中小型企业，这些企业受第三国法律管辖但未在欧盟境内设立，却在内部市场上销售商品或提供服务。虽未明确提出营业额标准（turnover criteria），但将在内部市场销售商品或提供服务作为对国外公司的适用依据，其本质便为在内部市场产生营业额。

2022 年 2 月 23 日，欧盟委员会公布了欧盟议会和委员会关于企业可

---

① 责任的实体理论（entity theory of liability）是指，跨国集团的组成公司是独立的法律实体，每个公司都要在公司的资产范围内承担有限责任。参见 Reinier Kraakman et al. , *The Anatomy of Corporate Law: A Comparative and Functional Approach* （Oxford：Oxford University Press, 2004）, p. 5.

持续性尽责的指令（以下简称《企业可持续发展和尽责指令》），规定了欧盟人权和环境尽责的拟议标准，包括公司有义务采取适当的措施以确定其自身或其子公司的业务所产生的实际和潜在负面人权和环境影响，以及在与价值链相关时，其既定商业关系所产生的影响。除涵盖大型欧盟公司外，该指令草案还具有域外效力。① 非欧盟公司若在欧盟符合特定营业额标准②，即使在欧盟未实际存在，也将属于范围内。将营业额标准作为确定与非欧盟公司有关的适用范围的理由在于，该标准在第三国公司和欧盟领土间建立了属地联系。营业额是这些公司活动对内部市场可能产生影响的代表。根据国际法，这种影响是对第三国公司适用欧盟法律的正当依据。③ 此种监管范围规定暗示了欧盟立法者的管辖雄心，在相称性评估下，该提案用影响学说证明其国际公共范围的合理性。在正式发布的《企业可持续发展和尽责指令》中保持了营业额标准。④

事实上，早在2012年，美国《加利福尼亚州供应链透明度法》中便适用了营业额标准，只不过在该法中使用的是在美国更为常见的开展商业活动（doing business）⑤ 的措辞，但其核心仍为营业额标准。该法要求在加州开展商业活动、年全球总收入超过1亿美元的零售商或制造商披露其对其供应链在核查、审计、认证、内部问责和培训五个方面的努力程度。⑥

营业额标准与挪威法中采用的纳税标准的不同之处在于，挪威认为有

① 参见 Johannes Weichbrodt et al., "EU Publishes Draft Corporate Sustainability Due Diligence Directive," https://corpgov.law.harvard.edu/2022/03/15/eu-publishes-draft-corporate-sustainability-due-diligence-directive/, accessed 10 September 2023。

② 特定标准是指在欧盟的净营业额超过1.5亿欧元，或总营业额超过4000万欧元但不超过1.5亿欧元，条件是其全球净营业额的至少50%在高风险行业中产生。

③ European Commission, *Proposal for a Directive of the European Parliament and of the Council on Corporate Sustainability Due Diligence and Amending Directive (EU) 2019/1937*, COM (2022) 71 final, 2022/0051 (COD), 23 Feb. 2022, p. 34.

④ European Union, *Directive (EU) 2024/1760 of the European Parliament and of the Council of 13 June 2024 on Corporate Sustainability Due Diligence and Amending Directive (EU) 2019/1937 and Regulation (EU) 2023/2859 (Text with EEA Relevance)*, PE/9/2024/REV/1, OJ L, 2024/1760, 5 July 2024, p. 7.

⑤ 《加州税收和税务法》规定，在加州开展商业活动是指一家公司为了财务或金钱收益或利润的目的积极从事任何交易。

⑥ 参见 Kamala D. Harris, *The California Transparency in Supply Chains Act: A Resource Guide* (California: California Department of Justice, 2015), p. 3.

义务向其纳税的外国公司实质上是其管理团队在挪威的公司，所以本质上是将此类公司视为其本国公司，因此管辖相应公司活动的根本依据仍是积极属人原则。但营业额标准强调的并非公司与规制国的积极属人联系，而是该公司在规制国提供产品或服务，若产品或服务是以侵犯人权的方式产生或作出的，则此类产品或服务进入欧盟内部市场将对欧盟产生影响，欧盟认为据之进行的立法管辖合理合法。

（二）雇员数额标准

德国《有关供应链上企业尽责义务的法律》（以下简称《供应链尽责法》）① 第 1 条规定，该法适用于所有在德国拥有决策中心地、主要营业地、决策总部、法定本座、分支机构的公司，无论公司的法律形式如何。分支机构在德国的公司应在德国有至少三千名雇员，其他类型的公司虽也应在德国有至少三千名员工，但包括被派遣至国外的员工。起初，一个公司须有至少三千名员工才能适用该法；自 2024 年 1 月 1 日起，最低门槛降至一千名员工。被该法涵盖的公司应对其供应链承担尽责义务，识别并消除或尽量减少其供应链中的人权和环境风险。可见，在德国拥有子公司、合资企业甚至分支机构的外国公司，若达到必要的雇员人数门槛，将被要求遵守该法。此外，外国供应商公司和次级供应商公司也将间接受到该法的影响，因为该法要求某些义务也要扩展和/或转移到这些公司，主要表现为与该法所涵盖的德国公司的供应协议可能发生变化。因此，该法具有域外效力。

不同于法国《警戒义务法》将雇员数额作为辅助判断公司是否满足大企业标准的做法②，德国《供应链尽责法》将雇员数额作为将外国公司纳入其适用范围的主要依据。换言之，法国《警戒义务法》将外国公司纳入其适用范围的要求是：首先，该外国公司是法国公司的子公司；其次，母子公司的雇员数额相加逾一万名。而德国《供应链尽责法》则是公司在德国设有分支机构，同时该公司在德国有至少三千名雇员。因此，在德国

---

① *Act on Corporate Due Diligence Obligations in Supply Chains of July 16 2021*, BGBl I 2021, 2959.

② 该法第 1 条规定：若在连续两个财政年度结束时，任何公司在自己的公司和注册地位于法国的直接或间接子公司中有至少五千名雇员，或在自己的公司和注册地位于法国或者国外的直接或间接子公司中有至少一万名雇员，则应制定并有效执行警戒计划。

《供应链尽责法》中，雇员数额在决定是否对外国公司适用时发挥的作用更大，是通过德国雇员与德国领土产生联系的重要代表。

荷兰《负责任和可持续的国际商业行为法案》①将适用范围设置得较广，综合了国籍原则、纳税标准和影响学说。该提案的另一个特殊之处在于，将注意义务与人权尽责义务相区分。该提案规定，注意义务适用于在荷兰和加勒比海注册成立的所有公司，以及在荷兰开展活动或在荷兰市场销售产品的大型外国公司。尽责义务仅适用于大公司。此外，该法案还明确适用于信箱公司（letterbox companies），即总部位于荷兰的税收优惠控股公司。②综合运用多种域外效力触发依据的荷兰法案明确表明了将该法域外适用的意图。

三　对现有立法实践的评价

为落实《指导原则》的期望和履行国家域外人权义务，以欧盟及其成员国为代表的国家已经或正在制定以强制性人权尽责法为代表的具有域外效力的规制跨国企业侵犯人权的立法，③在此类成文法或拟议法中不乏利用习惯国际法承认的域外立法管辖权依据变体（variant）将法律适用范围延伸至域外的条款，多表现为采用具有域外影响的国内措施方式实现立法目的和政策目标。然而，上述立法是否真如其所言符合国际法？习惯国际法承认的管辖权依据变体是否如依据本身一样被广泛接受？据之制定的法律是不是过度立法？以上述问题为指引，本部分将从管辖权依据变体在规制跨国企业境外侵犯人权事项上是否具有合理性、相关立法是否构成生产过程和生产方法（processes and production methods，PPM）措施角度进行探讨与评价。

---

① "Unofficial Translation of the Bill for Responsible and Sustainable International Business Conduct," https://www.mvoplatform.nl/en/wp-content/uploads/sites/6/2021/03/Bill-for-Responsible-and-Sustainable-International-Business-Conduct-unofficial-translation-MVO-Platform.pdf, accessed 10 September 2023.

② 参见 Anneloes Hoff, "A Bill for Better Business: Dissecting the New Dutch Mandatory Human Rights Due Diligence Initiative," https://voelkerrechtsblog.org/a-bill-for-better-business/, accessed 10 September 2023。

③ 参见唐颖侠《强制性人权尽责立法的考量因素与类型化研究》，《人权研究》2022 年第 1 期。

（一）适用管辖权依据变体是否符合合理性原则

1. 法人国籍的扩大化解释趋势

公司和规制国间应有明确联系，多数情况下国籍管辖权将是最适当的基础。对公司而言，这通常意味着它在规制国有住所，如在该国注册、上市或总部设在该国。国际法未为法人国籍认定制定统一标准。问题不在于国际法是否规定了确定法人国籍的单一标准，而是在国际法中，国家选择将某些公司视为其国民，并为各种目的作出此种认定的后果。特别是国家管辖权在多大程度上可超越一国领土边界，以控制该国母公司的外国子公司，而该外国子公司并不在该国管辖范围内？国际法对国家为证明根据积极属人原则行使域外管辖权而认定某些公司为其国民的权利施加了哪些限制？在管理被视为其国民的公司时，应向国家施加哪些义务？一国的公司国籍认定标准显然对域外管辖权有影响。

在无他国反对时，各国对外国子公司行使立法管辖权的条件并不明确。若国籍以公司注册地为基础，跨国企业原则上将被视为由若干不同实体组成，可能会使法院地国的法律难以适用于该跨国企业所有实体，因为积极属人原则可能无法为这种立法的域外影响提供正当性依据。为克服该问题，更合适的域外管辖权形式可能是对发挥控制作用的母公司施加义务，要求其监督其能够影响的子公司的行为，而不直接对外国子公司施加义务。前者构成以母公司为基础的域外立法（parent-based extraterritorial regulation），属于具有域外影响的国内立法措施；后者是指对外直接责任，是直接域外立法管辖权行使的表现。[1] 可见，调整确定公司国籍的标准，可能使一国依靠积极属人原则将其管辖权扩大至域外情况，包括在国外注册的公司的行为，否则国际法可能加以禁止。

当然，根据国际法，行使域外管辖权的可接受性不应取决于规制国的选择。因此，为行使域外管辖权，确定法人国籍的标准选择应得到他国承认，选择应非任意且基于传统公认理由。一般认为，法人的国籍国是其登记地、注册地、主营业地。与母国的真实联系、投资条约是否使国籍认定

---

[1] 参见 Jennifer Zerk, *Multinationals and Corporate Social Responsibility: Limitations and Opportunities in International Law* (Cambridge: Cambridge University Press, 2006), p. 104。

有章可循、母公司国籍是不是子公司国籍决定性因素等其他因素也被考虑在内。若一国的公司国籍认定标准是受到他国承认的公认理由之一，积极属人原则可证明其域外管辖权行使的正当性。不应授权该国援引其他因素，如外国公司的股东是其国民的事实，以证明域外管辖权的正当性。国际法虽未规定确定公司国籍的任何特定模式，但巴塞罗那电车案似乎确实排除了以公司股东国籍为基础确定国籍的做法，至少在国家行使外交保护权的目的方面如此。[①] 此外，除公司国籍可否与其股东或发挥控制作用的母公司国籍相一致外，出现了在一国试图影响由其国公司控制的公司行为时，该国可被授权行使域外管辖权的条件扩大的趋势。若允许将控制作为公司国籍认定标准，则母公司是法院地国国民本身就会导致其子公司被视为国民，这就允许基于积极属人原则直接对子公司施加义务。控制标准使属人原则得以适用。[②]

除控制标准外，若外国子公司与母国母公司存在其他足够理由忽视子公司的独立国籍，母国也可通过间接建立与国家的联系的方式主张管辖权，从而赋予子公司与其母公司相同的国籍。有学者提出了基于经济功能而非领土标准的利益-负担（benefit-and-burden）方案，允许任何感兴趣的国家在适当时主张管辖权，由此避免东道国属地管辖和母国不愿域外管辖的僵局，更好地反映了国家、公司和其他行为体在全球范围内的共同利益和参与跨国企业的运作。[③] 还有学者建议转变《哈佛公约草案》确定的管辖权依据范式，提出在国际法未规定行使管辖权的义务时，只有在事项与寻求行使管辖权的国家间存在实质联系、寻求行使管辖权的国家在该事项中有合法利益并符合国家的合法利益与其他利益间平衡的合理性要求时，才能行使管辖权。[④]

---

① *The Barcelona Traction*, *Light & Power Co. (Belgium v. Spain)*，[1970] I. C. J. Rep. 3.

② 参见 Surya Deva, "Corporate Human Rights Violations: A Case for Extraterritorial Regulation," in Christoph Luetge, ed., *Handbook of the Philosophical Foundations of Business Ethics* (Dordrecht: Springer, 2013), p. 1078。

③ 参见 Benedict S. Wray & Rosa Raffaelli, "False Extraterritoriality? Municipal and Multinational Jurisdiction over Transnational Corporations," *Human Rights and International Legal Discourse* 6 (2012): 108。

④ 参见 Dan Jerker B. Svantesson, "A New Jurisprudential Framework for Jurisdiction: Beyond the Harvard Draft," *AJIL Unbound* 109 (2015): 71。

可见，积极属人原则的演变主要通过存在以建立跨国企业与母国的联系，即无论以何种虚拟方式，若一家公司活跃在一国市场上，它就被视为受该国管辖，包括在其他地方发生的活动。此种演变方式构成积极属人原则的延伸，因为它涉及行为体及其所有行动，而不仅为可能对特定领土产生影响的特定活动。

从该角度衡量现有立法例，《拟议条约》因欲获得更多国家的支持，必然会选择在其条文中尽可能多地反映不同国家的法人国籍认定标准，又出于填补现有规制漏洞的使命，会通过一定程度的管辖权连接因素的扩张方式赋予有能力、有意图管辖但管辖联系相对薄弱的国家，或迫使有能力而无意愿管辖却与之存在较紧密联系的国家，参与到规制跨国企业侵犯人权行为中，尽可能减少跨国企业有罪不罚现象。问题在于，现有条文引入了控制因素，却未对其加以释义，存在过度解释或解释过于保守的可能性，使此种管辖依据成为不愿管辖或本不应管辖的国家可任意操控的工具，在加剧国际管辖冲突的同时，可能造成东道国及其公司的利益受到损害。而对欧盟及其成员国的立法而言，多数立法着力于对母公司的管辖，意图通过母公司实现公司治理方式的转变，影响外国公司行为，对母公司的立法管辖依据则遵从其一贯以来的依据，并无扩大解释的做法。可见，在积极属人管辖依据方面，学界虽有对法人国籍扩大化解释的建议或主张，但多数立法实践相对保守，遵守了各国对公司国籍认定的传统标准。

2. 影响学说适用的泛化趋势

影响学说虽多见于反垄断法、竞争法、证券法等领域，且原则上已被广泛接受为相关领域的域外立法管辖依据，但这是否意味着影响学说在其他领域特别是工商业与人权领域也当然是可被接受的管辖依据呢？事实上，影响学说的范围仍有争议，一般认为影响学说中的影响局限于包括市场影响在内的经济影响，因此其他类型的影响可否作为域外管辖依据并无定论。部分国家虽将影响学说作为对公司行使直接域外管辖权的依据，但基于影响的管辖权规则的范围扩大，导致管辖权和法律适用的合理理由与承认和执行外国判决的合理理由的差距扩大。影响学说虽可为域外立法管辖权提供依据，但在实践中仅依据存在影响即主张行使司法管辖权会被认为是过度行使管辖权。①

工商业与人权议题关注的是人权问题，而近年来的国际趋势和欧盟实践是将环境问题也纳入考量范畴。欧盟现有以影响学说为基础的域外立法所依据的影响，实质是指若跨国企业生产产品或提供服务的过程中造成环境污染、生态破坏或人权侵犯，此类产品或服务进入欧盟内部市场被不知情的欧盟消费者购得产生营业额，将使欧盟消费者因购买此类产品而承受道德污点。因此，将营业额作为影响依据主张域外立法管辖权的合法性是对欧盟影响的具象化，以相对容易计算衡量的依据反映影响的真实性与实质性。而以雇员数额为依据与营业额标准的理念一致。基于影响学说的具有域外影响的欧盟立法措施本质上是布鲁塞尔效应的体现。② 若认为基于道德伤害主张产生影响的观点很牵强，则其替代做法是在保护合法的物质利益（健康）和合法的经济利益（质量监管）间作出区分，但不包括非法的道德利益。然而这种区分很难维持，因为所有国家都制定了反映集体道德偏好的法律，从福利的角度来看，为防止道德伤害而进行的规制与为防止其他伤害而进行的规制并无不同。若有广泛的民主支持，以道德观念为基础的有关人权与环境的立法在理论上与基于物理伤害的消费者保护规则没有区别。③

虽无论是人权还是环境都被认为构成全球公域问题，并在具有较广泛影响和较多缔约国的国际公约或国际条约中得到确认，但就其本质而言，每个国家在保护全球公域方面都有平等利益。据之主张的影响较为牵强，说服力不足。采用较为牵强的影响作为管辖依据，将外国公司置于欧盟指令的适用范围下的真实原因，是为欧盟企业创造公平竞争环境和商业确定性，使欧盟成为制定负责任商业行为强制性标准的领导者。④ 因此，以影响学说为依据，要求非本国公司遵守本国的跨国企业侵犯人权相关法律的

---

① 参见 Margaret E. Tahyar et al. , *Report of the Task Force on Extraterritorial Jurisdiction* (International Bar Association, 2008), p. 26。

② 布鲁塞尔效应主要指欧盟凭借市场力量单边监管全球市场的能力。参见 Anu H. Bradford, "The Brussels Effect," *Northwestern University Law Review* 107 (2012): 25。

③ 参见 Laurens Ankersmit et al. , "Diverging EU and WTO Perspectives on Extraterritorial Process Regulation," *Minnesota Journal of International Law Online* 21 (2012): 27。

④ 参见 Lara Wolters, "Corporate Due Diligence and Corporate Accountability: Parliament Paves the Way for a New EU Law," *Journal Général de l'Europe*, 24 Aug. 2021。

做法，虽被美化为保护人权和环境的必要措施，但实质上仍是对欧盟优势地位的维护和欧盟价值观的推广，是试图改变他国公司治理方式的表现，[①]并不具有合理性，是对域外立法管辖权的滥用。

（二）此类立法与 PPM 措施的关系及对域外管辖的影响

PPM 措施是国际贸易法领域的概念，将贸易和非贸易关切相结合，试图解决位于规制国管辖范围外的公共关切问题。[②] 美国虾-龟案[③]中对具有潜在域外影响的措施的默示接受导致大多数旨在保护全球公共物品的 PPM 措施都将与援引该措施的国家间存在充分联系，由此允许此类措施具有域外效力。故 PPM 措施的特征是单边性、域外性及贸易保护主义，对国家主权原则有很大的影响。[④] 依据对产品最终性能的影响，PPM 措施可分为与产品相关的 PPM（product-related PPM，PR-PPM）措施和与产品无关的 PPM（non-product-related PPM，NPR-PPM）措施。[⑤] NPR-PPM 措施与最终产品本身的性能品质无关，使用此措施势必导致消费国的政策、法规和标准的效力溢出到生产国境内。PPM 措施激励但不强制要求其他国家的某些行为，因此只具有间接的域外效力，与进口国的相对规模和重要性成正比。从措施来源来看，可分为生产方式标准类、政府政策标准类和厂商特性标准类三类 PPM 措施，第一类措施强调产品生产过程中的生产方法和生产过程，第二类措施强调外国政府管理和实施生产过程中的相关法律法规，第三类措施强调生产厂商或者进口商身份。厂商特性标准类措施最易引发质疑，取决于生产厂商或进口商身份的 PPM 措施有可能被视为贸易禁运，除非指定生产商身份以保护环境和人权等非经济的社会政策为目标，此类措施

---

① 参见蒋大兴《贸易管制/贸易报复与跨国界的公司治理——中兴通讯案如何扭曲了公司治理的演绎路径?》，《东岳论丛》2020 年第 2 期。

② 参见 Winnie Isabel Sonntag & Achim Spiller, "Measuring Public Concerns? Developing a Moral Concerns Scale Regarding Non-Product Related Process and Production Methods," *Sustainability* 10 (2018): 1375。

③ Appellate Body Report, *United States-Import Prohibition of Certain Shrimp and Shrimp Products (Complaint by India, Malaysia, Pakistan and Thailand)*, ETO Doc. WT/ DS58/AB/R, (1998) para. 133.

④ 参见鄂晓梅《气候变化对国家主权原则的影响：以单边 PPM 贸易措施为视角》，《中外法学》2011 年第 6 期。

⑤ 参见刘瑛、常丽娟《论 PPM 标准在 WTO 中的法律地位》，《国际贸易》2014 年第 2 期。

方存在管辖权意义上的合法关联，但以产地为标准的贸易措施属于贸易禁运。①

目前有关规制跨国企业侵犯人权问题的欧洲国内立法主要表现为强制性人权尽责法，是涉及公司治理的公司法，虽未明确规定产品禁令等贸易措施，似乎并非贸易领域的立法，难以将之认定为 PPM 措施。但对强制性尽责义务进行溯源，欧盟早在《木材条例》② 中便采取了此措施，以阻止非法采伐的木材进入欧盟市场，通过欧盟法实施公共政策目标，并对非欧盟国家的商业活动及公司治理产生域外影响。③ 强制性尽责义务的设定是旨在影响提供产品与服务的位于欧盟外的供应链上的国家所采用的 PPM 措施，通常对最终产品的物理特性没有影响，针对的是外部化的生产成本，即行为体的行为。将强制性人权尽责义务引入工商业与人权领域，其本质并未发生变化。再者，《企业可持续发展和尽责指令》中未列入产品禁令是出于平衡的目的，因为相关禁令规定在欧盟理事会于 2024 年 11 月 19 日通过的《欧盟市场禁止强迫劳动产品条例》④ 中，后者是对前者的补充。⑤《欧盟市场禁止强迫劳动产品条例》规定，涉及强迫劳动生产的产品不得在欧盟市场上流通供应、消费和使用，只要产品的目标用户在欧盟境内，欧盟境外的公司向欧盟市场出口销售产品就受到该条例的约束。除此之外，《企业可持续发展和尽责指令》的制裁条款并未明确可采取的制

---

① 参见黄安平《人权保障视角下的 WTO 公共道德例外条款研究》，博士学位论文，上海交通大学，2014，第 117 页。

② *Regulation (EU) No 995/2010 of the European Parliament and of the Council of 20 October 2010 Laying down the Obligations of Operators Who Place Timber and Timber Products on the Market*, OJ L 295, 12 Nov. 2010, p. 23.

③ 参见 Karin Buhmann, "Defying Territorial Limitations: Regulating Business Conduct Extraterritorially Through Establishing Obligations in EU Law and National Law," in Jernej Letnar Černič & Tara van Ho, eds., *Human Rights and Business: Direct Corporate Accountability for Human Rights* (Oisterwijk: Wolf Legal Publishers, 2015), p. 301。

④ European Union, *Regulation of the European Parliament and of the Council on Prohibiting Products Made with Forced Labour on the Union Market and Amending Directive (EU) 2019/1937*, PE 67 2024 REV 1, 27 November 2024.

⑤ 参见 Roland M. Stein et al., "CSDDD and Forced Labour Regulation-Common Goals, Reinforcing Approaches," https://chambers.com/articles/csddd-and-forced-labour-regulation-common-goals-reinforcing-approaches, accessed 5 December 2024。

裁方式为何，亦即欧盟立法者将制裁形式交由国家立法者自由裁量。若欧盟成员国以之为据对未遵守尽责义务的外国公司的产品采取禁止进口的管制措施，则可认为其为欧盟国家的贸易限制措施提供了依据。因此，《企业可持续发展和尽责指令》与《欧盟市场禁止强迫劳动产品条例》是"组合拳"，均为欧盟工商业与人权领域的相关立法，① 在涉及外国公司时核心都是对外国公司有条件的市场放开措施，本质上都是涉及贸易的立法。因此，欧盟工商业与人权领域的相关指令构成基于 NPR-PPM 措施制定的立法。

与影响产品物理特性的 PPM 相比，基于 NPR-PPM 措施制定的立法的规制国与被规制事实的关系较弱。② 此种情况导致了长期的辩论，即规制国可否援引其主权自由通过立法管辖权规制 PPM，或是否无理干涉了其他国家受 WTO 法律保护的平等竞争机会的权利。③ 为此，需分析 PPM 措施是否及在多大程度上可能构成《关税与贸易总协定》（GATT）第 1 条第 1 款和第 3 条第 4 款规定的法律或事实歧视，以及在构成歧视时第 20 条能否为此类措施提供正当理由。即使基于域外立法管辖权的行使而制定的 PPM 措施获得接受，PPM 措施仍应符合 GATT 第 20 条的其他要求④，证明所选择措施的贸易限制性最低及不具有歧视性。⑤ 本书讨论的现有基于影响学说的有关规制跨国企业侵犯人权行为的立法是基于 NPR-PPM 措施制定的立法，此类立法中规定的尽责标准可能导致经营者倾向于将来自较

---

① 参见 Covington Alert，"The EU's Corporate Sustainability Due Diligence Directive and Forced Labour Regulation：What Next?，" https：//www. cov. com/en/news-and-insights/insights/2024/03/the-eus-corporate-sustainability-due-diligence-directive-and-forced-labour-regulation-what-next，accessed 5 December 2024。

② 参见 Natalie L. Dobson，"The EU's Conditioning of the 'Extraterritorial' Carbon Footprint：A Call for an Integrated Approach in Trade Law Discourse，" *Review of European*，*Comparative & International Environment Law* 27（2018）：76。

③ 参见 David Sifonios，*Environmental Process and Production Methods（PPMs）in WTO Law*（Cham：Springer，2018），p. 79。

④ 例外情况包括构成保护公共道德或人类、动物或植物生命或健康等的必要措施，必要措施意味着须无其他合理选择。参见鄂晓梅《PPM 环境贸易措施与 WTO 规则的关系问题分析》，《内蒙古大学学报》（哲学社会科学版）2009 年第 1 期。

⑤ 参见 Barbara Cooreman，"Addressing Environmental Concerns Through Trade：A Case for Extraterritoriality?，" *International & Comparative Law Quarterly* 65（2016）：246。

发达的国家而非较不发达的国家的产品投放到欧洲市场，因此可能导致歧视结果的产生，特别是此类立法所涵盖的外国公司可能被迫放弃欧洲市场或承担过高合规成本。旨在为域外人权和环境建立实质性标准的尽责义务等歧视性的产品和服务措施只有在是为实现 GATT 第 20 条规定的例外情况包含的合法目标，且不构成武断或不合理的歧视，也非对国际贸易的变相限制时，方具有合规性。规制国须善意且合理地行使其权利，并与相关国家真诚地谈判。若尽管作出真诚努力，相关国家仍不能找到共同方法，一国方被允许自行管理。①

以此为考察依据，采用影响学说的《企业可持续发展和尽责指令》不仅适用于净营业额达标的外国公司，还适用于欧盟公司。此外，该法的制定目标在于通过对公司施加强制性尽责义务实现保护人权和环境，也构成 GATT 第 20 条 a 项和 b 项下的例外情况，且该目标获得《指导原则》等软法律文书的背书，也获得多部国际人权公约和环境公约的支持。出于避免受到规定不合比例指摘的考量，欧盟立法者的现有立法设计也只将相对较少的大型跨国企业纳入适用范围，排除了对中小企业的适用。从上述角度来看，此类立法似乎并无不当。然而，正如上文对影响学说的分析，将营业额作为影响依据使外国公司纳入其适用范围过于牵强，以此为依据的立法设计本身便不合理，因此相应规定可能会违反 WTO 规则。而美国"涉疆法案"更是明目张胆的贸易禁令措施，中国多次表示反对"涉疆法案"，但美国仍一意孤行使之生效，此类立法违反 GATT 第 20 条当无疑问。

第二节　母公司民事责任的设立路径

规制跨国企业侵犯人权行为的法律中的民事责任有三个主要功能，分别为提供明确的诉因、通过威慑提高合规性及增加受害人获得救济的

① 参见 Elisabeth V. Henn, "Protecting Forests or Saving Trees? The EU's Regulatory Approach to Global Deforestation," *Review of European, Comparative & International Environmental Law* 30 (2021): 345.

机会。① 母公司责任可分为对子公司外部性的间接和直接母公司责任。实现追究跨国企业境外侵犯人权责任目标的途径是在国家层面建立具有域外效力的责任制度，以追究母公司对其子公司侵犯人权的责任。本部分将着重探讨母国如何实施域外立法管辖权以使跨国企业对境外侵犯人权行为承担民事责任的实体法问题。

一 母公司间接责任路径

母公司间接责任多通过寻求刺破公司面纱，让母公司为其子公司的过失承担责任，母公司无罪责或过失。②

（一）理论

1. 刺破公司面纱理论

刺破公司面纱，又称法人人格否认，是指在有必要避免欺诈或维持公平公正时，通过对母子公司事实关系的认定，忽略公司法律人格，否认股东有限责任。刺破公司面纱理论在母子公司共同受益且若不刺破公司面纱会产生不公正时可推翻有限责任理论。母公司不应允许其子公司承担低于其自身的道德标准。改革集团公司责任的第一个选择是继续依靠面纱刺破，并期望通过进一步明确允许刺破的依据改进刺破面纱理论。虽有大量案例法和学术评论可作为改进刺破面纱理论的基础，③ 但刺破面纱可能是最不可取的方法。因为刺破面纱优点有限，难以克服该理论的已知弱点，也不可能将其作为解决集团公司责任问题的主要机制。④ 刺破公司面纱实质上是对法人人格独立和有限责任原则的固守，但难以自圆其说，未考虑母公司利用其子公司并以牺牲社区为代价获得巨大利益的事实，无助于预

---

① 参见 Stefanie Lorenzen, "New Business and Human Rights Laws—Support for Social Upgrading?," in Christina Teipen et al., eds., *Economic and Social Upgrading in Global Value Chains: Comparative Analyses, Macroeconomic Effects, the Role of Institutions and Strategies for the Global South* (Cham: Palgrave Macmillan, 2022), p. 461.
② 参见 Linn Anker-Sørensen, "Parental Liability for Externalities of Subsidiaries: Domestic and Extraterritorial Approaches," *Dovenschmidt Quarterly* 2 (2014): 107.
③ 参见 Pey Woan Lee, "The Enigma of Veil-Piercing," *International Company and Commercial Law Review* 26 (2015): 28.
④ 参见 Martin Petrin & Barnali Choudhury, "Group Company Liability," *European Business Organization Law Review* 19 (2018): 783.

测未来案件。在工商业与人权领域，实践中受害人很难刺破公司面纱，使母公司为其外国子公司的侵犯人权行为承担责任。[1]

2. 企业理论

企业理论提供了解决因面纱制度产生的母公司问责漏洞方案，绕过了独立法律实体和有限责任，允许横向和纵向刺破公司面纱，即直接向母公司索赔，旨在实现对受害人的赔偿目的。然而，这只会发生在母子公司间事实关系密切相关且作为一体化经济实体（integrated economic unit）运作的情况。此时，母公司责任是一种可能性。该方法被认为使公司集团的法律现实更接近其经济现实，并迫使集团公司从整体上评估对第三方有潜在危害的商业活动，而非将有风险的业务转移到遥远的或资金不足的子公司。[2]

3. 母公司无过错责任理论

立法规定母公司无过错责任方法与基于财务控制的企业理论有很多共同点，但其范围更加有限，依据主要包括在高风险东道国运营[3]和资本流动[4]。基于社会环境正义需求的特殊性可能证明采用拟人化方法（anthropomorphic approach）具有合理性，这意味着，就像父母对其子女的侵权行为承担替代责任（vicarious liability）一样，母公司对其子公司的侵权行为

---

[1] 参见陈东《跨国公司治理中的责任承担机制》，厦门大学出版社，2003，第156页。

[2] 参见 Surya Deva, "Parent Company Liability," Briefing Paper for Consultation for the ESCR-Net & FIDH Joint Treaty Initiative Project (2015), p. 3.

[3] 以在高风险东道国运营为依据方法是指，在侵权法中规定，母公司获得多数股权或控制权，或作为统一经济企业的一部分而创建的子公司，在司法系统薄弱、无效或腐败的高风险东道国运营，且受害人可证明其无法获得有效救济。参见 Claire Staath & Benedict Wray, "Corporations and Social Environmental Justice: The Role of Private International Law," in Marie-Claude Desjardins et al., eds., *Towards Social Environmental Justice*? (San Domenico di Fiesole: European University Institute, 2012), p. 95.

[4] 以资本流动为依据确立母公司无过错责任，是互动模式在立法中的体现。根据互动模式，母公司是否对东道国原告负有注意义务的标准为母公司从与伤害最具关联性的东道国子公司的活动中获取利润。通过允许仅作为不同公司实体间资本流动的功能刺破面纱，将有更大空间在跨国纠纷中对母公司施加注意义务。这种较低的面纱刺破门槛并未颠覆既定的先例，因为它只适用于有基本人权伤害指控的特殊情况。参见 Hassan M. Ahmad, "Parent Company Liability in Transnational Human Rights Disputes: An Interactional Model to Overcome the Veil in Home State Courts," *Transnational Legal Theory* 12 (2021): 519.

也承担替代责任，而不需要证明母公司本身的过错。此种方法的优势是规避了刺破面纱这一非常困难的操作。

4. 类产品责任理论

类产品责任理论是指，当公司对供应商施加（合同）义务增加人权被侵犯风险时，就会发生主动参与侵犯人权的情况。若公司未积极参与，其责任将取决于案件情况，如产品类型、供应商数量、供应链结构和复杂性及企业相对于其供应商的市场地位。公司责任与既定的或直接的供应商尤其相关。这就要求公司进行尽责和风险评估，包括定期实地检查。该规则意味着不论公司是否了解侵犯人权行为，也不论能否对其采取措施，均应承担严格责任。① 该规则与制造商对缺陷产品的严格责任相类似。区别在于，产品责任保护因产品本身遭受损害的权利，供应商责任保护因产品制造方式遭受损害的权利。

（二）立法例

1.《拟议条约》

《拟议条约》法律责任条款发生了较大变化，零号草案对责任类型作出明确区分，而后三份草案则不再作区分。零号草案第 10（6）条规定，从事具有跨国性质的商业活动的人应在与其子公司或其供应链中的实体存在足够密切的关系，且其行为与受害人遭受的不法行为间存在紧密和直接联系时对其整个经营过程的商业活动中的侵犯人权行为造成的伤害负责。该规定体现了母公司责任的内涵。一号草案第 6（6）条提出了一个公司对另一个公司造成伤害的法律责任标准，即未能预防与其有合同关系的另一自然人或法人对第三方造成伤害，而前者充分控制或监督了造成伤害的相关活动，或者应预见或本应预见在开展商业活动（包括具有跨国性质的商业活动）中存在侵犯或践踏人权的风险，无论该活动发生在何处。该规范有可能涵盖母公司对子公司错误的责任，但由于提到了两个相关公司间的合同关系而受到限制。二号草案第 8 条规定，从事商业活动（包括具有跨国性质的商业活动）的法人或自然人，在法律上或事实上控制或监督造

---

① *Directive 85/374/EEC of 25 July 1985 on Liability for Defective Products*，OJ L 210, 7 Aug. 1985, p. 29.

成或促成侵犯人权行为的人或相关活动时，或者在进行商业活动（包括具有跨国性质的商业活动）或其商业关系中本应预见到侵犯人权的风险，但未能采取适当措施防止侵犯人权行为时，应承担赔偿责任。三号草案第8条规定一个公司为另一个公司承担责任的条件是控制、管理或监督造成或促成侵犯人权行为的人或相关活动，或者在进行商业活动（包括具有跨国性质的商业活动）或其商业关系中本应预见到侵犯人权的风险，但未能采取适当措施防止侵犯人权行为。第九次会议后产生的更新版草案删去了第8条第7款，并未对此作出规定。

2. 欧洲政策性文件与立法提案

2021年《企业尽责和企业问责决议》中，欧洲委员会部长委员会宣布提案将包括责任制度，并认为为使受害人获得有效救济，若根据国家法律受其控制的公司侵犯了人权或造成了环境损害，则控制企业应对该公司因作为或不作为而造成的损害负责，除非控制企业能够证明其按照人权尽责义务谨慎行事，并采取一切合理措施防止损害。人权尽责法的适用不应妨碍在国家、欧洲和国际一级建立的其他责任框架，包括分包链连带责任。

3. 国内法

阿尔巴尼亚《公司法》规定，只要集团在法律上被认可，母公司或子公司在阿尔巴尼亚注册，就会确立平行的企业责任。[①] 因此，任何能提出侵权诉讼的人都将被视为整个公司集团的债权人，阿尔巴尼亚法院对此类案件有管辖权，为构建跨国企业对侵犯人权责任提供了初步框架，为克服对域外管辖的限制和约束带来了希望，同时也超越了普遍管辖权的承诺，在国家公司法中提供了一个相对详细的企业责任结构。德国《公司集团法》规定了独特的公司集团责任制度，即规定了适用于事实集团（*de facto groups*）的契约性（选择性）和强制性模式。德国法律以此方式解决母公司与其子公司间存在的固有利益冲突，可能使母公司的股东受益而牺牲子公司的股东和债权人的利益。然而，《公司集团法》制度主要是为了保

---

① Republic of Albania, *Law on Entrepreneurs and Companies*, Articles. 207-208, Nr. 9001, date 14. 04. 2008.

护少数股东和合同债权人，而非侵权或侵犯人权行为的受害人。[1]

总之，母公司间接责任路径类似于替代责任机制，理据是母公司与外国子公司间存在控制关系，构成经济一体化组织，母公司行为有无过错在所不论。

二　母公司直接责任路径

母公司直接责任是指母公司的有害交易或行为导致了子公司的有害行为，母公司对其主要违约行为负有直接伤害责任，其依据是母公司本身对原告负有注意义务或人权尽责义务。[2]

（一）理论

1. 母公司注意义务理论

母公司在以下情况可能因其子公司的业务而对第三方负有注意义务：母公司管理或共同管理相关活动；母公司向子公司提供有缺陷的建议，或颁布有缺陷的集团范围政策，并由子公司执行；母公司发布整个集团的合规政策并参与其实施；母公司监督或控制子公司。普通法中的注意义务不是使母公司为其子公司的侵权行为承担替代责任的理论，只要求母公司对其自身未能控制或有效影响的企业进行人权尽责这一自身的过错造成的可预见后果负责，旨在确定母公司负有的直接注意义务，与子公司所承担的责任相区分。母公司的注意义务将扩展到企业中所有实体的人权影响，包括子公司。若一公司能证明它合理履行了人权尽责义务，则其无须对违反注意义务的行为负责；若其未进行人权尽责，就会产生可反驳的因果关系推定，从而产生责任。[3]

直接责任方法不仅提供了母公司承担实质性责任的可能性，还通过关注母公司在总部层面上应受谴责的作为或不作为，将指控与母国领土联系

---

[1]　参见 Martin Petrin & Barnali Choudhury, "Group Company Liability," *European Business Organization Law Review* 19 (2018)：786。

[2]　参见 Penelope A. Bergkamp, "Models of Corporate Supply Chain Liability：Are the Foundations Being Laid for a New Type of Vicarious Liability Regime?," *European Company Law* 16 (2019)：161。

[3]　参见 Doug Cassel, "Outlining the Case for a Common Law Duty of Care of Business to Exercise Human Rights Due Diligence," *Business & Human Rights Journal* 1 (2016)：179。

起来。关键因素不是母公司对子公司的控制达到使后者成为单纯工具的程度，而是母公司自己的行为造成了伤害。因此，直接责任不同于公司法中创立的刺破面纱方法。直接责任依靠的是侵权法原则中的过失法，需证明有害行为、过失、因果关系和损害等要素。母公司的错误行为可是作为或不作为。关于作为，对子公司行使控制权可能不足以刺破公司面纱，但在过失法中可能是确立直接责任的重要因素。在第三方造成伤害时的不作为责任也可能存在，但证明不作为造成伤害更加困难。在创建子公司时，母公司有注意义务，并在母公司未履行注意义务时承担侵权责任。明确母公司对其海外业务造成伤害起到干预作用的责任归属，扩大母公司负有普通法上的注意义务的情形，对于使受害人能够维护其权利至关重要。①

2. 人权尽责义务理论

强制性人权尽责立法将企业的人权尽责责任转化为法律上的注意标准（legal standard of care），使人权尽责对工商企业具有法律约束力，扩大了适用于企业保护人权和环境的国内法律范围，具有域外效力，能使跨国企业母公司因人权尽责失职在母国法院被诉，进而可能对受害人承担相应赔偿责任。强制性人权尽责法即使不构成直接域外立法管辖权的行使，但因具有域外效力，能间接影响位于域外的公司的行为，所以能在国家层面建立具有域外效力的责任制度，以追究母公司对其外国子公司侵犯人权的责任。该方法激励母公司密切监督并与子公司合作，以防止它们参与或协助和教唆侵犯人权。然而，该方法有其缺陷：第一，尽责标准仍不明确；第二，存在企业采取形式主义的风险，可能会导致对救济措施的不公平限制；第三，并未解释在司法机构腐败或不运作或受害人无法获得救济时，母公司为子公司行为负责的原因。②

---

① 参见 Rachel Chambers，"Parent Company Direct Liability for Overseas Human Rights Violations：Lessons from the U. K. Supreme Court，" *University of Pennsylvania Journal of International Law* 42（2021）：528。

② 参见 Dalia Palombo，"The Duty of Care of the Parent Company：A Comparison Between French Law，UK Precedents and the Swiss Proposals，" *Business & Human Rights Journal* 4（2019）：266。

(二)立法例

1.《拟议条约》

《拟议条约》零号草案第 10 条第 6 款的规定是直接因果关系的体现,即从事具有跨国性质商业活动的人对经营活动进行控制,或在其经济活动链中对侵犯人权的风险已经预见或应该预见的情况。二号草案和三号草案第 8 条第 1 款均要求缔约国的国内法规定对其自身商业活动(包括具有跨国性质的商业活动)或其商业关系可能产生的侵犯人权行为负有全面和充分的法律责任。第九次会议后产生的更新版草案第 8 条第 1 款的整体规定与二号草案、三号草案一致,只是将具有跨国性质的范围扩展至商业关系,换言之,现有草案中的规定扩展了法律责任的适用范围。

2. 欧洲政策性文件与立法

《企业可持续发展和尽责指令》第 29 条规定了民事责任,要求成员国确保如果公司因故意或过失未能履行第 10 条和第 11 条规定的"防止和减轻影响,或终止或尽量减少此类影响"的义务,则应对给自然人或法人造成的损害承担责任,上述损害责任的承担限于未能履行包括人权尽责义务在内的义务造成损害的情况。如果损害仅由企业价值链中与其有既定业务关系的商业伙伴造成,则该企业不负有损害赔偿责任。但是,如果损害是由母公司及其子公司共同造成的,或者是由公司与商业伙伴共同造成的,母公司应承担连带责任。①

3. 国内法

欧洲现有人权尽责立法基本上遵循了《指导原则》具有域外影响的国内措施模式,对国家管辖范围内的企业行为体和活动提出了人权尽责法律要求,并延伸至企业集团和全球供应链中。必要管辖联系是指企业实体在该国境内注册或在该国国内市场上提供产品和服务。在前一种模式下,在该国境内注册的商业企业在法律上需确保其国外业务尊重并保护人权和环境发展权;在后一种模式下,企业进入市场的条件是遵守某些保护国外人

---

① 参见 Daniel Augenstein & Chiara Macchi, "The Role of Human Rights & Environmental Due Diligence Legislation in Protecting Women Migrant Workers in Global Food Supply Chains," Research Policy Study Commissioned by Oxfam Germany and ActionAid France in the Framework of the EU DEAR Project "Our Food. Our Future", 2021, p. 20。

权和/或环境的产品和程序尽责标准。可将这两种模式结合，如对在国家管辖范围内有大量商业活动的公司施加基于母公司的人权尽责义务。母国监管具体模式的政治辩论虽仍十分激烈，但其在国际公法中的合法性及与东道国主权的兼容性被广泛接受。

法国《警戒义务法》未建立替代责任制度，责任建立在直接因果关系上，因而未违反责任原则。根据该法，公司有义务不断监测人权风险，并为公司各部门的潜在受害人建立警告系统。若公司未遵守这些规定，任何有合法权益的人都可向主管法院提起诉讼，法院甚至可以在环境或人权风险出现前命令公司执行前述措施。由须履行警戒义务的公司控制的实体或与该公司有既定商业关系的实体所犯下的即使发生在国外的侵犯人权或环境损害的受害人因此获得了得到救济的法律手段，为跨国企业侵犯人权诉讼创造了潜在可行的诉因。[①] 对公司集团的默认使警戒义务延伸至域外范围，构成了长期以来受法人人格独立原则限制的法律进步，有助于从法律上确立某些公司对其他经济实体行使的权力。[②]

综上所述，现有针对复杂商业关系中的责任承担方式产生两种分野：一种主张母公司应为受其控制的外国公司的境外侵犯人权行为承担责任；另一种则主张母公司应为自身未妥善履行人权尽责义务的过错承担责任。民事责任基础就此出现差异。但无论采取何种归责方式，近年来规制跨国企业境外侵犯人权的立法多采取基于母公司的间接域外管辖模式，通过对母公司施压间接影响外国公司的行为，即多采取具有域外影响的国内立法措施，以期避免干涉他国内政的指责。在侵权法中规定母公司无过错责任、在公司法中规定关联公司平行责任、制定强制性人权尽责法等方式，可为外国受害人提供在母国法院提起诉讼的诉因，并可能使母公司承担赔偿外国受害人的责任，有助于实现母国域外管辖跨国企业境外侵犯人权行为的目的。然而，母公司无过错责任方法可能会对公司注册产生负面影

---

① 参见 Sandra Cossart & Lucie Chatelain, "Human Rights Litigation Against Multinational Companies in France," in Richard Meeran & Jahan Meeran, eds., *Human Rights Litigation Against Multinationals in Practice* (Oxford: Oxford University Press, 2021), p. 242。

② 参见 Tatiana Sachs (2017), «La loi sur le devoir de vigilance des sociétés-mères et sociétés donneuses d'ordre : les ingrédients d'une corégulation», *Revue de droit du travail*, n°6, p. 380.

响，降低公司采用无过错责任方法的国家经营积极性。此外，适当的责任体系不应侧重于对注册或持股的形式主义评估。在现有条件下，在强制性人权尽责法中强调对基于商业活动的责任的事实理解，设立以注意义务为判断标准的客观责任制度，并辅以履行人权尽责义务这一免责原因，对于责任归属或许更为适宜。①

三　对两种路径的评价

母公司责任理论因可能使母公司负担过重而遭到商业界的强烈反对，但因侵犯人权行为涉及国际共同关切问题，且母公司因外国子公司的侵犯人权行为而获利，母公司为外国子公司境外侵犯人权行为负担责任并非毫无依据。

传统间接责任理论中的面纱刺破方法和企业责任方法虽是主流做法，但因标准不统一和模糊性而难以实现责任归属目的，若外国子公司因破产而不复存在，东道国又不愿或不能提供救济措施，则公司问责便会出现监管漏洞，加剧个人和社群对跨国企业乃至其母国的不信任，更不利于母国开展对外投资。确立母公司责任有助于形成保护人权的良性竞争环境，树立母国良好国际形象。直接责任理论较之间接责任理论，因其确定性和公正性而更具竞争力和可行性，② 也可使母国域外管辖更具合法性。

由于无过错责任过于理想化，母公司负担过重，企业理论又存在动摇法人人格独立与有限责任原则根基的可能，故在行使域外立法管辖权时，母国可以采取侵权法与公司法双管齐下的完善方法，即制定强制性人权尽责法。尽管若一国侵权法可通过扩大一般侵权注意义务的潜在范围使母公司负有注意义务，则并非所有国家都需明确规定将子公司与母公司联系起来的法定义务。③ 然而，此种观点过于理想，存在较大不确定性，且难以

---

① 参见 Luca d'Ambrosio（2020），«Le devoir de vigilance：une innovation juridique entre continuités et ruptures»，*Droit et société*，n°106，p. 646。

② 参见 King Fung Tsang & Katie Ng，"Direct Liability and Veil-Piercing：When One Door Closes, Another Opens," *Fordham Journal of Corporate & Financial Law* 27（2022）：190。

③ 参见 Gabrielle Holly & Claire Methven O'Brien，*Human Rights Due Diligence Laws：Key Considerations-Briefing on Civil Liability for Due Diligence Failures*（Copenhagen：Danish Institute for Human Rights, 2021），p. 22。

发挥事前预防作用。注意义务是事后救济依据，人权尽责义务是事前预防措施。强制性人权尽责法可发挥将注意义务与人权尽责义务相结合的作用，人权尽责义务可被理解为行为规范，注意义务是归责规范，前者注重发挥公司的主观能动性，后者为受害人提供获得救济的基础。强制性人权尽责法可通过两相结合的方式，以公司法为依托规范公司行为，避免侵犯人权行为，以侵权法为保障维护受害人利益，弥补侵犯人权结果造成的损失。

在法律中规定人权尽责已成为明显趋势，且已从围绕人权尽责应为强制性抑或自愿性的争论转移到有关法律要求的性质和范围及其与法律责任关系的讨论。制定强制性人权尽责法可依托现有立法例，在立法中举例式或穷尽式列举人权尽责标准，对母公司赋加人权尽责义务，在母公司未履行或未妥善履行人权尽责义务导致或促成外国子公司的侵犯人权行为时，明确母公司违反注意义务的法律责任。由此，使强制性人权尽责法成为跨国企业侵犯人权行为受害人在母国法院提起诉讼的诉因，并据之判断域外司法管辖权的行使的合法性与正当性，最终实现跨国企业母国的域外管辖目的，为受害人提供有效救济。

强调配套法律责任，是因为纵然对人权尽责义务的法律化值得欢迎，但仅巩固某些版本的尽责而未规定责任制度或制定责任制度不健全的法律，对公司问责制来说可能弊大于利。强制性人权尽责法应寻求实现预防、问责和救济这三个相互依赖的目标。若无对违规行为的问责，人权尽责法在实践中就无法实现预防目标。若无补充性民事责任条款，受害人将无法获得可修复或弥补其所受伤害和损失的措施。问责制应通过透明度、报告和披露义务及监督和执法机构的结合来加强。这些措施应有助于最大限度减少人权尽责成为逐项核查的风险。对公司不当行为承担法律责任的真实前景将加强人权尽责的有效实施，因此需加强司法救助，使受害人能更多获得被告公司的信息，为法律代表和集团诉讼机制提供便利。

综上所述，母公司直接责任路径较之母公司间接责任路径更具有可行性，特别是强制性人权尽责法的制定，既能在立法中明确规定母公司注意义务，又能明确公司事前预防措施，是更加妥帖的诉因提供路径。

第三节　优先性强制规定的明确立法定性

优先性强制规定的传统定性主体是法院，近年来的欧盟指令表明定性范式发生变化，立法者开始在制定法律时将相关规定以明文形式作出优先性强制规定的定性，即对优先性强制规定的明确立法定性（explicit legislative characterization of overriding mandatory provisions）。欧盟产生范式转变趋势的主要原因在于司法实践的混乱与立法政策选择，而根本原因是单边主义的增强及国际私法本身的作用转变。对优先性强制规定的明确立法定性虽有利于提高法律确定性，但存在立法和司法权能间的冲突、有明确立法定性和无明确立法定性的指令间的冲突、优先性强制规定的域外效力加强造成摩擦等副作用。

一　产生背景

国内法域外适用是内国立法管辖权在域外得以确认和实现的方式问题，司法管辖权是立法管辖权具体实现的方法和路径。① 法院选择适用法院地法规范外国行为的法律选择方法，通过国内法域外适用的方式有效产生立法管辖权的域外行使效果。法院地法延伸至发生在法院地外的多管辖权诉讼构成域外管辖权的行使。若一项诉讼主要涉及传统上与私法相关的规则，则域外管辖问题就用法律选择原则来分析；若诉讼主要涉及传统上与公法相关的规则，即使该法律提供了私人诉权，允许提起私人执行诉讼，则域外管辖问题使用诸如推定无域外效力和直接旨在减少对外关系摩擦的迷人贝西（Charming Betsy）原则进行分析更为恰当。② 由是观之，核心在于行为规范的性质，若行为规范为公法，则应采用公法路径，适用推定无域外效力等成文法解释原则判断国内法能否适用，若不能适用国内法便应整案驳回；若行为规范是私法，则应采用私法路径，适用法律选择原

① 参见孙尚鸿《内国法域外适用视域下的管辖权规则体系》，《社会科学辑刊》2021 年第 4 期。
② 参见 Anthony J. Colangelo, "What Is Extraterritorial Jurisdiction？," *Cornell Law Review* 99 (2014): 1347。

则，如要达到域外管辖目的，核心在于发挥国际私法的监管工具作用而非中立选法工具作用，使法院地法得以适用，由此产生行使域外管辖权将国内法域外适用的效果。

采用公法路径的国家主要是美国和加拿大。美国 ATS 诉讼的行为规范是国际法，本质为公法，私人诉权虽存在，但实质仍为公法案件，因此美国联邦最高法院选择在 ATS 诉讼中适用推定无域外效力，而非法律选择原则。加拿大耐森公司案的重要性在于它肯定了在国内法院直接执行国际法义务的可能性，赋予了国际法实际执行的力量。然而，美国 ATS 诉讼均被驳回，并无法律适用的先例。加拿大最高法院虽允许受理耐森公司案，但将发现事实和将既定法律适用于事实的工作留给审判法庭，而该案在最高法院判决作出不久后便以庭外和解方式结束，也未进入实体审判阶段。[①]因此，通过法律解释原则实现国内法域外适用仅在理论上具有可行性，缺乏司法实践。

采取私法路径的国家也在部分案件中允许法院司法管辖权的行使，目前只有荷兰就针对壳牌公司的诉讼作出了实体判决，认为由于子公司在石油泄漏事件中并无错误行为，故母公司对石油泄漏本身不负有注意义务，但在对泄漏事件的反应上，作为经营者的子公司根据尼日利亚《石油污染法》应承担严格责任，而母公司在事故发生时未采取积极措施控制泄漏量，故母公司对索赔人负有有限的注意义务。[②]《索菲亚准则》中沿用了传统法律适用方法，强调冲突规范的作用，同时留下公共政策保留适用的空间。在《拟议条约》三号草案中的准据法条款中，明确程序法适用法院地法，实体法原则上适用《拟议条约》，对条约未尽事项则允许受害人请求法院选择适用作为或不作为已经发生或产生影响的国家法律，或被指控实施了这些作为或不作为的自然人或法人的住所地法。与前三个版本中的条约未尽事项相比，无论程序法或实体法均适用包括法院地法中有关冲突法的任何规则在内的法院地法的规定发生较大变化，由原来语义不明的规

---

① 参见 Jason MacLean, "Can Litigation Close the Transnational Corporate Accountability Gap? Nevsun Resources Ltd. v. Araya," *Canadian Business Law Journal* 65（2021）：138。

② *Hof's Den Haag 29 januari 2021*, NJ 2021, 77 m. nt.（Milieudefensie/Shell Petrpoleum NV）.

定转变为尊重受害人意思自治，但法律适用的决定权仍在法院。可见，国际文书对准据法问题多遵循传统国际私法路径。

两种路径殊途同归，美国因对跨国企业境外侵犯人权行为的规制缺乏而不欲制定具有域外效力的立法，亦不打算使其本国法院对此类诉讼建立起管辖权，便以推定无域外效力的法律解释原则堵塞利用 ATS 在美国法院受诉的路径。而欧盟却对立法规制跨国企业侵犯人权行为表现出极大兴趣，故乐于在该领域制定具有域外效力的立法，并通过国际私法路径建立管辖权与利用国际私法工具将国内监管法适用于域外，此举与其说是与美国政策目标不同，不如更直白地说是意欲借助表现得相对中立的国际私法减轻对其干涉他国内部事务的指责。

值得特别注意的是，欧盟最近的立法动向中出现了范式转变，即将优先性强制规定进行明确立法定性，若相应法案获得通过，将为此类诉讼中的法院法律适用指明方向，即冲突规范的规定在所不问，径直将法院地法适用于案件。本部分将对此种域外立法管辖权对国内法域外适用新途径的影响展开研究。

二　确立过程

《企业尽责和企业问责指令》第 20 条规定，成员国应确保该指令相关规定被视为符合《罗马条例 II》第 16 条的优先性强制规定。无独有偶，在《企业可持续发展和尽责指令》中亦明确，为确保人权和环境损害的受害人可提起损害赔偿诉讼，并要求赔偿由于公司未能遵守人权尽责义务而造成的损害，即使经国际私法冲突规范指引的准据法并非成员国法律，成员国也应确保在将该指令转化为国内法时将责任条款设置为优先性强制规定。可将此种立法规定方式称为自我声明的优先性强制规定，反映了欧盟对待优先性强制规定的范式转变趋势，因为通常承担识别优先性强制规定的任务主体是法院，[①] 但现今出现由欧盟立法者通过在包括条例和指令在内的欧盟次级法中明确地将其某些条款定性为优先性强制规定的可能，表

[①] 参见 Franco Ferrari，*Concise Commentary on the Rome I Regulation*（2nd edn.，Cambridge：Cambridge University Press，2020），p. 20。

明欧盟国家共享的最低限度强制性规范正在出现。又因此类立法具有域外
效力，而优先性强制规定是国际私法的重要工具，适用于具有国际因素的
国际私法案件中，故优先性强制规定的明确立法定性表明立法者将国内法
适用于域外的立法政策，是国内法域外适用的新途径。

（一）欧盟指令的路径转换

优先性强制规定本质上是立法政策选择的结果，应由立法者决定哪部
法律的哪个条款可被认定构成优先性强制规定，要求法院在判断相应条款
是否具有优先性强制效力时参考立法政策。[①] 然而，立法政策探究可能给
法院带来程序不经济性，因此立法者在制定法律时明确表示其立法意图是
可行路径，也被近年来的欧盟指令与部分欧盟成员国立法机关接受。但明
确立法定性并非一蹴而就，欧盟立法者也经历了采取双边冲突规范方式、
传统国际私法中优先性强制规定或公共秩序方式或优先性强制规定明确立
法定性方式的艰难抉择过程。

1. 受害人单方面事后法律选择路径

在《企业尽责和企业问责决议》的制定过程中，也曾出现修改《罗
马条例Ⅱ》的情况，增加新法律选择条款或增加新连结点的建议，甚至一
度纳入草案文本中，但最终面世的版本选择了简化版的第 20 条优先性强
制规定的明确立法定性方式。

《企业尽责与企业问责决议（草案）》建议修改《罗马条例Ⅱ》，引入
第 6a 条，规定在提起跨国企业侵犯人权诉讼时，"对所受损害产生的非合同
义务的准据法应是根据第 4（1）条确定的法律。除非寻求损害赔偿的人选
择以导致损害的事件发生地国法律为依据，或以母公司的住所所在国法律为
依据，或在母公司在某一成员国无住所时，以其经营所在国法律为依据"。[②]
此规定编纂了跨国企业侵犯人权诉讼中的普及性原则（principle of ubiquity），
使受害人有权在与侵权行为密切相关的国家法律中进行选择，包括损害结果发

---

① 参见 Pascal de Vareilles-Sommières（2011），«Lois de police et politiques législatives», *Revue critique de droit international privé*, n°2, p. 212。

② European Parliament Committee on Legal Affairs, *Report with Recommendations to the Commission on Corporate Due Diligence and Corporate Accountability [2020/2129(INL)]*, A9-0018/2021, 11 Feb. 2021.

生地法、侵权行为作出地法、公司所在地法及活动所在地法等。①

　　对于该条款，支持者认为引入第 6a 条最能发挥保护跨国企业境外侵犯人权受害人的作用，尊重当事人意思自治，因为该条具有确定性，无须受害人主张何地的法律具有比损害结果发生地更密切的联系，活动所在地的连结因素将使依据第三国法律注册且住所不在欧盟境内的外国公司被纳入适用范围，从长远看有利于避免公司通过离岸设立方式逃避履行义务，将成为使强制性人权和环境尽责标准在欧洲境内外有关商业活动中得到适用的先驱，还可通过允许受害人选择适用其本国法避免新殖民主义立场，且优先性强制规定的方法往往不能充分覆盖跨国界诉讼中的固有风险。② 然而，虽对赋予受害人选择权的法律选择方法表示支持，但也有观点认为草案中的连结点过多，保留损害发生地或被告惯常居所两个连结因素即可，因为后两个连结因素缺乏现行国际私法法典或司法实践的支持，且公司所在地法为何能与公司行为人侵权行为产生的法律关系相联系无令人信服的理由，而活动所在地法过于模糊，会造成法律不确定性，再者四重选择不切实际。③ 但也有学者表示，在受害人可选择的法律中纳入母公司住所这一雄心勃勃的连结因素是伟大的补充，解决了关于规制跨国企业侵犯人权行为的政策辩论核心，有利于实现实质正义。④ 反对者则认为优先性强制规定方式更优，因为起草者作此选择的立法目的很明确，即通过允许

---

① 参见 Jan von Hein，"Back to the Future-（Re-）Introducing the Principle of Ubiquity for Business-Related Human Rights Claims，" https：//conflictoflaws. net/2020/back-to-the-future-re-introducing-the-principle-of-ubiquity-for-business-related-human-rights-claims/，accessed 10 September 2023。

② 参见 Claire Bright，"Corporate Due Diligence and Private International Law：Some Considerations from an Access to Remedy Perspective，" https：//novabhre. novalaw. unl. pt/corporate-due-diligence-private-international-law-some-considerations-from-an-acess-to-remedy-perspective/，accessed 10 September 2023。

③ 参见 Chris Thomale，"Chris Thomale on the EP Draft Report on Corporate Due Diligence，" https：//conflictoflaws. net/2020/chris-thomale-on-the-ep-draft-report-on-corporate-due-diligence/，accessed 10 September 2023。

④ 参见 Eduardo Álvarez-Armas，"Álvarez-Armas on Potential Human-Rights-Related Amendments to the Rome II Regulation（II）：The Proposed Art. 6a；Art. 7 Is Dead，Long Live Article7？，" https：//conflictoflaws. net/2021/alvarez-armas-on-potential-human-rights-related-amendments-to-the-rome-ii-regulation-ii-the-proposed-art-6a-art-7-is-dead-long-live-article-7/，accessed 10 September 2023。

受害人选择适用的法律试图确保拟议指令的实质条款得到实际适用，鉴于此没有必要采取根本损害侵权法威慑功能并增加公司合规成本的事后选择准据法的法律选择方式，将指令中的规定明确定性为优先性强制性规定的方式即可实现其得到适用的目的。[①]

2. 传统国际私法强制性规定或公共秩序路径

存在认为传统国际私法的强制性规定或公共政策路径足以为受害人提供有效救济的观点。在跨国企业侵犯人权诉讼中，若认为公共秩序包含法院地国认为对其法院有约束力的国际法规范，而东道国法律认为某种侵犯人权行为合法，则适用公共秩序保留将成为评估该侵犯人权行为民事后果的有效工具。此时，公共秩序保留的作用是使法院地基本原则具有域外效力，制裁在国外违反这些原则的行为。[②] 然而，该路径有两个缺点：第一，司法判决在不同的情况下基于非常不同的论证依据，通过解释方法将国内法定性为优先性强制规定，将导致对于哪部法律的哪个规定会被定性为优先性强制规定存在较大的不可预测性；第二，理论上虽以时间节点为依据可很清楚地区分优先性强制规定、法律规避和公共秩序，即三者分别为前冲突规范、冲突规范中和后冲突规范的情势，但实践中，在未明确立法定性时，法院在受理案件时为定性优先性强制规定不得不考虑相应案涉规范的适用后果，将导致对优先性强制规定的定性与公共秩序保留制度相重叠，从而发生制度干扰现象。[③]

在缺乏立法定性时，法院只有在经冲突规范指引适用外国法时，才可以判断该外国法是否违反法院地公共秩序。再结合本国实体法中是否有相应可适用于案件的规定及相应规定的表述是否表明其具有强制性，才能使用优先性强制规定工具，这使得优先性强制规定工具无存在的必要，因为公共秩序保留工具即可产生该效果，区别只在于公共利益是否被立法固

[①] 参见 Giesela Rühl，"Human Rights in Global Supply Chains: Do We Need to Amend the Rome II-Regulation?," https://conflictoflaws.net/2020/human-rights-in-global-supply-chains-do-we-need-to-amend-the-rome-ii-regulation/，accessed 10 September 2023。

[②] 参见 Patrick Kinsch，"The Law Applicable to the Civil Consequences of Human Rights Violations Committed Abroad," in Serena Forlati & Pietro Franzina, eds., *Universal Civil Jurisdiction: Which Way Forward?* (Boston: Brill｜Nijhoff, 2021), p. 169。

[③] 参见张春良《直接适用的法与相关制度的体系平衡》,《法学研究》2018 年第 3 期。

定。然而，优先性强制规定的确有其存在的必要，因为若不通过立法形式加以确定，可能导致公共秩序保留制度的滥用或不用，立法明确社会公共利益可为司法者提供衡量基准，告知司法者公共利益的最低标准，且更有利于说服外国当局协助承认与执行判决。正是出于优先性强制规定制度的存在必要性与现有司法定性的不一致性的考虑，欧盟立法者选择采取明确立法定性方式提高法律确定性，减轻司法者的工作负担。①

3. 明确立法定性优先性强制规定路径

《企业尽责和企业问责指令》第 20 条表明，欧盟立法者用较为简略模糊的语言表示对优先性强制规定的选择。在决议部分，欧盟议会强调跨国企业侵犯人权受害人往往未得到伤害国法律充分保护，因此未来指令的相关规定应被视为符合《罗马条例 II》第 16 条的优先性强制规定，② 语焉不详地阐述了将相关规定定性为优先性强制规定的立法政策选择，且将该问题划定为涉及非合同义务的优先性强制规定定性。

对此，《〈企业尽责和企业问责〉国际私法建议》表示，在法律适用问题上应采取优先性强制规定与受害人意思自治相结合的法律选择方法，优先性强制规定方式针对的是公司问责问题，而受害人意思自治方式则针对的是公司人权尽责不力问题。第 3 条在《企业尽责和企业问责指令》第 20 条的基础上将合同义务也纳入调整范围，旨在确保建议稿的规定优先于其他有关合同义务及非合同义务和公司的准据法。与其对哪些是"相关"条款持开放态度，文书要么自己明确定义哪些条款旨在具有优先性强制效力，要么规定其确立公司义务和受害人权利的所有条款均具有这种效力。在因不遵守人权尽责义务而造成损害的非合同义务的法律适用方面，建议适用的法律是根据《罗马条例 II》第 4（1）条指引确定的法律，除非原告选择将引起损害的事件发生地法律作为其索赔依据。为公司规定义务或为受害人规定权利的条款须作为优先性强制规定适用。对与民事责任

---

① 参见 Johannes Ungerer, "Explicit Legislative Characterisation of Overriding Mandatory Provisions in EU Directives: Seeking for But Struggling to Achieve Legal Certainty," *Journal of Private International Law* 17 (2021): 403.

② 参见 Jonas Grimheden et al., *Business and Human Rights: Access to Justice and Effective Remedies* (Vienna: European Law Institute, 2022), p. 51.

有关的规则也应制定特殊的冲突规范。拟议规则扩大了适用于民事责任的法律范围，使其除涵盖环境损害产生的非合同义务外，还将涵盖有关人权和善治事项的人权尽责义务而产生的义务。因此，原告可选择损害发生地国家法律，或选择引起损害的事件发生地国家法律。引起损害的事件包括公司在其成立地违反人权尽责义务而作出的决定。部分学者支持将优先性强制规定与受害人意思自治相结合的方法，原因在于优先性强制规定数量有限，而以时效为代表的部分对诉讼具有重要决定作用的规则难以被认定为优先性强制规定，只采取优先性强制规定方法可能导致时效规则仍适用损害发生地法中的较短诉讼时效，而导致诉讼被驳回，因此法律选择规则方法比优先性强制规定方法更能保护受害人，有助于实现使公司更负责任的公共利益目标。[①]

《企业可持续发展和尽责指令》第 29（7）条要求成员国确保将该条转化纳入国家法律得到优先性强制适用。该款的目的是使成员国在跟进未来指令时确保国家民事责任规则构成《罗马条例Ⅱ》第 16 条意义下的优先性强制规定。因此，该指令本身并不旨在将其责任条款本身定性为具有优先于欧盟法律的性质，而是将责成成员国确保其未来实施该指令的规则具有优先性强制性质。

在工商业与人权领域的指令中纳入优先性强制规定定性条款的目的之一是为受害人提供有效救济。此外，此类立法更深层次的立法政策和立法目的是为企业提供公平竞争环境和商业确定性，使欧盟成为制定负责任商业行为强制性标准的领导者。正是这种对所追求的立法政策有效性的考虑，最终导致立法机构或在立法机构沉默时导致法院采取优先性强制规定方式。[②]

（二）欧盟成员国对明确立法定性的谨慎态度

在多位学者将与人权尽责法相关的法律定性为优先性强制规定，以确

---

① 参见 Olivera Boskovic, "Update on PIL Aspects of Environmental Damage and Human Rights Violations in Supply Chains," https://eapil.org/2021/12/21/update-on-pil-aspects-of-environmental-damage-and-human-rights-violations-in-supply-chains/, accessed 10 September 2023.

② 参见 Cees van Dam, "Transnational Tort Law," in Peer Zumbansen, ed., *The Oxford Handbook of Transnational Law* (Oxford: Oxford University Press, 2021), p. 593.

保其适用于与在东道国发生的与人权相关的损害有关的侵权案件中的建议下，欧洲多国曾提出立法倡议，试图将《指导原则》中的一些软法律性规范转化为关于企业在国外人权和环境方面的注意义务强制性规定。[1] 如瑞士倡议的早期版本中规定，无论根据冲突规范的指引应适用哪国法律，该提案中所载的基本义务应受瑞士法律约束。[2] 又如法国《警戒义务法》中并无优先性强制规定定性条款，法国议会拒绝了将其规定明确定性为具有优先性强制性质的提案，因为从法律精神和措辞中可知，无论冲突规范如何规定，该法都会被适用。[3] 因此，虽无明确立法定性，但《警戒义务法》可在《罗马条例Ⅱ》第 16 条的帮助下被法院适用。[4] 同样，德国《供应链尽责法》的起草历史清楚地表明，德国立法机构并不想将其中的尽责义务定性为优先性强制规定。2019 年非正式草案第 15 条旨在将该法的尽责义务定性为优先性强制规定，作为内部讨论基础的 2020 年白皮书草案也确认了该立场，但该条并未被最终版本采纳。此外，德国劳动和社会事务委员会提出的恢复该条款的动议亦被委员会中的多数意见明确驳回。[5]

可见，欧盟立法机关虽尝试通过明确立法定性方式确保欧盟法不被冲突规范减损而得到适用，但欧盟成员国对此持谨慎态度。法国《警戒义务法》出台于 2017 年，尚可解释为当时欧盟立法者并无明确立法定性的举动，故法国立法者未作此尝试。然而，德国《供应链尽责法》的出台和瑞士《义务法典》的修订均发生在《企业尽责和企业问责决议》面世后，尽管《企业尽责和企业问责决议》对成员国不具有法律约束力，成员国尚无义务将其规定转化为本国国内法，但也在一定程度上表明欧盟成员国不

---

① 参见 Liesbeth F. H. Enneking, "Judicial Remedies: The Issue of Applicable Law," in Juan José Álvarez Rubio and Katerina Yiannibas, eds., *Human Rights in Business: Removal of Barriers to Access to Justice in the European Union* (London, New York: Routledge, 2017), p. 55。

② Eidgenössische Volksinitiative, *Für verantwortungsvolle Unternehmen-Zum Schutz von Mensch und Umwelt*, 31 October 2015, BBl 2015, 3245, para. b.

③ 参见 Dominique Potier, *Rapport n°2628 de l'assemblée nationale*, 11 mars 2015, p. 30。

④ 参见 Giesela Rühl, "Towards a German Supply Chain Act? Comments from a Choice of Law and a Comparative Perspective," in Marc Bungenberg et al., eds., *European Yearbook of International Economic Law 2020* (Cham: Springer, 2020), p. 70。

⑤ *Official Record of the German Parliament (Bundestagsdrucksache) 19/30505*, p. 28.

接受此种范式转变。随着《企业可持续发展和尽责指令》的生效，此种方式被确立下来，成员国负担了将之转化为国内法的义务。目前暂无欧盟成员国修改国内法，未来欧盟成员国会如何应对还有待观察。

三　对国内法域外适用的影响

优先性强制规定的明确立法定性的影响便是使国内法具有域外效力，是使法院地国对跨国企业预先设立的监管措施得以通过私人实施实现的保障机制。将人权尽责法定性为优先性强制规定，目的是保证人权尽责法被用于规制国边界外。[①] 原则上，域外效力可归属于任何优先性强制规定，与谁将其定性为优先性强制规定无关。域外效力虽非优先性强制规定的明确立法定性独有，但当欧盟立法者选择采用此种定性并表达其具有国际优先性影响的普遍意图，而非让法院在具体案件中评估时，强化了优先性强制规定的域外效力，是立法者将法律适用于域外的明确意图表达，强制要求法院域外适用欧盟法，通过国际私法在全球化世界中强化并政治化了欧盟的规制。

立法者在对优先性强制规定进行明确的立法定性时，需注意其造成的影响，并须考虑其他国家国际民事诉讼法中可能导致限制或拒绝承认和执行基于此种过度立法作出的判决的反措施。因此，优先性强制规定的明确立法定性应获国际同意，以避免它们在外国法院不被尊重，至少在涉及判决承认和执行时如此。此外，优先性强制规定的明确立法定性可能是对东道国意志的漠视。公共问责制的有效实现除需母国采取行动外，也应使东道国能民主地为本国界定如何保护人权及如何在人权和其他公共利益间达成平衡。对母国法院而言，这意味着应通过法律选择规则等方式接受东道国现行规则的指导。若母国诉讼存在破坏其政策选择的风险，母国法院应尊重东道国的意见。这种尊重不仅是消极要求，还应促使母国机构在必要时采取行动，使东道国的政策选择对跨国企业有效。[②]

---

① 参见 Jelena Stojšić Dabetić，"Overriding Mandatory Rules in the International Private Law," *Pravo-Teorija I Praksa* 35（2018）：45。

② 参见 Nico Krisch，"Jurisdiction Unbound：（Extra）territorial Regulation as Global Governance," *European Journal of International Law* 33（2022）：512。

第四章 母国对跨国企业侵犯人权行为域外司法管辖的主张

近年来，母国法院面临越来越多的针对跨国企业母公司及其海外子公司的侵犯人权行为的民事诉讼。① 这是因为，与东道国的当地救济措施相比，在某些情况下，跨国企业母国比东道国更有可能为受害人提供司法救济。② 一些国际条约机构呼吁母国采取步骤，为受到外国子公司影响的人提供更多诉诸母国法院的机会。③ 允许跨国企业母国法院行使域外管辖权的管辖权规则是侵犯人权行为受害人有效诉诸司法的第一步，是实现人权保护的重要工具。④ 司法管辖权是保障国内法域外适用的重要程序机制。⑤ 鉴于此，本章第一节将阐述跨国企业侵犯人权诉讼中母国法院司法管辖权建立的现状。第二节将探讨直接域外管辖权情形下母国法院对与本国缺乏联系的外国子公司建立司法管辖权的依据。第三节聚焦诉因缺乏对母国法院间接域外司法管辖权行使的潜在阻碍，分析习惯国际法能否提供诉因，

① 参见 Ekaterina Aristova, "Tort Litigation Against Transnational Corporations in the English Courts: The Challenge of Jurisdiction," *Utrecht Law Review* 14 (2018): 6。

② 参见 Hans-Georg Dederer, "Extraterritorial Possibilities of Enforcement in Cases of Human Rights Violations," in Marc Bungenberg & Stephan Hobe, eds., *Permanent Sovereignty over Natural Resources* (Cham: Springer, 2015), p. 195。

③ OHCHR, *Improving Accountability and Access to Remedy for Victims of Business-Related Human Rights Abuse: Explanatory Notes for Guidance*, A/HRC/32/19/Add. 1, 12 May 2016, para. 63.

④ 参见 Pietro Franzina, "The Changing Face of Adjudicatory Jurisdiction," in Serena Forlati & Pietro Franzina, eds., *Universal Civil Jurisdiction: Which Way Forward?* (Boston: Brill | Nijhoff, 2021), p. 183。

⑤ 参见沈红雨《我国法的域外适用法律体系构建与涉外民商事诉讼管辖权制度的改革——兼论不方便法院原则和禁诉令机制的构建》，《中国应用法学》2020 年第 5 期。

即违反习惯国际法在母国法院的可诉性（justiciability）。

第一节　母国域外司法管辖的现状

在工商业与人权资源中心（Business & Human Rights Resources Centre）法律诉讼数据库中，以被指控侵权行为的突出性、诉讼策略的相关性和性质及建立法律先例的可能性等为标准，收录了总计 282 个跨国企业侵犯人权诉讼典型案件，但这只是众多诉讼中的一小部分。[①]

一　母国域外司法管辖的基本情况

（一）发展趋势

虽并不一定为被告公司的母国，但美国曾一度是受害人提起跨国企业侵犯人权诉讼的首选地，但在基奥波尔案和戴姆勒案（*Daimler AG v. Bauman*）[②]后，美国几乎宣告了对此类外国立方诉讼[③]关闭法院大门，管辖权主张的两只"手"均被束缚：事项管辖权（subject-matter jurisdiction）被难以推翻的推定无域外效力（presumption against extraterritoriality）束缚住，对人管辖权（personal jurisdiction）则被一般管辖权的限缩所束缚。[④] 在此背景下，欧洲因是许多跨国企业的总部所在地，而成为受害人提起跨国企业侵犯人权诉讼的热门法院地，[⑤] 以荷兰、英国、加拿大等国

[①] 参见 Business & Human Rights Resource Centre, "Lawsuit Database," https://www.business-humanrights.org/en/from-us/lawsuits-database/, accessed 1 December 2024。

[②] *Daimler AG v. Bauman*, 571 U. S. 117 (2014).

[③] 外国立方诉讼（foreign-cubed case）是指外国原告针对外国被告在外国领土上实施的行为提起的诉讼。外国平方诉讼（foreign-squared cases）是指原告或被告中的一方是美国居民，对发生在外国领土上的损害行为提起诉讼，或在原被告均为外国人时，针对发生在美国领土上的损害行为提起诉讼。参见 Oona Hathaway, "Kiobel Commentary: The Door Remains Open to 'Foreign Squared' Cases," https://www.scotusblog.com/2013/04/kiobel-commentary-the-door-remains-open-to-foreign-squared-cases/, accessed 10 September 2023。

[④] 参见 Christopher R. Knight, "International Human Rights Litigation After Bauman: The Viability of Veil Piercing to Hale Foreign Parent Corporations into U. S. Courts," *University of Dayton Law Review* 41 (2016): 215。

[⑤] 参见杜涛《国际私法国际前沿年度报告（2019—2020）》，《国际法研究》2021 年第 4 期。

为代表的国家，在跨国企业侵犯人权案件中选择扩张母国法院对外国子公司的管辖权。然而，母国法院成功建立起诉讼的案件数量较少，部分诉讼在管辖权建立后，当事人选择庭外和解方式结束诉讼，涉案公司或承认其有责任公开道歉，① 或采取了不承认责任的和解方案（no-admission-of-lia-bility settlement），多数案件止步于管辖权阶段，作出实体判决的诉讼屈指可数。

（二）趋势变化原因

域外管辖的目的是监管与规制位于国家领土外的事项或主体。在工商业与人权领域，则是母国对总部位于母国的跨国企业的境外活动的监管，实现对跨国企业境外侵犯人权行为有罪不罚的漏洞填补，更好地进行全球治理，为跨国企业创设公平竞争的环境。

美国法院在指控跨国企业侵犯人权的情况下对外国原告提供救济途径保持缄默，与美国愿意在竞争法等其他领域扩大其域外管辖权形成鲜明对比。美国法院对跨国企业侵犯人权案件的管辖权主张呈限缩趋势，反映了近年来美国联邦最高法院亲商业（pro-business）态度，其裁决是积极的亲公司主义法学（activist pro-corporatist jurisprudence）逻辑表达，保护企业免受集体诉讼和人权诉讼影响。② 此外，以美国为代表的国家采取的直接将国内法域外适用的国际公法路径因对他国内部事务的明显干预而被抵制，美国也因认为此类诉讼与美国利益关联不大而对之采取谨慎态度。③

与美国相反，英国等欧洲国家则对此类诉讼持开放态度。部分原因在于欧盟明确鼓励在东道国难以实现或维持对跨国企业侵犯人权案件的救济措施时行使域外管辖权。④ 此外，在大陆法传统占主导地位的欧洲，国际私法越来越多地被用来促进政策目标，其主要目的是促进内部市场的正常

---

① *García v. Tahoe Resources Inc.*, 2017 BCCA 39.
② 参见 Elizabeth Pollman, "The Supreme Court and the Pro-Business Paradox," *Harvard Law Review* 135 (2021): 220。
③ 参见 Geert van Calster, "The Role of Private International Law in Corporate Social Responsibility," *Erasmus Law Review* 7 (2014): 125。
④ Directorate General for External Policies of the European Union, *Access to Legal Remedies for Victims of Corporate Human Rights Abuses in Third Countries*, EUR. PARL. DOC. PE 603. 475 (2019).

运作和保护欧盟法律指定的某些弱者,[①] 为此也更能为跨国企业侵犯人权诉讼在欧洲国家的成功提供可能。然而,该趋势会否因英国脱欧而被扭转,则有待时间检验。

(三) 方式

1. 对外国子公司的直接域外司法管辖

某种程度的直接域外民事管辖权对法院裁定具有涉外因素的私人纠纷来说往往是必要的。与跨国企业集团的民事管辖权有关的法律很复杂。许多国家认为,仅是设在本国境内的个人或公司可能在外国子公司中拥有控制性权益这一事实本身,一般不会成为对该外国子公司行使直接域外管辖权的理由。然而,若外国子公司是适当共同被告,即除任何所有权联系外,外国子公司和法院地国存在真正领土联系,则可依据关联诉讼制度对外国子公司行使直接域外管辖权。此外,普遍民事管辖权、必要管辖原则(*forum necessitatis*) 等也是对外国子公司行使直接域外司法管辖权的理论上可行的依据。然而,基于与法院地国薄弱的领土联系的管辖权常受争议,直接域外司法管辖会给不同国家带来重要的政策问题。许多国家的管辖权规则对法院就外国公司在法院地国领土外的行为行使直接管辖权的能力施加了限制。正因直接域外司法管辖权行使可能造成主权冲突与摩擦,只有关联诉讼制度在司法实践中得到应用,更常见的还是基于母公司的间接域外司法管辖模式。即便是在关联诉讼制度中对外国子公司可行使直接域外司法管辖权,但其建立前提仍是对母公司有管辖权。由此再次证成第二章中的分析,即具有域外影响的国内措施这种间接域外管辖方式被更为广泛地接受。

2. 基于母公司的间接域外司法管辖

基于母公司的间接域外司法管辖是指,母国通过管辖母公司实现规制跨国企业包括域内活动和域外活动在内的整体活动。一般而言,该方式主要表现为母国法院是否及如何对针对母公司就据称由其境外子公司或供应商的活动引起的伤害提起的诉讼行使管辖权。此种诉讼集中于母公司在法

---

① 参见 Laura Carballo Piñeiro & Xandra Kramer, "The Role of Private International Law in Contemporary Society: Global Governance as a Challenge," *Erasmus Law Review* 7 (2014): 110.

院地国的失误，不一定涉及直接域外管辖权的行使，而是具有域外影响的国内措施的体现，是间接的域外管辖形式。由于母公司的住所位于母国，基于原告就被告原则对母公司建立一般管辖权并无难度，但若不存在适当诉因或法院地并非适当审判地，则难以对母公司成功确立管辖权。为此，法国等国通过制定强制性人权尽责法提供诉因，加拿大等国则认为可将习惯国际法直接作为诉因建立管辖权。①

二　跨国企业侵犯人权诉讼的特征

现有跨国企业侵犯人权诉讼的特征主要是，多数诉讼在大陆法系或普通法系国家提起，所提起的民事诉讼的类型多为侵权诉讼，少数为违约诉讼或不当得利诉讼，涉及的部门法包括国内侵权法、公司法、国际私法、国际公法等。

（一）母国所属法系对跨国企业侵犯人权诉讼的影响

起诉跨国企业的能力、诉讼的性质及程序，在很大程度上都取决于诉讼地所属的特定法系。法系的差异会对针对跨国企业的诉讼产生影响。在考虑起诉跨国企业时，原告和被告都会受到提起诉讼的特定法系的影响。②诉讼受到法系影响的另一个方面是其作为刑事还是民事诉讼被提起。在普通法国家，多为基于私法（如侵权）的赔偿诉讼，而大陆法系国家则多作为刑事诉讼启动。因此，法系的类型对针对跨国企业的诉讼类型有影响。

（二）跨国企业侵犯人权诉讼的类型

《指导原则》确认，公司的活动有可能影响到几乎所有国际公认的人权。然而，禁止酷刑等人权虽是刑法的一部分，但许多人权通常不属于刑法范畴，有些人权则既不属于公法范畴，也不属于私法范畴。一些诉讼可能在一国是民事诉讼，而在另一国是刑事诉讼。由于本书的研究视角是域

---

① 参见 Jason MacLean & Chris Tollefson, "Foreign Wrongs, Corporate Rights and the Arc of Trans-national Law," in Oonagh E. Fitzgerald, ed., *Corporate Citizen: New Perspectives on the Globalized Rule of Law* (Ontario: The Centre for International Governance Innovation Press, 2020), p. 17。

② 参见 Philipp Wesche & Miriam Saage-Maaß, "Holding Companies Liable for Human Rights Abuses Related to Foreign Subsidiaries and Suppliers Before German Civil Courts: Lessons from *Jabir and Others v. KiK*," *Human Rights Law Review* 16 (2016): 384。

外民事管辖，故本书所称跨国企业侵犯人权诉讼是民事诉讼。绝大多数针对跨国企业的诉讼是民事诉讼。这可能是因为，若民事诉讼原告胜诉，通常会把重点放在对受害人的救济上，和/或因为适用于民事诉讼的证据标准通常低于刑事诉讼。[①] 此外，执法当局往往不会就此类问题起诉跨国企业。几乎所有针对跨国企业的民事诉讼都是基于普通法法系中所谓的侵权行为和大陆法法系中的非合同义务或违法行为的法律。虽不同国家的侵权制度在理论上存在差异，但在实践中的运作方式往往十分相似。因此，无论是在普通法法系国家还是大陆法法系国家被提起，跨国企业侵犯人权诉讼大多可能围绕涉嫌违反与适当的社会行为有关的不成文规范，即被告公司涉嫌违反注意义务。[②] 也有基于如 ATS 一般的成文法或宪法的民事诉讼，还有一些是以合同、不当得利或其他依据为基础的民事诉讼。[③]

其中，侵权法下的民事诉讼大多基于过失（negligence），原告须证明：被告跨国企业对其负有注意义务，被告跨国企业违反了注意义务，且违反注意义务对原告造成了损害。以上证明要求为针对跨国企业的民事诉讼带来了困难。因为是否存在违反注意义务的情况取决于能否获得跨国企业的内部文件，而若无法院命令，跨国企业不太可能披露这些文件。然而，在提起民事诉讼的最初阶段，获取跨国企业的文件并不容易。普遍缺乏明确基于侵犯人权的民事诉讼是跨国企业侵犯人权诉讼的另一个障碍。由于跨国企业侵犯人权诉讼多只能在侵权法框架内提出，迫使原告将其诉讼框定在有限范畴内，且只对可用侵权诉讼术语表达的侵犯人权行为提起诉讼。[④] 这可能使那些认为自己的人权受到侵犯但无可供使用的法律依据的原告感到非常困惑。这也意味着，若无国内法律依据，则无法对一些侵

① 参见 Axel Marx et al., *Access to Legal Remedies for Victims of Corporate Human Rights Abuses in Third Countries* (Belgium: European Union, 2019), p. 12。

② 参见 Liesbeth Enneking, *Foreign Direct Liability and Beyond: Exploring the Role of Tort Law in Promoting International Corporate Social Responsibility and Accountability* (Nijmegen: Eleven Publishing, 2012), p. 172。

③ 参见 Anna Beckers, *Enforcing Corporate Social Responsibility Codes: On Global Self-Regulation and National Private Law* (Oxford, Oregon: Hart Publishing, 2015), p. 47。

④ 参见 Gwynne Skinner et al., *The Third Pillar: Access to Judicial Remedies for Human Rights Violations by Transnational Business* (ICAR, ECCJ & CORE, 2013), p. 37。

犯人权行为提起民事诉讼。法律依据的缺乏削弱了《指导原则》中公司的活动有可能影响到几乎所有国际公认的人权的明确声明的潜在意义，并限制了可向法院提起的跨国企业侵犯人权诉讼的类型。

（三）跨国企业侵犯人权诉讼涉及的法律领域

跨国企业侵犯人权诉讼涉及广泛的法律领域，最常适用的是国内公司法、侵权法、国际私法与国际公法。

1. 公司法

国内公司法的核心理论是法人人格独立。国际公法强化了母子公司的人格独立，公司成立或注册地国被认为决定了公司的"国籍"，因此，作为一个国际法问题，母公司和子公司受其各自国家的专属管辖。[①] 公司法的另一个核心理论是有限责任原则，公司的投资者和即使是全资拥有子公司的母公司，通常也不对公司的行为负责。由于跨国企业通常是由多个法律实体组成的非常复杂的法律结构，这可能使任何诉讼的提起都十分困难。公司面纱是否可被刺破，母公司是否可为其控制或应该控制的子公司的行为负责，子公司是否也可被纳入诉讼范围，将取决于该案件的准据法及各国的法院如何适用法律。为避免公司面纱刺破的争论，一些诉讼采纳了母公司直接责任理论，其依据是母公司本身直接对受子公司行动影响的人负有注意义务，因此在技术上未刺破公司面纱。若公司法中规定公司在作出决策时须考虑人权，则也可能将公司法作为提起跨国企业侵犯人权诉讼的依据。[②]

2. 侵权法

规制跨国企业侵犯人权行为问题的国内延展主要的发生领域是侵权法。侵权法的救济制度存在以规则为主导和以原则为主导的两种法律推理过程模式。后一种模式的存在，使民法面对剧烈变化的社会现象能提供包容度较大的救济方式，因此，侵权法在民法的发展中起到了重要作用，是

---

① 参见 F. A. Mann, "The Doctrine of International Jurisdiction Revisited After Twenty Years," *Collected Courses of the Hague Academy of International Law* 186 (1984): 56.

② *Directive 2014/95/EU of the European Parliament and of the Council of 22 October 2014 Amending Directive 2013/34/EU as Regards Disclosure of Non-Financial and Diversity Information by Certain Large Undertakings and Groups Text with EEA Relevance OJ L 330*, 15 Nov. 2014, p. 9.

民法的生长点。此外，人权和国家侵权法所保护的利益广泛重叠，侵权法很适合为与企业有关的侵犯人权行为的受害人提供救济。早在个人的生命健康权、行动自由权等成为人权法、宪法保护的法益前，侵权法便已为之提供了相应保护。人权法的基本创新并不在于扩大受保护利益清单，而在于将这些利益的保护生力军转为国家。侵权法被誉为人权法在工商业与人权领域的"战友"。[1]

3. 国际私法

国际私法的角色转变符合域外管辖的监管目的，因此被用作实现域外管辖的工具，特别是在以私人执行诉讼（private enforcement action）方式进行的域外司法管辖中作用巨大，[2] 能够相对减轻他国对母国干涉他国内部事务或侵犯他国主权的指摘。[3] 管辖权问题主要表现为，对将子公司作为被告或将母子公司列为共同被告的跨国企业侵犯人权诉讼而言，母国法院对外国子公司的管辖权依据为何，以及对仅将母公司作为被告的跨国企业侵犯人权诉讼而言，不方便法院原则可能导致拒绝管辖。在法律适用方面，国际私法的选择分析结果往往直接关系到争端的结果。[4] 法院往往决定适用于诉讼的法律及与评估损害有关的法律是损害发生地法律。然而，这可能导致可在法院地国对跨国侵权提起的诉讼无法进行。如在 KiK 案中，德国法院驳回了诉讼请求，理由是根据损害发生地巴基斯坦法律，案件已过诉讼时效。[5] 因此，现有趋势是解释甚至修改冲突规范，以确保法院地法律得以适用。

---

[1] 参见 Cees van Dam, "Tort Law and Human Rights: Brothers in Arms on the Role of Tort Law in the Area of Business and Human Rights," *Journal of European Tort Law* 2 (2011): 221。

[2] 参见 Hannah L. Buxbaum, "Extraterritoriality in the Public and Private Enforcement of U. S. Regulatory Law," in Franco Ferrari & Diego P. Fernández Arroyo, eds., *Private International Law: Contemporary Challenges and Continuing Relevance* (Cheltenham, Northampton: Edward Elgar, 2019), p. 236。

[3] 参见 Harold G. Maier, "Extraterritorial Jurisdiction at a Crossroads: An Intersection Between Public and Private International Law," *American Journal of International Law* 76 (1982): 290。

[4] 参见 Gary Born & Peter B. Rutledge, *International Civil Litigation in United States Courts* (6th edn., New York: Aspen Publishers, 2018), p. 901。

[5] *Jabir and others v. KiK Textilien und Non-Food GmbH*, Case No. 7 O 95/15, Regional Court (Landgericht) of Dortmund.

4. 国际公法

国际公法通常与针对跨国企业的诉讼有关。国家的主权和管辖权是跨越领土边界的法律适用问题的核心，国际法在国内法院的适用也反映出国际公法的参与。例如，当一国的法律旨在规范通过外国子公司跨国或域外经营的公司国民的行为时，或当法院可能依靠国际公法的普遍管辖原则对某些非常严重的侵犯人权行为主张管辖权时，其他国家可能以这些法律侵犯其自身主权为由提出反对。因此，南非最初反对将美国 ATS 规定的索赔适用于其境内的诉讼，[①] 而赞比亚则试图抵制英国法院对发生在其境内的损害的索赔拥有管辖权。[②] 同样，适用不方便法院原则往往是出于避免扩大法院地国法律的领土范围侵犯另一国的主权或领土管辖权的考量。此外，在少数情况下，法院被要求限制其决策权，以遵从本国政府的对外关系活动，如将国家行为作为辩护理由。[③] 然而，依靠国际公法也可促进诉讼。例如荷兰等国将国际条约直接应用于其国内法律，加拿大最高法院则直接将习惯国际法应用于跨国企业侵犯人权诉讼，而不需确定新的侵权行为。[④]

由于其跨国性和独特的公共利益性质，跨国企业侵犯人权诉讼是位于国际公法与国际私法两个法律领域交叉点的案件的典型例证。[⑤] 因此，尽管此类案件本质上是关于东道国原告与被告公司间私人关系的私法纠纷，但往往会引发域外管辖问题。毕竟，在此类案件中，母国法院常被要求对主要位于母国领土范围外的行为者和活动行使权力，对诉讼行使司法管辖权，并在可能的情况下适用本国法作出裁决。这可能会引起争议，因为东道国认为此为对其在本国境内监管公司及追求本国的经社文权利的主权权

[①] 参见 Christin Gowar, "The Alien Tort Claims Act and the South African Apartheid Litigation: Is the End Nigh?," *Speculum Juris* 4 (2012): 65。

[②] *Vedanta v. Lungowe*, [2019] UKSC 20, [2019] 2 WLR 1051, para. 92.

[③] *Belhaj & Rahmatullah v. Straw & Ors*, [2017] UKSC 3; *Nevsun Resources Ltd. v. Araya*, 2020 SCC 5.

[④] 参见 Robert McCorquodale, "The Litigation Landscape of Business and Human Rights," in Richard Meeran & Jahan Meeran, eds., *Human Rights Litigation Against Multinationals in Practice* (Oxford: Oxford University Press, 2021), p. 1。

[⑤] 参见 Liesbeth Enneking, "Judicial Remedies: The Issue of Applicable Law," in Juan José Álvarez Rubio & Katerina Yiannibas, eds., *Human Rights in Business: Removal of Barriers to Access to Justice in the European Union* (London, New York: Routledge, 2017), p. 43。

利的干涉。从表面上看，法院可能只会裁决私人当事人间的争议。然而，实际上，对跨国企业在私法领域提出的问题的司法解决方法将反映一系列关于在不同参与者间适当分配风险、回报和责任的监管措施，并具有影响跨国企业此后作出投资决策的风险和回报平衡的监管后果。因此，一国法院对跨国企业的管辖构成该国对跨国企业的监管行为。

下文将分析母国法院对外国子公司的域外司法管辖依据，以及对针对母公司提起的跨国企业侵犯人权纠纷的可诉性，特别是以违反习惯国际法为诉因的纠纷可诉性问题。

第二节　母国域外司法管辖的依据

目前尚无法律规定，仅凭诉讼是针对侵犯人权提出的即可行使管辖权，而无须考虑其他管辖权依据。因构成外国立方诉讼或外国平方诉讼，母国法院几乎不可能直接根据公认的管辖权依据对跨国企业侵犯人权诉讼主张管辖权。[1] 若要行使域外管辖权，母国法院就须采用特殊解释工具，甚至制定全新的管辖权规则或制度。如多国在实践中利用以关联诉讼（related/connected claim）管辖为核心的锚定制度（anchoring mechanism）对针对母子公司提起的诉讼建立管辖权，还讨论了以普遍民事管辖权、必要管辖原则为由只对外国子公司建立管辖权的可行性。[2]

一　普遍民事管辖依据

在民事领域应用普遍管辖权是受害人为严重侵犯人权行为寻求判决和赔偿的一种手段。普遍民事管辖权的实施与国内法律制度和保证其适用的司法管辖权的域外范围的扩大有关。[3] 在外国受害人仅针对外国子公司的

---

[1] 参见 Chimène I. Keitner, "The Three C's of Jurisdiction over Human Rights Claims in U.S. Courts," *Michigan Law Review* 113 (2015): 67。

[2] 参见 Liping Huang, "Establishing Extraterritorial Jurisdiction of Home State for Investor Account-ability: English and Dutch Anchoring Mechanism and an IIA Complement or Alternative," *Asian Journal of WTO & International Health Law and Policy* 16 (2021): 396。

[3] 参见 Jordi Bonet Pérez, "The Exercise of Universal Civil Jurisdiction for Serious Human Rights Violations," *Deusto Journal of Human Rights* 5 (2020): 15。

境外侵犯人权行为在跨国企业母国提起诉讼时，在理论上存在适用普遍民事管辖权的可能性。①

（一）理论依据

普遍管辖权是刑事领域的概念，但在美国 ATS 诉讼的影响下，民事领域是否也存在普遍管辖权成为学界讨论的话题之一。英国法官在琼斯诉沙特案［*Jones v. Ministry of Interior Al-Mamlaka Al-Arabiya AS Saudiya（the Kingdom of Saudi Arabia）*］中表示，普遍侵权管辖权在国际公约、国家实践或学术共识中都缺乏基础。② 在基奥波尔案的法庭之友意见书中，多数意见反对普遍民事管辖权的主张。如英国和荷兰认为未经外国同意行使普遍民事管辖权违反国际法，国内法院不能依据普遍民事管辖权对与本国毫无关联的诉讼行使管辖权。③ 然而，阿根廷和欧盟则持支持意见。欧盟表示，普遍民事管辖权理论通过适用普遍性原则，将使各国对严重侵犯人权行为使用域外民事管辖权有更大的自由度，若普遍民事管辖权的主张受到普遍刑事管辖权的现有限制，则其符合国际法。④ 可见，在 ATS 诉讼中提交的法庭之友意见书对在严重侵犯人权案件中的域外管辖权存在两种不同的主张：一为 ATS 诉讼与其他监管领域一样受制于域外管辖权规则；二为严重侵犯人权案件是特例，由于侵犯人权行为令人发指的性质，国际社会在防止和惩治虐待行为的共同利益及获得救济的必要性使适用普遍民事管辖权具有正当性。⑤ 最终，基奥波尔案通过适用推定无域外效力拒绝行使管辖权，虽未明确提及域外民事管辖权问题，

---

① 参见 Lena Hornkohl，"The Extraterritorial Application of Statutes and Regulations in EU Law," *Max Planck Institute Luxembourg for Procedural Law Research Paper Series* 1（2022）：10。

② *Jones v. Ministry of Interior Al-Mamlaka Al-Arabiya AS Saudiya（the Kingdom of Saudi Arabia）*，［2006］UKHL 26，para. 20.

③ *Brief of the Governments of the United Kingdom of Great Britain and Northern Ireland and the Kingdom of the Netherlands as Amici Curiae in Support of the Respondents*，No. 10 - 1491，3 Feb. 2012.

④ *Brief of the European Commission on Behalf of the European Union（June，2012）Filed in Kiobel v. Royal Dutch Petroleum*，p. 17.

⑤ OHCHR，*State Positions on the Use of Extraterritorial Jurisdiction in Cases of Allegations of Business Involvement in Severe Human Rights Abuses：A Survey of Amicus Curiae Briefs Filed by States and State Agencies in ATS Cases（2000-2015）*，OHCHR Working Paper #2，2015，p. 13.

但基奥波尔案的败诉也代表着普遍民事管辖权的衰落。加拿大法院的部分判决①也涉及普遍民事管辖权问题，认为普遍民事管辖权并非管辖权的建立依据，而是法院受理酷刑诉讼的义务来源，但尚无诉讼成功依据普遍民事管辖权建立管辖权。欧洲人权法院虽认为纳伊特－里曼诉瑞士案（*Naït-Liman v. Switzerland*）②涉及普遍民事管辖权问题，但有学者指出该案实际涉及必要管辖原则问题，欧洲人权法院的观点有误。③

普遍民事管辖权作为管辖权建立依据的司法实践相对缺失表明，该原则更多作为学说出现。学界对该问题也多持否定态度。有学者表示，将普遍管辖权依据领域划分存在与否并不合理，民事和刑事管辖权的区别并未出现在国际管辖权的其他基础中，且民事管辖权较刑事管辖权更广泛，通常是刑事管辖权而非民事管辖权更易引起对他国主权的干涉的指责。④ 也有学者通过实证研究发现，普遍民事管辖权未受国际法承认。⑤

（二）与跨国企业侵犯人权诉讼的不适配性

加拿大最高法院在范布雷达案（*Club Resorts Ltd. v. Van Breda*）中裁定，被告公司始终可在其总部所在地国法院被起诉，⑥为裁决公司对涉嫌在外国参与违反国际法的行为承担责任留下了可能性。然而，此类诉讼并非纯粹的普遍民事管辖权的例证，因为诉讼当事人与加拿大存在联系，更偏向必要管辖原则。即使普遍管辖原则在某些国家的法院作为管辖权依据被适

---

① 卡兹米案（加拿大公民在伊朗因遭酷刑被虐待致死）中提及普遍民事管辖权的目的是论证国际法是否对酷刑诉讼建立了强制性的普遍民事管辖权，要求加拿大法院受理境外酷刑行为受害人提起的诉讼。*Kazemi Estate v. Islamic Republic of Iran*，［2014］3 S. C. R.，p. 178.

② ECtHR，*Naït-Liman v. Switzerland*，no. 51357/07（2018）.

③ 参见 Paul David Mora，"Universal Civil Jurisdiction and *Forum Necessitatis*: The Confusion of Public and Private International Law in Naït-Liman v. Switzerland," *Netherlands International Law Review* 65（2018）：157。

④ 参见 Anthony J. Colangelo，"The ATS and Extraterritoriality, Part II: Universal Civil Jurisdiction and Choice of Law," https://opiniojuris.org/2012/03/27/universal-civil-jurisdiction-and-choice-of-law/，accessed 10 September 2023。

⑤ 参见 Abhimanyu George Jain，"Universal Civil Jurisdiction in International Law," *Indian Journal of International Law* 55（2015）：209。

⑥ *Club Resorts Ltd. v. Van Breda*，［2012］1 SCR 572，para. 86.

用，但跨国企业侵犯人权诉讼是否可适用普遍管辖原则令人怀疑。[①] 在扩大民事管辖权以包括对外国公司的普遍民事管辖权时应谨慎行事。对普遍民事管辖权的广泛主张不仅有可能引起政治争议，且有可能受到基于主权和礼让的一般概念的法律挑战。即使对特定国际犯罪也应避免试图引入广泛的民事管辖权基础。对核心罪行的普遍民事管辖权也可能被认为是有问题的，因为适用于企业社会责任的原则和标准比普遍管辖权可能存在的侵犯人权行为要广泛得多。[②] 促进这种普遍管辖权将有可能在要促进的企业社会责任标准和其他主要的企业社会责任问题间造成无益的划分。[③]

二　必要管辖依据

国际私法促进了在功能和目的论上与普遍民事管辖权的前提条件相吻合的机制的可用性。然而，面对政治利益、国际法律承诺和国家法律传统，国际私法的解决方案通常不是无条件的，而是借助不同于传统普遍管辖权的必要管辖原则[④]，通过要求与法院地有某种联系的方式建立管辖权。[⑤]

（一）法律现状与政策推动

必要管辖原则是加拿大魁北克地区、荷兰、瑞士等国家或地区公认的管辖依据。其他接受必要管辖学说的国家包括奥地利、比利时等。根据《跨国民事诉讼程序原则》，必要管辖原则被认为是可普遍接受的管辖依据。[⑥]

---

① 参见 Joost Blom, "Canada," in Catherine Kessedjian & Humberto Cantú Rivera, eds., *Private International Law Aspects of Corporate Social Responsibility* (Cham: Springer, 2020), p. 209。

② OECD Watch, *Calling for Corporate Accountability, A Guide to the 2011 OECD Guidelines for Multinational Enterprises*, June 2013.

③ 参见 David Michael Kendal, *CSR and Extraterritorial Jurisdiction—International Law Boundaries to Human Rights Litigation* (Copenhagen: Kendal-Human Rights Consulting, 2014), p. 8。

④ 必要管辖原则是指法院在无一般管辖依据而出现国际裁判管辖权消极冲突时，可仅以必要性为由行使管辖权，以避免拒绝司法。参见黄志慧《我国涉外民事诉讼必要管辖权制度的体系定位与规范阐释》，《法商研究》2022 年第 4 期。

⑤ 参见 Jordi Bonet Pérez, "The Exercise of Universal Civil Jurisdiction for Serious Human Rights Violations," *Deusto Journal of Human Rights* 5 (2020): 27。

⑥ *ALI/UNIDROIT Principles of Transnational Civil Procedure*, Principle 2. 2.

必要管辖原则一般以公平审判权（the right to a fair trial）和禁止拒绝司法（the prohibition of a denial of justice）为基础。[①] 在承认必要管辖原则是管辖权潜在依据的制度中，适用该依据需同时满足原告无法在国外诉诸司法和诉讼与法院地国有联系两个条件。

1. 原告无法在国外诉诸司法

在加拿大魁北克地区和瑞士，存在无法诉诸司法的障碍是指原告完全不可能在国外提起诉讼，或要求原告在国外提起诉讼不合理。[②] 荷兰则规定，若不可能在荷兰外提起诉讼，或强迫原告向外国法院提起诉讼是不可接受的，法院就有管辖权。[③] 在一些国家，原告须证明在国外不可能诉诸司法，如波兰要求须确定外国法院缺乏审理诉讼的管辖权。[④]

除国内法规定的不适用于特定诉讼的必要管辖条款外，部分国际组织提出的工商业与人权国际文书中亦有将必要管辖原则作为管辖依据的建议。《索菲亚准则》建议规定法院在听取所有有关各方的意见，并考虑可靠的公共信息来源后，认为无其他法院可供利用，或不能合理预期原告会求助其他法院时，得依据必要管辖原则建立管辖权。《拟议条约》二号草案第 9 条第 5 款虽未写明，但反映了必要管辖原则，规定法院对针对不在其国境内的法人或自然人的诉讼有管辖权的条件之一是无其他能保证公正审判的法院。2016 年，欧洲委员会部长委员会建议，若工商企业的住所不在其管辖范围内，且无其他有效法院可保证公平审判，在工商企业与有关成员国联系足够密切时，成员国应考虑根据必要管辖原则允许其国法院对与跨国企业侵犯人权有关的民事诉讼行使管辖权。[⑤] 欧盟议会法律事务委员会建议修改《布鲁塞尔条例 I（重订本）》，引入第 26a 条"必要管

[①] 参见 Donald Francis Donovan & Anthea Roberts, "The Emerging Recognition of Universal Civil Jurisdiction," *American Journal of International Law* 100（2006）: 147。

[②] *Civil Code of Québec*, art. 3136; *Swiss Private International Law Act*, art. 3.

[③] *Dutch Code of Civil Procedure*, art. 9.

[④] 参见 Arnaud Nuyts, "Study on Residual Jurisdiction: General Report," JLS/C4/2005/07‑30‑CE) 0040309/00‑37, p. 65, https://gavclaw. files. wordpress. com/2020/05/arnaud-nuyts-study_residual_jurisdiction_en. pdf, accessed 10 September 2023。

[⑤] Council of Europe, *Recommendation CM/Rec（2016）3 of the Committee of Ministers to Member States on Human Rights and Business*, 2 Mar. 2016, p. 18.

辖条款",使欧盟成员国法院对欧盟公司供应链上发生的侵犯人权行为的第三国实施者得以行使其本不享有的管辖权,条件是诉讼在该第三国无法提起且与成员国有密切关联。[①] 然而,该条未被 2021 年正式指令采纳。

2. 诉讼与法院地国有联系

关于诉讼与法院地国有联系的要求,无统一做法。部分国家立法或国际文书要求存在最低限度联系即可,但部分国家要求联系须充分。

(1) 充分联系条件要求

瑞士要求案件须与瑞士有充分联系,仅有原告的住所或居所在瑞士这一个联系因素是不充分的。在奥地利,原告的公民身份或其在奥地利有住所或居所是充分的联系。在比利时和法国,被告的资产存在是依据必要管辖原则行使管辖权的充分联系。[②] 根据《跨国民事诉讼原则》,只有当被告在法院地国存在、拥有法院地的国籍或在法院地国拥有财产时,才能适用必要管辖原则。《索菲亚准则》建议必要管辖原则的适用条件是法院地国与争端有充分联系。充分联系包括原告出现在法院地国、法院地国为原告或被告的国籍国、被告的资产在法院地国存在、被告的某些活动发生在法院地国,或刑事附带民事诉讼中该法院根据其本国法律具有受理此种民事诉讼的管辖权。[③]《拟议条约》二号草案第 9 条第 5 款要求必要管辖原则适用的另一个条件是诉讼与法院地国有密切联系。

(2) 存在联系条件要求

《拟议条约》三号草案第 9 条第 5 款在二号草案的基础上降低了必要管辖原则的适用条件,删去了"密切"的要求,将联系具体化,是指原告

---

① European Parliament Committee on Legal Affairs, *Report with Recommendations to the Commission on Corporate Due Diligence and Corporate Accountability [2020/2129(INL)]*, A9-0018/2021, 11 Feb. 2021.

② 参见 Arnaud Nuyts, "Study on Residual Jurisdiction: General Report," JLS/C4/2005/07-30-CE 0040309/00-37, p. 66, https://gavclaw. files. wordpress.com/2020/05/arnaud-nuyts-study_residual_jurisdiction_en. pdf, accessed 10 September 2023。

③《索菲亚准则》中将刑事附带民事诉讼管辖权作为必要管辖原则的考虑因素之一,该建议来源于欧盟 1968 年《布鲁塞尔公约》第 5 (4) 条 [后修改为《布鲁塞尔条例 I (重订本)》第 7 (3) 条],该款要求"根据产生刑事诉讼的行为而提起的损害赔偿或要求恢复原状的民事诉讼,在刑事诉讼审理法院,但以该法院按照其本国法律有可受理的民事诉讼管辖权者为限"。可见,刑事附带民事诉讼的管辖权仍以民事诉讼管辖权成立为要件。

在法院地国境内出现、被告的资产存在或法院地国是被告的实质性活动发生地。《〈企业尽责和企业问责〉国际私法建议》表示，若在欧盟内无管辖权，且若不可能或不能合理地要求在欧盟外提起诉讼，则与该案件有联系的成员国法院可受理针对不在成员国居住的人提起的诉讼。该规则的适用条件是，无论是根据《布鲁塞尔条例 I（重订本）》、任何其他欧盟文书或国家法律，在欧盟内没有法院，而在欧盟以外的诉讼不可能或不能合理地要求提起，且案件与诉讼被提起的欧盟成员国有联系。问题在于，案件与诉讼被提起的欧盟成员国的联系程度。在欧盟关于国际私法的多个条例①中，均规定了必要管辖条款，但这些条例要求联系具有充分性。《〈企业尽责和企业问责〉国际私法建议》指出，鉴于该建议规范事项的根本性质，未限定与提出诉讼的欧盟成员国的联系。

可见，部分工商业与人权领域的国际文书认为必要管辖原则可为母国管辖依据，但对诉讼与法院地国的联系要求不同，2010 年左右的国际文书多要求密切联系，2020 年以降的国际文书却出现了联系降级现象，即要求存在联系即可，不再要求联系的密切性。

（二）与跨国企业侵犯人权诉讼的适配性及反对意见

在跨国企业侵犯人权诉讼中依据必要管辖原则建立管辖权是否具有合理性、正当性与必要性，是应首先考虑的问题。联系的紧密性是在认定有必要引入必要管辖原则作为兜底管辖权建立依据后才应确定的问题。

法国无任何关于必要管辖原则的法定条款，但法国判例法承认该学说。② 法国康密劳公司（Comilog）案③讨论了该学说。1991 年，加蓬康密劳公司解雇了近 900 名刚果工人，未给予适当通知或任何补偿。被解雇工人于 1992 年在刚果法院提起诉讼，该法院于 1994 年要求对管辖权作出初步裁决，但迄今尚未就该问题作出裁决。后被解雇工人向法国法院提起诉讼，法国法院基于刚果诉讼程序的明显不合理的拖延，允许以国际公共政

---

① 如第 4/2009 号《抚养条例》第 7 条和第 2016/1104 号《注册伙伴关系的财产后果》等。

② 参见 Lycette Corbion, Le deni de justice en droit international privé (Marseille: Presses Universitaires d'Aix-Marseille, 2004), § 216。

③ 参见 Cour d'Appel de Paris, 10 septembre 2015, cases n° 11/05953, 11/05955, 11/05956, 11/05957, 11/05959。

策为由行使管辖权，避免司法不公。法国法院认为，仅仅是不得不忍受长达 25 年的诉讼程序，甚至在可预见的未来无任何实体裁决作出的前景，就构成客观上的拒绝司法。与法国的充分联系表现为加蓬雇主是一家法国公司的子公司。然而，法国最高上诉法院推翻了原审裁决，认为原告在实践中未被阻止向刚果法院提起诉讼，该事实本身就证明不存在阻碍向外国法院申诉的客观不可能。① 该案受到严厉批评，被认为是形式主义的体现，对必要管辖原则条件的解释是"完全人为的和非常令人遗憾的"，无视了必要管辖原则的目标和原理。② 该案在法国以失败告终，表现出必要管辖原则在司法实践中的适用标准极高，法院通常不愿诉诸该手段建立管辖权，特别是在诉讼与本国的联系极为薄弱的情况下更是如此。在《布鲁塞尔条例 I（重订本）》制定过程中也曾有纳入必要管辖原则的尝试，但因反对意见极大而告失败。可见必要管辖原则虽在理论上可为跨国企业侵犯人权诉讼提供管辖依据，但在实践中的可行性不大。

是否应引入必要管辖原则也引发了学界争鸣。支持为跨国企业侵犯人权诉讼的成功受理而引入必要管辖制度的学者认为，对此类诉讼行使域外侵权管辖权十分正确，必要管辖原则作为安全阀能够在处于弱势方的受害人难以获得救济时为其提供诉诸司法的机会，发挥兜底作用，从而有效打击跨国企业侵犯人权行为，也能发挥威慑跨国企业的作用。③ 但支持者也承认，这似乎消耗了稀缺的司法资源，甚至可能导致与其他国家的外交关系紧张。④ 反对者则表示，没有必要引入必要管辖原则使欧盟成员国法院有权受理与欧盟并无联系的外国立方诉讼，且存在过度行使立法管辖权之嫌，此种立法方式将使条文成为全球长臂法规，欧盟无权制定此类规定，同时必要管辖原则是不方便法院原则的镜像学说，早在 2005 年便被欧洲

---

① 该案为涉及大规模裁员和工人权利的公益诉讼。Cour de cassation，14 Sept. 2017，*Revue des Sociétés*，2018，p. 467.

② 参见 Olivera Boskovic（2018），«Déni de justice et compétence international du juge français»，*Revue des Sociétés*，n° 07 et 08，p. 467。

③ 参见 Maria Chiara Marullo，"Access to Justice and Forum Necessitatis in Transnational Human Rights Litigation，" *HURI-AGE* 5（2015）：25。

④ 参见 Uta Kohl，"Corporate Human Rights Accountability：The Objections of Western Governments to the Alien Tort Statute，" *International & Comparative Law Quarterly* 63（2014）：685。

法院认定与可预见性及法律确定性原则不可调和。即便只允许在跨国企业侵犯人权诉讼中适用必要管辖原则也并无益处。[①] 此外，该依据的适用受到严格限制，其内容和发展程度在不同国家差异很大，故能否在跨国企业侵犯人权诉讼中发挥显著作用尚不确定，相对而言前景黯然。[②]

实质上，基于普遍民事管辖依据和必要管辖依据行使的司法管辖权是对在缺乏公认的属地或属人联系时，国际法下原告诉诸司法的权利和避免拒绝司法理论是否使国家行使管辖权成为义务的问题的反映。区别在于，学者倾向于无论诉讼的实质性质如何，都将必要管辖规则视为管辖权的一般规则，赋予原告诉诸司法的权利，而主张普遍民事管辖权的学者往往认为，规则行使的合理性取决于诉讼的实质性质，因此只适用于因酷刑等最严重的国际不法行为而提出的民事诉讼。[③]

然而，此两种依据在司法实践中的运用并不多见甚至缺乏，接受度较低。正如第二章所述，域外人权义务源于国家与境外侵犯人权行为的实施者或行为本身的直接或间接联系，因此对于与母国缺乏联系的跨国企业侵犯人权诉讼，母国法院并无义务进行司法管辖。而在母国法院依据自由裁量权裁定是否行使域外管辖权时，因域外管辖权的行使必然涉及外交关系，故管辖规则的设定应由立法机关作出决断，而非由法院任意作出，母国法院也须遵从本国的管辖规则以决定域外司法管辖权行使与否。在立法者提供普遍民事管辖权或必要管辖原则管辖依据时，法院的解释应在为最需要的人提供法院的道德义务与实现管辖权行使的有效性间取得平衡，不应滥用相应管辖依据，亦不应弃之不用。当然，更为恰当的方式是推动更具关联性的法院承担受理跨国企业侵犯人权诉讼的责任。尚无国家将普遍民事管辖权纳入其法律体系，而必要管辖原则也仅被少数国家采纳，内容

---

① Jonas Grimheden et al. , *Business and Human Rights*: *Access to Justice and Effective Remedies* (Vienna: European Law Institute, 2022), p. 54.

② 参见 Lucas Roorda & Cedric Ryngaert, "Business and Human Rights Litigation in Europe and Canada: The Promises of Forum of Necessity Jurisdiction," *The Rabel Journal of Comparative and International Private Law* 80 (2016): 814。

③ 参见 Alex Mills, "Private Interests and Private Law Regulation in Public International Law Jurisdiction," in Stephen Allen et al. , eds. , *The Oxford Handbook of Jurisdiction in International Law* (Oxford: Oxford University Press, 2019), p. 342。

与标准也差异极大，孰优孰劣也难作定夺。更为重要的是，本书关注的是利用跨国集团中的母公司锚定的母国，母国与被告外国公司虽不存在法律联系，但因母国是母公司所在国而在事实上与之有关联，若作此理解，则不能满足普遍民事管辖权依据的无联系要求。此外，原告除选择仅对子公司提起诉讼外，还可选择将母子公司作为共同被告或仅对母公司提起诉讼，若是后两种情形，则无须费神证明必要管辖原则中存在联系这一适用条件的充分性。因此，普遍民事管辖权与必要管辖原则虽在理论上具有可行性，但在实践中的适用难度较大且接受度低，故并不存在受害人利用此两种依据使母国行使直接域外司法管辖权的必要性。

三　以关联诉讼为核心的锚定制度

关联诉讼是指两个或两个以上相互独立但诉讼主体客体存在关联性且存在多个受诉法院的诉讼，实质上是多数当事人诉讼（multiparty cases）。[①]关联诉讼管辖权是指在一方与法院地国毫无联系时，若对该方当事人的诉讼与对另一方当事人的诉讼相关，而法院对另一方当事人有管辖权时，法院也可对该方当事人行使管辖权，[②] 是合并管辖权的一种。[③] 通常发生在母子公司关系中，在相同的事实情况下，子公司因实施不法行为被诉，母公司则因未能履行监督职责被诉。[④] 部分欧洲国家法院采用了与《布鲁塞尔条例Ⅰ（重订本）》第 8 条"关联诉讼"相仿的锚定制度，将母公司作为锚定被告（anchor defendant）以获得其国法院对本无管辖权的关联诉讼中的被告的管辖权。为应对管辖权的挑战，特别是基于不方便法院原则的

---

① 参见 Trevor C. Hartley, "Basic Principles of Jurisdiction in Private International Law: The European Union, The United States and England," *International & Comparative Law Quarterly* 71 (2022): 221.

② International Law Association, "Sofia Conference on Final Report of International Civil Litigation for Human Rights Violations", p. 12, https://ilareporter. org. au/wp-content/uploads/2015/07/Source-1-Baselines-Final-Report-Sofia-2012. pdf, accessed 10 September 2023.

③ 参见郭玉军《多方当事人诉讼中的国际管辖权问题》，载中国国际私法学会主办《中国国际私法与比较法年刊》（第 2 卷），法律出版社，1999，第 411 页。

④ 参见 Lucas Roorda & Cedric Ryngaert, "Business and Human Rights Litigation in Europe: The Promises Held by Forum of Necessity-Based Jurisdiction," *The Rabel Journal of Comparative and International Private Law* 80 (2016): 785.

反对意见,① 除司法实践外，在近年来制定的工商业与人权领域的国内法或国际文书中，也提出了引入关联诉讼管辖权制度的建议。

（一）法律现状及政策推动

1. 密切关联要求

若干国际文书作出基于诉讼的关联性而对与本国并无联系的外国公司行使管辖权的规定或提出相关建议。如《索菲亚准则》规定，对密切相关的诉讼，若干被告之一的住所所在国的法院对所有被告都有管辖权。其中，密切相关的诉讼是指对相关诉讼一并审理和裁决是有效的，以及被告相互关联。关联被告是指，若在诉因产生时它们构成同一公司集团的一部分，一名被告控制另一名被告，一名被告指挥另一名被告在诉讼中的行为，或以相互关联的方式参与了引起诉因的活动。欧洲委员会部长委员会在 2016 年建议中呼吁成员国考虑允许其国内法院对其管辖范围内的工商企业的无论其设在何处的子公司的民事诉讼行使管辖权，前提是此类诉讼与针对后者的民事诉讼密切相关。② 对跨国企业侵犯人权行为的受害人追究母公司民事责任可能会遇到司法障碍，建议成员国考虑允许其国内法院在此类案件中对位于其管辖范围内的母公司和外国子公司行使管辖权，但母公司和子公司的债权应密切相关。③《拟议条约》二号草案和三号草案中出现关联诉讼管辖权的规定，区别在于二号草案要求密切关联，而三号草案只要求存在关联。

各国国内法也不乏关联诉讼管辖权的相关规定。日本要求诉讼密切相关，即诉讼的事项相同，或诉讼基于相同的事实或法律原因。荷兰等国要求针对被告的诉讼须密切相关，以至于有理由将之合并审理和裁决。意大利、苏格兰、斯洛伐克等国家或地区的立法规定的适用条件是存在不可调

---

① 参见 Grant Stirling, "Company Group Liability and Extra-Territorial Jurisdiction: The Considerable Post-Brexit Obstacles to the UK as a Major Forum for Competition Law Damages Actions," *Global Competition Litigation Review* 14（2021）: 31。

② Council of Europe, *Recommendation CM/Rec (2016) 3 of the Committee of Ministers to Member States on Human Rights and Business*, 2 Mar. 2016, p. 18.

③ CDDH, *Explanatory Memorandum to Recommendation CM/Rec(2016)3 of the Committee of Ministers to Member States on Human Rights and Business*, CM（2016）18-addfinal, 2 Mar. 2016, para. 54.

和判决（irreconcilable judgments）的风险。在允许以诉讼间密切联系为基础进行管辖的制度中，关于对所谓的锚定被告进行管辖的必要基础方面存在进一步的分歧。在日本和部分欧盟国家，锚定被告须在法院地国有住所。在澳大利亚、荷兰等国，满足任何对锚定被告的管辖依据均可。同时，并不要求加入诉讼的被告与法院地国有任何联系。①

2. 存在关联要求

《拟议条约》三号草案第 9（4）条在二号草案的基础上删去了"密切"，将关联的门槛降低。《〈企业尽责和企业问责〉国际私法建议》表示，若不在成员国居住的人是多个被告之一，可在其中任一被告的住所地法院提起诉讼，但条件是这些诉讼相互关联，以便于一并审理和裁决。在塞浦路斯、英国和澳大利亚，任何被告若是已对另一当事人提起的诉讼的"必要和适当的当事人"（necessary and proper party），而该另一当事人已在法院地国境内或境外被送达时，可对该被告行使管辖权。② 法国和匈牙利等国则侧重于诉讼标的或事项间的联系。③

3. 拒绝将关联诉讼作为管辖权依据

瑞士和美国的法院不能以诉讼间存在密切联系为由行使管辖权。在欧洲接受布鲁塞尔或卢加诺制度的国家中，丹麦、芬兰等国法院亦不能以诉讼间存在关联为由对在欧盟成员国无住所的被告行使管辖权。在瑞士，虽可合并审理涉外案件，但前提是瑞士法院对被告已拥有管辖权。在美国，不在法院地州居住的被告须与法院地州有最低限度联系，因此在拟增加的被告与法院地州无任何联系时，不可能仅凭诉讼间存在联系即可合法行使管辖权。虽可依刺破公司面纱建立对外国公司的管辖权，且在这些情况下也存在锚定被告，但其他被告是由于其与锚定被告的关系而非由于诉讼间

---

① International Law Association, "Sofia Conference on Final Report of International Civil Litigation for Human Rights Violations," p. 12, https://ilareporter. org. au/wp-content/uploads/2015/07/Source-1-Baselines-Final-Report-Sofia-2012. pdf, accessed 10 September 2023.

② Victoria Supreme Court (General Civil Procedure) Rules 2005, Rule 7. 01 (1) (1).

③ 参见 Arnaud Nuyts, "Study on Residual Jurisdiction: General Report," JLS/C4/2005/07-30-CE) 0040309/00 - 37, p. 52, https://gavclaw. files. wordpress. com/2020/05/arnaud-nuyts-study_residual_jurisdiction_en. pdf, accessed 10 September 2023.

的联系而被合并入诉讼。①

　　鉴于此,国内法规定有以关联诉讼为核心的锚定制度的国家并不多见,因此锚定制度的可复制性(replicability)受到质疑。②

　　(二)运行机理

　　1. 理论可行性

　　允许法院基于诉讼间的相互关联对其本不享有管辖权的一方当事人获得管辖权,实质上是使法院对与其毫无关联的主体基于法律的特殊规定产生的管辖权,是出于程序经济和避免不可调和的判决的目的而设立的管辖权规则。许多国家的民事诉讼法或民事程序法中规定有类似的牵连管辖、合并审理、共同诉讼等规则,③ 但问题在于,此种规则是否可适用于涉外案件及将此作为对与本国毫无关联的外国主体行使域外管辖权的依据是否充分。上文所列的立法例体现出部分国家认为可将关联诉讼管辖权适用于跨国企业侵犯人权诉讼,允许对本国法院本不能行使管辖权的外国公司行使管辖权,前提是该外国公司是本国公司的子公司或供应商,本国公司的决策对外国公司实施的侵犯人权行为产生影响。④

　　2. 司法实践

　　采用此种制度的代表国家为荷兰和英国,荷兰的判例主要有由四位尼日利亚农民和渔民各自针对壳牌集团母公司皇家壳牌石油公司(以下简称"RDS")及尼日利亚子公司(以下简称"SPDC")提起的诉讼,荷兰法院并未将四起诉讼合并审理,但判决书的内容基本相同,均于 2013 年作出初审裁决,⑤ 在被告公司上诉后,荷兰法院于 2015 年作出有关管辖权

---

① International Law Association, "Sofia Conference on Final Report of International Civil Litigation for Human Rights Violations," p. 15, https://ilareporter. org. au/wp-content/uploads/2015/07/Source-1-Baselines-Final-Report-Sofia-2012. pdf, accessed 10 September 2023.

② 参见 Daniel Bertram, "Transnational Experts Wanted: Nigerian Oil Spills Before the Dutch Courts," *Journal of Environmental Law* 33 (2021): 433。

③ 如我国《民事诉讼法》第 55 条、《克罗地亚民事程序法》第 196 条等。

④ 参见 Ivana Kunda & Eduard Kunštek, "Potential Jurisdictional Bases for Bringing Corporate-Related Human Rights Abuse Cases Before Croatian Courts," in SEE | EU Cluster of Excellence in European and International Law, ed. , *South Eastern Europe and the European Union-Legal Aspects* (Verlag Alma Mater: Saarbrücken, 2015), p. 107。

⑤ ECLI: NL: RBDHA: 2013: BY9850-9854.

的最终裁决，并于 2021 年作出判决，① 其中影响力最广泛的是阿克潘案
（*A. F. Akpan v. Royal Dutch Shell, Plc.*）。英国的判例主要是隆博韦案（*Lun-gowe v. Vedanta*）② 和奥克帕比案（*Okpabi v. Royal Dutch Shell Plc. and Shell Petroleum Development Company of Nigeria, Ltd.*）③ 等，隆博韦案目前构成
此类诉讼的先例。囿于篇幅，本书主要研究隆博韦案和阿克潘案。虽均为
锚定制度，但两国法院采用的途径略有不同。荷兰法院途径可称为"锚定
索赔"（ankervorderingen），采取两步骤方法，首先判断对锚定被告的管辖
权成立与否，再判断是否满足多被告关联诉讼条件从而对外国被告建立替
代性管辖权。英国法院途径可表述为必要或适当当事人，需判断五个内
容，分别为：针对锚定被告有真正可审判的问题（real triable issue）、法
院审理该问题具有合理性、外国被告是针对锚定被告诉讼的必要或适当当
事人、针对外国被告的索赔有真实胜诉前景（real prospect of success）、英
国是合并审理关联诉讼的适当地点（proper venue）或若在替代外国法院
审理则受害人将面临无法获得实质正义（substantial justice）的真实风险。
无论采用何种途径，核心问题都是对锚定被告的管辖权成立与否，因此确
定对锚定被告的管辖权是法院首先面临的问题。

（1）荷兰法院锚定索赔途径

2010 年，在对阿克潘案的非终局判决（interlocutory judgment）中，
阿姆斯特丹地区法院认为其对母公司 RDS 和子公司 SPDC 均有管辖权。④
后经 RDS 申请，海牙地方法院于 2013 年重新审视该案管辖权问题后，
仍坚持认为荷兰法院对母子公司均有管辖权。⑤ 2015 年，海牙上诉法院
指出不能事先确认母公司不为子公司的过失行为负责，从而驳回了母公

① ECLI：NL：GHDHA：2021：132-134.
② *Lungowe v. Vedanta Resources Plc. and Konkola Copper Mines Plc.*, [2016] EWHC 975 (TCC)；[2017] EWCA Civ 1528；*Vedanta Resources Plc. and another (Appellants) v. Lungowe and others (Respondents)*, [2019] UKSC 20.
③ *Okpabi v. Royal Dutch Shell Plc. and Shell Petroleum Development Company of Nigeria, Ltd.*, [2017] EWCA 89 (TCC)；[2018] EWCA Civ 191；[2021] UKSC 3.
④ *Akpan et al. v. Royal Dutch Shell Plc. and Shell Petroleum Development Company of Nigeria, Ltd.*, District Court of Amsterdam (24 Feb. 2010), LJN BM1469.
⑤ *Akpan and others v. Royal Dutch Shell and Shell Petroleum Development Company of Nigeria, Ltd.*, District Court of The Hague (30 Jan. 2013), LJN BY9854.

司的其不应被管辖的上诉理由。①

海牙上诉法院首先分析荷兰法院是否对锚定被告 RDS 享有管辖权。法院依据《布鲁塞尔条例 I（重订本）》第 4（1）条（原《布鲁塞尔条例 I》第 2 条）② 和第 63（1）条③认为，RDS 的总部位于荷兰，因此 RDS 可在其住所地荷兰被诉。④ 上诉人并未就《布鲁塞尔条例 I（重订本）》在此类案件中的可适用性问题提出上诉。上诉人的上诉理由主要是针对 RDS 的诉讼没有希望，明显缺乏机会。虽未出现"诉因"字样，但归根结底该问题的本质是对 RDS 提出诉讼无法律依据，因为尼日利亚法中并无母公司责任的相关规定。上诉法院认为，尼日利亚法的法源之一是英国法，而根据英国卡帕罗案（*Caparo Industries v. Dickman*）⑤、钱德勒案（*Chandler v. Cape Plc.*）⑥ 等，母公司可能对子公司的作为或不作为造成的损害承担责任，因此在该案中，上诉人提出的明显缺乏机会抗辩不成立，因为不能事先排除使母公司承担责任的可能性。

在确认荷兰法院对 RDS 有管辖权后，依据荷兰《民事诉讼法典》第 7（1）条⑦的规定，上诉法院分析了是否可基于关联诉讼对 SPDC 建立替代性管辖权。上诉人质疑第 7（1）条的有效性，认为该条款不适用于此类案件。荷兰上诉法院认为，该条款是出于效率和程序经济的考虑及对《布鲁塞尔条例 I》第 6（1）条【现为《布鲁塞尔条例 I（重订本）》第 8（1）条】的国内法转化的结果，在已论证对 RDS 有管辖权的情况下，鉴于被诉公司存在产生连带责任的集团关系，且诉讼请求相似，具有相同的

---

① *A. F. Akpan v. Royal Dutch Shell*, Plc., The Hague Court of Appeal（18 Dec. 2015）ECLI：NL：GHDHA：2015：3587.

② 该条例规定："除本条例另有规定外，凡在一个成员国有住所的人，不论其所属国籍，均应在该国法院被诉。"

③ 该条规定："为本条例目的，公司或其他法人或自然人社团或社团法人的住所位于以下地点：（1）其章程规定的所在地；（2）管理中心所在地；或（3）主要营业地。"

④ *Akpan v. Shell*, District Court of The Hague（30 Jan. 2013）ECLI：NL：RBDHA：2013：BY9854, para. 3. 1.

⑤ *Caparo Industries v. Dickman*,〔1990〕2 AC 605.

⑥ *Chandler v. Cape Plc.*,〔2012〕EWCA Civ 525.

⑦ 该条规定："若荷兰法院对一个被告的诉讼有管辖权，且对不同被告的请求权间存在联系而有正当理由共同审理，则荷兰法院在同一个诉讼中对涉及其他被告的案件也有管辖权。"

事实基础，为避免产生不可调和的判决的风险，可对 SPDC 建立管辖权。可见，在判断对 SPDC 是否可基于关联诉讼建立管辖权时，核心问题是避免产生不可调和判决的风险。上诉人认为对 SPDC 的管辖权不成立的另一个理由是被上诉人滥用程序性权利，规避本应成立的管辖权，人为创设了荷兰管辖规则的适用条件，SPDC 对被荷兰法院送达文书不存在可预见性。上诉法院未支持该理由，原因在于对外直接责任诉讼①是国际趋势，受到了广泛关注，且漏油事件层出不穷，在世界各地针对壳牌集团的法律诉讼从未止息，而壳牌集团母公司的总部位于荷兰，作为壳牌集团子公司的 SPDC 对此不可能预测不到。此外，上诉人还主张应由尼日利亚法院管辖该案件。上诉法院认为关联诉讼的主张较之该主张更具合理性。最后，对于上诉人的被上诉人对 RDS 提起诉讼的唯一目的是人为建立管辖联系因素的主张，上诉法院认为该主张不成立，原因在于 RDS 因可能负有注意义务而也可能承担法律责任。上诉法院进一步明确，即便在实体审判阶段认为对母公司的诉讼被证明无依据，根据管辖恒定原则，也不影响荷兰法院对 SPDC 的管辖权。②

（2）英国法院必要或适当当事人途径

近两千名赞比亚农民在英国法院起诉英国母公司韦丹塔公司及其赞比亚子公司 KCM，理由是 KCM 运营的纳查铜矿（Nchanga Copper Mine）排放污水导致当地水污染和土壤污染，侵犯了其健康权和农业活动权。KCM 虽非韦丹塔公司的全资子公司，但根据韦丹塔公司公布的材料可知，韦丹塔公司对 KCM 进行了最终控制。经韦丹塔公司和 KCM 两次上诉，英国最高法院对该案管辖权问题作出最终裁决。该案以庭外和解方式告终。初审法院认为，对韦丹塔公司行使管辖权的依据是《布鲁塞尔条例Ⅰ（重订本）》第 4（1）条，对 KCM 行使管辖权的依据是英国《实务指引 B》第

---

① 因子公司的侵犯人权行为受到损害的受害人在包括母国在内的除东道国外的其他国家国内法院针对跨国企业提起的旨在获得经济赔偿救济的民事诉讼案件被称为对外直接责任诉讼（foreign direct liability litigation）。参见王岩《受诉国在对外直接责任案件中的司法管辖权问题研究》，载上海市法学会编《上海法学研究》2020 年第 22 卷，上海人民出版社，2021，第 1 页。

② *A. F. Akpan v. Royal Dutch Shell, Plc.*, The Hague Court of Appeal（18 Dec. 2015）ECLI：NL：GHDHA：2015：3587, para. 2. 1.

六部分第 3.1 条规定的关联诉讼的必要或适当当事人途径。英国最高法院总结两公司的上诉意见后，提炼出四个争议焦点，分别为欧盟法是否被滥用、针对韦丹塔公司是否有真正可审理的问题、对 KCM 公司而言英国是不是适当审判地及实质正义问题。

其中，主要问题是针对韦丹塔公司是否有真正可审理的问题，若存在则英国法院审理该问题具有合理性，且 KCM 至少是针对韦丹塔公司的诉讼的适当当事人，而针对 KCM 的诉讼有真实胜诉前景是共识。欧盟法被滥用的质疑和针对韦丹塔公司是否有真正可审理的问题的质疑事出同源，都在于认为母公司仅因被作为锚定被告而被诉，若对母公司的诉讼的管辖权不成立，则英国法院也无法将 KCM 作为关联诉讼中的必要或适当当事人而对之行使管辖权。因此，英国最高法院首先分析了初审法院认定英国法院对韦丹塔公司有管辖权的裁定是否正确。英国最高法院指出，由于韦丹塔公司的总部设在英国，因此英国法院对该公司有管辖权。又因奥乌苏案（Owusu v. Jackson）确立了不得适用不方便法院原则的判例法，故英国法院不得援引不方便法院原则拒绝对韦丹塔公司行使管辖权。上诉人诉称《布鲁塞尔条例 I（重订本）》是欧盟法，第 4（1）条旨在保护住所在欧盟的人，应用于欧盟成员国间，不应用于涉及当事人为住所不在欧盟成员国的人的诉讼。英国最高法院认为，第 4（1）条除了旨在保护住所在欧盟成员国的人，还旨在为住所不在欧盟成员国的人指明应提起诉讼的法院地。判断是不是对欧盟法的滥用的标准是唯一目的标准（sole purpose test），即审查索赔人针对韦丹塔公司提起诉讼的唯一目的是否为将之作为锚定被告以使英国法院获得对 KCM 的管辖权。英国最高法院认可初审法院的观点，即将韦丹塔公司作为锚定被告虽是索赔人将之列为共同被告的主要原因之一，但索赔人对之提起诉讼也是意欲获得针对韦丹塔公司的判决，因为 KCM 正在进行破产程序可能使其无法获得赔偿，因此不构成滥用欧盟法。

而在分析针对韦丹塔公司是否有真正可审理的问题时，英国最高法院指出判断标准是韦丹塔公司是否因充分介入由 KCM 所有的矿厂管理而对索赔人负有普通法下的注意义务或违反赞比亚法定义务而承担过失责任。英国最高法院认为是否发生一定程度的介入是纯粹事实问题，最高法院不应介入。上诉人辩称，若得出韦丹塔公司对索赔人负有注意义务的结论，将涉及对过失侵权行为边界的有争议扩展，需与既定类别进行谨慎渐进类比，并对诉讼进行详细调查，但初审法院未如此做，故要求最高法院进行详细调查。针对该上诉理由，最高法院认为案涉注意义务并不构成新类型，因为母公司对其子公司活动的责任本身并非普通法过失责任的独特类别。英国最高法院认为没有必要严格分析该问题，且虽不赞成但理解初审法院适用卡帕罗案标准和钱德勒案标准的做法，指出钱德勒案只是提供了参考因素，并不具有约束性，而卡帕罗案标准的适用则存在假定母公司责任构成新类型的错误。而在法定义务违反部分，初审法院、上诉法院和最高法院都认为两种诉因的核心都是判断母公司的介入程度，因此在得出对前者的肯定结论后，对后者的认定并不重要。故法院支持索赔人，驳回了上诉人的上诉。

在适当审判地问题上，英国的先例俄罗斯外贸银行案［*VTB Capital Plc. (Appellant) v. Nutritek International Corp and others (Respondents)*］[①] 判决虽认为决定性因素是产生不可调和判决结果的风险，但英国最高法院认为该先例是错误的，原因在于索赔人选择在英国法院提起诉讼便是接受了产生不可调和判决结果的风险，因此不应将之作为决定性因素，还应考虑证据获取、诉讼成本等因素，在一一审查后，认为适当审判地应当是赞比亚而非英国，因此肯定了上诉理由。然而，考虑适当审判地问题的前提是获得实质正义，若不能获得实质正义，英国可成为审判地。由于赞比亚司法系统缺乏独立性等原因，索赔人在赞比亚难以获得实质正义、得到有效救济。结合上述原因，英国最高法院最终驳回了上诉人的上诉请求，支持英国法院对该案行使管辖权。[②]

（3）锚定制度的运行步骤总结

两种途径都首先关注建立对锚定被告的管辖权，原因在于对锚定被告的管辖权的建立与否直接决定锚定制度能否适用，若对锚定被告不享有管

---

① *VTB Capital Plc. (Appellant) v. Nutritek International Corp and others (Respondents)*，［2013］UKSC 5.

② *Vedanta Resources Plc. and another (Appellants) v. Lungowe and others (Respondents)*，［2019］UKSC 20.

辖权，则法院也不可能对外国被告行使管辖权。虽依据《布鲁塞尔条例Ⅰ
（重订本）》，法院对锚定被告有管辖权，但被告公司通常会辩称缺乏诉
因使法院不应对锚定被告行使管辖权。这是因为，母公司在法院地国有住
所的事实只为法院地国对针对母公司提起的诉讼行使管辖权提供了一种可
能性。若母公司不对索赔人承担任何法律义务，法院地国就无理由决定它
对针对母公司的诉讼有管辖权。换言之，要证实法院地国法院对母公司的
管辖权，就必须有诉因。在缺少成文法规定的背景下，荷兰法院和英国法
院都借助了普通法中的注意义务，在管辖权阶段，荷兰法院仅提出母公司
注意义务存在的假设，并未进行实质审查，英国地方法院及上诉法院虽曾
依据卡帕罗案和钱德勒案确立的标准审查，但英国最高法院反对此做法，
认为母公司注意义务并非注意义务中的特殊类别，没有必要进行实质审
查。可见，在管辖权阶段，原告提出证据初步证明母公司有对因子公司的
作为或不作为造成的损害的受害人的注意义务的可能即可，法院在该阶段
接受该假设并不意味着在实体审判阶段亦必须认定母公司注意义务成立。
母公司注意义务的假设也是反驳被告公司提出的针对锚定被告的起诉仅为
人为制造对外国被告的管辖连接因素的主张的重要依据，因为母公司注意
义务的诉因若成立，则索赔人能够期待获得针对母公司的实体判决，从而
推翻唯一目的标准。《布鲁塞尔条例Ⅰ（重订本）》第4（1）条和第63
条提供了对锚定被告建立对人管辖权的依据，普通法中的注意义务则是确
立对锚定被告事项管辖权的关键。又因奥乌苏案后，欧盟成员国法院不应
适用不方便法院原则拒绝行使管辖权，故对锚定被告的管辖权成立。

　　在确立对锚定被告的管辖权后，法院将依据内国民事程序法中的关联
诉讼管辖权规则判断能否对外国被告建立管辖权。在该步骤中，荷兰法院
将避免不可调和判决的风险及确保效率和程序经济作为决定性因素。根据
荷兰法律，法院不需评估荷兰是不是诉讼的适当地点，只需得出结论认为
一并审理这些诉讼更为有利即可行使管辖权。① 但英国法院认为不可调和
判决的风险是索赔人自行选择的结果，索赔人应自担风险，故该风险不具有

---

① 参见 Lucas Roorda, "Jurisdiction in Foreign Direct Liability Cases in Europe," *Proceedings of the ASIL Annual Meeting* 113 (2019)：165。

决定性，英国法院更为关注英国是不是适当审判地及索赔人能否获得实质正义。①

对法院而言，裁决管辖权异议的适当路径是，判断索赔人是否有可论证的案件时，法院应侧重于诉讼的细节。参照所申辩的案件决定问题，可确保这项工作有明确范围，并避免缺乏相称性。在分析诉讼细节时，法院应假设所指控的事实为真，并在此基础上决定所主张的诉因是否有真正胜诉前景。被告通过证据对事实提出异议通常并不合适，除非这些事实明显不真实且无法支持。否则对索赔人的事实证据提出异议，往往只能说明有真正需要审理的问题（real issue to be tried）。特别是若存在有争议的事实证据，法院不应对证据下结论，因为没有机会进行交叉询问，且被告也不会作出披露。同样，若真有可能在披露后出现更多相关证据，或对事实进行更全面的调查会改变证据，则法院就不应对文件证据作出裁定。总之，在此类诉讼中，法官只应考虑诉讼是否提出了有真正胜诉希望的可审理问题，应避免微型审理。②

（三）对锚定制度的质疑观点及评析

锚定制度受到质疑的主要理由为《布鲁塞尔条例Ⅰ（重订本）》对非欧盟诉讼的可适用性、英国脱欧后不方便法院原则的继续适用性、国内关联诉讼管辖权条款对国际诉讼的可适用性等。

1. 欧盟法的滥用

作为欧盟法律的一部分，《布鲁塞尔条例》对欧盟成员国具有直接和最高效力，可由成员国在内部直接适用。③ 有观点认为，《布鲁塞尔条例》仅为欧盟成员国间缔结的区域条约，不应对非欧盟成员国适用，否则构成单边行动。④ 然而，欧盟认为，《布鲁塞尔条例》不仅涵盖了涉及两个成

---

① 参见 Carrie Bradshaw, "Corporate Liability for Toxic Torts Abroad: Vedanta v. Lungowe in the Supreme Court," *Journal of Environmental Law* 32 (2020): 146。

② 参见 Alexander Halban, "'Not a mini-trial': Supreme Court Explains the Correct Approach in Jurisdiction Challenges," https://www.lexology.com/library/detail.aspx? g=c30ed17c-8bc7-4f86-9123-a835be14fe8c, accessed 10 September 2023。

③ *Flaminio Costa v. E. N. E. L.*, 1964 E. C. R. 587, 599。

④ 参见 Liping Huang, "Establishing Extraterritorial Jurisdiction of Home State for Investor Accountability: English and Dutch Anchoring Mechanism and an IIA Complement or Alternative," *Asian Journal of WTO & International Health Law and Policy* 16 (2021): 405。

员国的国际法律关系，还包括涉及成员国和非成员国的法律关系。若原告和被告之一的住所在同一个成员国，而案件在该国的法院审理时，与一个非成员国有某些联系因素，但与另一个成员国无联系，则《布鲁塞尔条例》也适用。① 对欧盟成员国法院而言，成员国负有直接适用《布鲁塞尔条例》的义务，故其效力与国内管辖规则并无不同。当被告之一在欧盟成员国有住所时，适用《布鲁塞尔条例》并无不当。

2. 英国脱欧带来的新的不方便法院原则挑战

随着英国脱欧和过渡期的结束，《布鲁塞尔条例》不再适用于英国，② 意味着英国法院需重新考虑不方便法院原则是否构成其对在外国实施的侵权或不当行为的民事诉讼行使管辖权的障碍。英国脱欧使不方便法院原则重新成为跨国企业侵犯人权诉讼中的管辖权挑战。有学者预测，英国法院将不得不考虑多重诉讼和不可调和判决的风险。③ 也有学者认为，这取决于英国是否会成为相关领域的排除不方便法院原则的国际协定的缔约国，如《卢加诺公约》。④ 第一种建议仍是《布鲁塞尔条例》观点的反映，在英国脱欧并不再受《布鲁塞尔条例》约束的背景下，该观点并不准确，且隆博韦案也清楚表示，不可调和判决的风险不应为决定性考虑因素，因此该建议的可行性并不高。第二种建议更有可能被英国采纳。事实上，英国的确递交了加入《卢加诺公约》的申请，但被欧盟拒绝。⑤

对于在跨国企业侵犯人权诉讼中是否应保留不方便法院原则，国际文书出现了较大变化。《索菲亚准则》虽允许有条件地适用不方便法院原则，

---

① *Owusu v. Jackson*, ECJ, 1 March 2005, C−281/02.

② *Agreement on the Withdrawal of the United Kingdom of Great Britain and Northern Ireland from the European Union and the European Atomic Energy Community art. 67*, Nov. 12, 2019, 2019 O. J. (C 384 I) 1.

③ 参见 Lorna E. Gillies, "Appropriate Adjustments Post Brexit Residual Jurisdiction and *Forum Non Conveniens* in UK Courts," *Journal of Business Law* 20 (2020): 179。

④ 参见 Grant Stirling, "Company Group Liability and Extra-Territorial Jurisdiction: The Considerable Post-Brexit Obstacles to the UK as a Major Forum for Competition Law Damages Actions," *Global Competition Litigation Review* 14 (2021): 31。

⑤ 参见 Shane McVeigh, "EU Rejects UK Re-Entry to Lugano Convention," https://www.carson-mcdowell.com/news-and-events/insights/eu-rejects-uk-re-entry-to-lugano-convention, accessed 10 September 2023。

但近年来的国际文书的制定趋势便是明确在跨国企业侵犯人权诉讼中排除不方便法院的适用。如欧洲委员会部长委员会在 2016 年建议中呼吁成员国采取必要措施，确保不得允许其国内法院对在其管辖范围内的工商企业侵犯人权的民事诉讼中适用不方便法院原则。① 又如《拟议条约》二号草案第 7 条"获得救济"第 5 款和第 9 条"司法管辖权"第 3 款要求缔约国确保其法院不利用不方便法院原则驳回受害人提起的合法司法程序。三号草案在二号草案的基础上进一步合并了第 7 条的规定，将不方便法院原则纳入第 3 款，要求消除包括不方便法院原则在内的法律障碍。第 9（3）条则保留排除不方便法院原则适用的规定。

设若《拟议条约》保留排除适用不方便法院原则条款并获得通过，而英国未来批准或加入该条约，则英国法院将沿用旧例，锚定制度在英国仍将具有可行性。然而，从现有情景来看，《拟议条约》仍前路漫漫，英国法院在后续案件中将如何处理不方便法院原则仍有待观察。

3. 锚定制度作为域外管辖权建立依据的不充分性

在阿克潘案中，荷兰法院仅根据采用以关联诉讼为核心的锚定制度的必要性，便把对母公司 RDS 的诉讼的管辖权扩大到对子公司 SPDC 的诉讼，以此建立对与荷兰并无联系的子公司的域外管辖权的做法缺乏合理性。关联诉讼与管辖权是两个独立的问题，而域外管辖权的行使只在法律行动或事项与法院地国存在某些联系的有限情况下得到国际社会承认。② 荷兰《民事诉讼法典》第 7（1）条却将关联诉讼与管辖权相互交织，该款中的管辖权似乎只应解释为与对人管辖权平行的事项管辖权，而非国家管辖权层面上的域外管辖权，域外管辖权应确保对人管辖权和事项管辖权同时获得满足。以该条款为依据对 SPDC 行使域外管辖权，忽略了针对 SPDC 的诉讼与法院地国的联系要求，缺乏实质性管辖依据。因此，关联诉讼的必要性不能作为行使域外管辖权的理由，仅满足关联诉讼的要求也不足以行使域外管辖权。

---

① Council of Europe, *Recommendation CM/Rec (2016) 3 of the Committee of Ministers to Member States on Human Rights and Business*, 2 Mar. 2016, p. 17.

② 参见 Joel Colón-Ríos, "Constituent Power, the Rights of Nature, and Universal Jurisdiction," *McGill Law Journal* 60 (2014)：157。

依据荷兰法律，对锚定被告的诉讼管辖权本身就包含对针对其他被告的关联诉讼管辖权。该规定是否具有合理性和符合比例原则值得深思。首先，关联诉讼制度的原因是确保效率和程序经济，节约司法资源。该理由在纯国内案件中说服力较强，在法院对共同被告中的锚定被告建立管辖权后，以节约司法资源和提高效率为由，将其本不具有管辖权的另一被告拉入诉讼中来，在诉讼相互关联且需审理的事实基本相同时，确可节约司法资源，避免重复工作。然而，这种情形因发生在纯国内诉讼中，并不会引发与他国的司法主权纠纷。但将该制度适用于国际民事诉讼则大有不同。虽然《布鲁塞尔条例 I（重订本）》第 8（1）条规定了关联诉讼，但是英国和荷兰法院都未援引该条款适用于非欧盟成员国被告，而是将之认定为剩余管辖权问题适用本国国内法，表明该条款只适用于欧盟成员国内部的管辖权分配，其背后的考量因素便在于欧盟成员国对此种管辖权分配的接受，并不会引发司法主权纠纷。但对非欧盟成员国而言，他国法院对与其法律体系毫无关联的本国主体行使管辖权，实质上是他国法院域外司法管辖权的行使表现，可能会被认为是对本国内部事务的不当干涉，侵犯本国司法主权。其次，以关联诉讼为由主张管辖权扩张所宣称的目的是节约司法资源，但对本国法院本不会受理的案件行使管辖权，难道不是另一种形式的司法资源浪费？因此，在论证以关联诉讼为核心的锚定制度合理性时，更为有力的理由应是，针对锚定被告和针对外国共同被告提起的诉讼相互独立，虽然即便不对针对外国共同被告提起的诉讼行使管辖权，针对锚定被告的诉讼亦能进行下去，但既然针对锚定被告和外国共同被告的诉讼所依据的事实基础相同，且已建立对锚定被告的管辖权，而在审理主要被告是否应承担责任时必然要审查索赔人提供的证据，不如对针对外国共同被告的诉讼一并审理。这并非出于节约司法资源的目的，而是出于减轻原告负担、保护弱者利益的目的，否则原告不得不在东道国针对子公司再次起诉，重复提交相同的证据。但以此为依据进行合理性论证会再次产生与避免不可调和判决的风险一样的问题，即此为原告的自我选择，原告应自担风险。

因此，锚定制度可行性问题的本质是原告的选择是不是母国对外国子公司行使域外管辖权的合理性依据，即人权保护目的能否将母国对外国子公司的域外管辖正当化和合理化。事实上，对外国子公司建立管辖权为受害人提供了在母国提起诉讼与获得救济的程序性机会，母国已履行了其程序性域外人权义务。

综上所述，无论是在仅以外国子公司为被告的跨国企业侵犯人权诉讼中适用普遍民事管辖权、必要法院原则，还是在以母子公司为被告的跨国企业侵犯人权诉讼中适用以关联诉讼为核心的锚定制度，在理论上虽均具有可行性，但在实践中，或因可接受度不高，或因可复制性不强而难以被其他国家效仿，也存在司法霸权之嫌。因此，在只针对母公司提起的跨国企业侵犯人权诉讼中采取具有域外影响的国内措施更具可行性。

第三节　违反习惯国际法在内国法院的可诉性

跨国企业侵犯人权诉讼原告的另一种选择是仅对母公司提起诉讼。母国与母公司间存在联系自不待言，亦能期待母国法院依据此种联系对母公司建立对人管辖权，但仍需诉因促发事项管辖权。[1] 私法诉因是指提起诉讼的法律依据，可为法定条款、一般法律原则、法律先例或习惯等其他基础。在跨国企业侵犯人权诉讼中，可诉性表现为诉因是否存在及真实可审理。上文在关联诉讼管辖权部分已分析了母公司未履行注意义务为诉因的可诉性问题，本节则关注于违反习惯国际法的可诉性，其本质是内国法院是否承认习惯国际法可提供诉因，即内国法院能否受理来源于国际公法的事项。

一　习惯国际法直接提供诉因模式

习惯国际法直接提供诉因模式是指，无须国内法规定，当事人可直接以违反习惯国际法为诉因在内国法院提起诉讼，采取此种模式的主要是加拿大。在评估加拿大法院能否受理基于违反习惯国际法提出的诉讼时，法院需确定诉讼是否能经受住排除诉状标准（applicable test for striking pleadings），即诉讼是否明显无合理胜诉前景（reasonable likelihood of success）。

---

[1]　参见李庆明《美国〈外国人侵权请求法〉研究》，武汉大学出版社，2010，第47页。

在耐森公司案①中，为防止起诉被驳回，原告作出两手准备，在起诉书中适用了关于违反习惯国际法诉讼的两种理论，即寻求加拿大法院承认专门针对违反习惯国际法的诉因，或寻求加拿大法院承认受习惯国际法原则启发的四种新侵权行为（使用强迫劳动，奴隶制，残忍、不人道或有辱人格的待遇，反人类罪）。耐森公司提出国家行为学说（act of state doctrine）抗辩，又抗辩称基于习惯国际法的诉讼无合理成功前景，但被初审法院驳回，上诉至不列颠哥伦比亚上诉法院后亦被驳回。

（一）肯定意见

初审法院将核心问题定义为习惯国际法和侵犯人权私人诉讼的融合，第一个问题是原告可否在法院就所谓的违反强行法或习惯国际法的强制性规范（peremptory norms）要求赔偿，即违反习惯国际法是否具有可诉性；第二个问题是一家公司可否对违反习惯国际法的行为负责，或它是否因是公司而不受习惯国际法约束，或根据国家行为理论，因厄立特里亚被指控参与了诉讼事项而获得豁免。初审法院驳回了耐森公司的抗辩，即国际规范是犯罪，而非侵权行为，因此不提供民事诉因，理由是普通法应根据习惯国际法的理念（ideals）而非定性（classification）发展。初审法院认为，原告的习惯国际法主张并不一定会失败，因为法律并未就该问题作出规定，且扩大习惯国际法的诉因不会从根本上改变加拿大法律。初审法院也驳回了原告的论点，即原告的诉讼因基于习惯国际法的诉讼满足了建立四个新具名侵权行为的要求而具有可诉性，认为尚不能对该点下结论，②这是一个有待审理的问题。③

上诉法院为论证允许对耐森公司基于违反习惯国际法的诉因提起诉讼的合理性时，借用了英国法官在比尔哈吉案（*Belhaj v. Straw*）中的观点，即国际公法已发生根本变化。国际公法仅为规范国家间在国际上行为的法

---

① 2014年，厄立特里亚工人在加拿大不列颠哥伦比亚省最高法院（即初审法院）对加拿大耐森资源公司提起诉讼，要求其对殴打、非法监禁等国内侵权行为及对违反国际习惯法禁止强迫劳动、奴隶制、残忍、不人道或有辱人格的待遇和反人类罪进行赔偿。*Araya v. Nevsun Resources Ltd.*, 2016 BCSC 1856; 2017 BCCA 401; 2020 SCC 5.

② *Araya v. Nevsun Resources Ltd.*, 2016 BCSC 1856, para. 427.

③ 参见 James Hendry, "Potential Corporate Liability in Transnational Law," *PKI Global Justice Journal* 1（2017）：6。

律体系的传统观点早已被摒弃，取而代之的是用国际法规范人权的个人被认为是主体的体系。国际公共政策也发生了相应变化，反映为国内法院越来越愿意在适当时处理和调查外国行为和国际公法问题。[①] 鉴于此，上诉法院的首要问题是，加拿大法院应否遵循该趋势，或应否继续对外国行为不闻不问，即使它们违反了强行法。上诉法院的结论是应遵循该趋势，认为在国际法和跨国法律发展的背景下，特别是在国际机制未有效解决侵犯人权问题的情况下，原告的诉求并不一定实现。[②]

　　耐森公司最终上诉至加拿大最高法院，多数意见由阿贝拉（Abella）法官代表写就，布朗（Brown）法官和罗威（Rowe）法官提出部分反对意见，高特（Côté）法官和莫达维（Moldaver）法官提出全部反对意见。多数意见同意初审法院和上诉法院的意见，即法律尚未解决因违反强行法而产生的诉讼请求可否构成民事诉讼的基础，以及可否要求公司对这种诉讼负责的新问题。[③]

　　针对习惯国际法可否为外国受害人提供诉因，使其在加拿大法院提起诉讼，加拿大最高法院多数意见的理据是，受害人的指控涉及强行法，法院可通过司法认知（judicial notice）方式承认习惯国际法特别是作为强行法的既定规范可为诉因。现有国际人权规范通常适用于私人行为体，因此，公司在习惯国际法得被全面排除违反强制性、可定义和普遍国际法规范（obligatory, definable, and universal norms of international law）的直接责任或参与共犯（complicity offences）的间接责任并非显而易见。无理由认为公司仅对国际刑事犯罪负责，而不承担民事责任。此外，国内法自动采纳习惯国际法，无须任何立法行动，须像对待任何其他法律一样尊重习惯国际法，且加拿大政府的政策是确保公司在国外开展业务时遵守习惯国际法规范。理论上因加拿大公司行为人权受到侵犯的受害人可根据违反习惯国际法的情况直接得到救济。最后，鉴于所涉及的被侵犯权利的公共性质和重要性、其违反的严重性、对国内和全球权利目标的影响及需要阻止此

---

① *Belhaj v. Straw*，［2014］EWCA Civ 1394, para. 115.

② *Araya v. Nevsun Resources Ltd.*，2017 BCCA 401, para. 196.

③ *Nevsun Resources Ltd. v. Araya*，2020 SCC 5, para. 69.

后的侵犯行为，基于习惯国际法的诉讼需与传统的侵权诉讼有不同和更有力的反应。[①]

多数意见是对经常被批评为仅为概念性而不具有实用性的国际法价值的实质性回答，为加拿大法院在具体私法案件中解释和应用广泛的国际法律原则提供了发挥作用的空间。实际上，它在特定个人行为的法律责任和更广泛宏观的国际法承诺间建立了直接联系，表现出对跨国企业侵犯人权诉讼的司法开放性。[②]

（二）反对意见

部分反对意见是违反习惯国际法并不为受害人在加拿大法院起诉提供诉因，指出基于违反习惯国际法的损害赔偿要求不存在合理诉因，因为习惯国际法规则需由立法机构通过，才能构成诉因基础。承认私法中对伤害的诉因并不恰当，由刑法处理这些伤害更为合适。加拿大法律不承认违反加拿大成文公法的民事诉因，更何谈承认违反习惯国际法的民事诉因，加拿大现有侵权法足以解决原告所指控的伤害。全部反对意见认为，本案的核心诉求是确定厄立特里亚实施了国际不法行为，因为工人们指称耐森公司因与厄立特里亚当局行为构成共谋而负有责任。基于法院不可审判外国行为是否符合国际法，厄立特里亚工人的纠纷在加拿大境内不具有可诉性，裁定该诉讼将使司法部门不受允许地干涉国际关系的处理。

虽有反对意见，但因多数意见表示支持，故现已澄清习惯国际法可为加拿大公司违反习惯国际法提供民事诉因，并将可否认定本案事实违反习惯国际法及采取何种救济措施留交实体审判。目前，公司具体义务范围仍不确定。最高法院裁决为加拿大新的习惯国际法诉讼打开了大门。

（三）产生的影响

加拿大法院在耐森公司案中的裁决对未立法规定习惯国际法可否提供独立民事诉因的他国法院的启示是，为确定原告可否对公司违反习惯国际法的行为提起诉讼，法院需回答两个问题，即习惯国际法可否提供独立诉

---

① *Nevsun Resources Ltd. v. Araya*, 2020 SCC 5, para. 86.

② 参见 Jason MacLean, "The Enduring Evil of Slavery and the Emergence of Transnational Corporate Law: Araya v. Nevsun Resources Ltd.," *Toronto Law Journal* 11 (2016): 1.

因及习惯国际法是否对公司有约束力。在讨论习惯国际法能否提供诉因并使受害人获得救济这一焦点问题时，法院在思考是否提供诉因时的顺序是：首先确定案涉行为是否违反习惯国际法，即判断某一规范是否构成习惯国际法；其次讨论习惯国际法与国内法的关系；最后讨论习惯国际法规范是否提供民事救济权。[①] 然而，仅有诉因并不充分，若要使受害人获得救济，还需思考被告即公司是否受国际法约束，能否承担因违反国际法而产生的民事责任。若习惯国际法对公司无约束力，则对违反习惯国际法可构成诉因的认定没有意义。

全球化使公司能逃避传统的国家监管，暴露了国家是具有义务和责任的唯一行为体的旧国际秩序弱点。若无普遍或扩展的管辖权，相关国内法不能影响本国公司在另一国领土上的业务。违反习惯国际法的民事责任是防止公司从允许或忽视的严重不公平或可憎的做法中获利的另一种手段。潜在的民事责任可能会鼓励公众、行业和股东对公司的外国业务是否符合基本人权标准作出更多审查。此外，违反习惯国际法的民事责任将使某些行为特别令人发指的性质获得承认且被禁止，并适用于所有国家。在个人层面，习惯国际法规定作出侵权行为也应为受害人提供赔偿，并承认他们所遭受的极端虐待。[②]

二　习惯国际法间接提供诉因模式

习惯国际法间接提供诉因模式是指，在国内法中明确可对违反习惯国际法的行为提起诉讼，采取此种模式的主要是美国。美国在 ATS 诉讼中多主张习惯国际法并不直接提供诉因，或言只构成诉因中的行为规范（norm），救济措施（remedy）应由美国联邦法院依据 ATS 授予的默示管辖权（grant of jurisdiction）加以创设。具言之，美国 ATS 诉讼中的诉因自成一体（*sui generis*），行为规范来自国际法，救济措施来自美国国内普通法。[③]

---

① *Nevsun Resources Ltd. v Araya*, 2020 SCC 5, para. 86.

② 参见 Irit Weiser, "Nevsun and Civil Liability Within the Arsenal of Human Rights Strategies," *PKI Global Justice Journal* 4（2020）：13。

③ 参见 William R. Casto, "The ATS Cause of Action Is *Sui Generis*," *Notre Dame Law Review* 89（2014）：1546。

目前，美国联邦最高法院共在三起诉讼中面临习惯国际法能否提供诉因及公司是不是国际法下的责任主体的问题。但美国联邦最高法院均未直接回应相关问题，而是以其他理据不予受理。其中基奥波尔案和雀巢案通过适用推定无域外效力的潜在原则（underlying principles），认定 ATS 下的诉因不适用于域外，进而驳回起诉；杰斯纳案①以外国公司不能成为 ATS 诉讼中的被告为由驳回起诉。②

（一）基奥波尔案与关涉标准

基奥波尔案是美国联邦最高法院作出的首个针对公司的 ATS 诉讼裁决。ATS 的领土范围问题被提交给了最高法院。

美国联邦最高法院多数意见基于推定无域外效力的成文法解释原则作出。首席大法官罗伯茨（Roberts）认为，问题不在于是否根据 ATS 提出了适当诉讼请求，而在于诉因是否涉及发生在外国领土上的行为。在莫里森案③中，最高法院指出，法规的域外效力是实体问题（merits question），而非事项管辖权问题。基奥波尔案多数意见似乎是对实体问题的驳回，而非对缺乏事项管辖权的驳回，问题不在于联邦法院是否有管辖权受理外国法甚至是国际法规定的诉因，而是法院是否有权承认美国法规定的诉因以执行国际法规范。④ 基奥波尔案的判断标准是诉讼是否关涉（touch and concern）美国领土，认为仅公司存在（mere corporate presence）不具有足够联系以推翻推定无域外效力。

推定无域外效力这一成文法解释原则限制了联邦法院根据 ATS 授予的管辖权所能产生的诉因。⑤ 因此，似乎 ATS 诉讼中的域外管辖涉及的是法官造法的普通法诉因创设的立法管辖权问题。然而，在基奥波尔案中，肯

---

① *Jesner v. Arab Bank*，138 S. Ct. 1386（2018）.

② 参见 Stephen P. Mulligan，"The Alien Tort Statute：A Primer," *Congressional Research Service*，R44947，11 Jan. 2022，p. 11。

③ *Morrison v. National Australia Bank Ltd.*，130 S. Ct. 2869，2879（2010）.

④ *Kiobel v. Royal Dutch Petroleum Co.*，133 S. Ct. 1659，1664（2013）.

⑤ 参见 William S. Dodge，"The New Presumption Against Extraterritoriality," *Harvard Law Review* 133（2020）：1621。

尼迪（Kennedy）大法官在口头辩论中主动提出了域外管辖问题，[①] 这是事项管辖权缺陷的明显标志，[②] 而非基于实体案情的缺陷（merits-based defect）。由此，又似乎表明 ATS 诉讼中的域外管辖是司法管辖权中事项管辖权的问题。

基奥波尔案未将推定的适用范围划分为立法管辖权或司法事项管辖权，法院在论述时狡猾地使用了推定无域外效力的潜在原则，在基奥波尔案后下级法院的裁决中该问题尤为突出，最终让诉讼当事人和下级法院对该点争论不休。下级法院似乎倾向于将该缺陷归类为事项管辖权，因此法院可自由在口头辩论阶段提出该问题。[③] 然而，也有例外，至少有一家法院将推定对 ATS 的适用视为立法性的、基于实体案情的异议，将导致案件终结，[④] 其他法院也在这个方向上作出了含蓄暗示。下级法院判例中最值得注意的一点是，无法院持续分析其为何将管辖权问题视为立法管辖权或事项管辖权问题。可是，对基奥波尔案的定性不同将会对法律理论发展和当事人在 ATS 诉讼中的程序产生重大影响。若相关的管辖权类型是规范外国行为的立法管辖权，则适当焦点是诉讼所依据的行为的地点。在诉讼程序方面，对其的反对意见须在诉讼初期提出，否则就会被视为放弃。若相关的管辖权类型是法院对国外产生的诉讼的事项管辖权，则适当焦点是诉讼是否关涉美国领土。后一种调查将分析范围扩大到不仅包括有争议的行为，还包括可能触及美国的诉讼的其他特征，如当事方国籍等。在诉讼程序方面，对其的反对意见可由法院在诉讼任何阶段主动提出，且不受弃权限制。[⑤]

毫无疑问，根据《美国对外关系法重述》，推定无域外效力是立法管

[①] Transcript of Oral Argument at 4, *Kiobel v. Royal Dutch Petroleum Co.*, 133 S. Ct. 1659 (2013) (No. 10-1491).

[②] 参见 Federal Rules of Civil Procedure 12 (h) (3)。

[③] 参见 e.g., *Chen Gang v. Zhao Zhizhen*, No. 3: 04CV1146, 2013 WL 5313411, at 4 (D. Conn. Sept. 20, 2013); *Muntslag v. D'Ieteren*, S. A., No. 12 - cv - 07038, 2013 WL 2150686, at 2 (S. D. N. Y. May 17, 2013)。

[④] 参见 *Ahmed v. Magan*, No. 2: 10-cv-00342, 2013 WL 4479077, at 1-2 (S. D. Ohio Aug. 20, 2013)。

[⑤] 参见 Anthony J. Colangelo & Christopher R. Knight, "Post-Kiobel Procedure: Subject Matter Jurisdiction or Prescriptive Jurisdiction?," *UCLA Journal of International Law and Foreign Affairs* 19 (2015): 51。

辖权的限制因素,① 因此适用推定无域外效力似乎表明联邦最高法院将基奥波尔案视为立法管辖权问题。对此的反对声音主要是推定无域外效力是成文法解释原则,而诉因创设却是普通法问题,因此对 ATS 下诉因适用推定无域外效力不正确。② 可能的解释是,推定无域外效力为立法管辖权限制因素,无论成文法还是普通法的制定均为立法活动,因此推定无域外效力既适用于成文法亦适用于普通法,对推定无域外效力的定性不应为成文法解释原则,而应为立法解释原则。故 ATS 诉讼中的诉因问题,与其说是司法管辖权问题,更准确地应定性为立法管辖权问题。

最高法院在基奥波尔案中的裁决为根据 ATS 在联邦法院进行的除海盗案件外的外国立方诉讼敲响了丧钟。该裁决会否关闭 ATS 下的外国平方诉讼尚不确定,但关涉标准已对 ATS 诉讼造成了毁灭性打击。③

(二) 杰斯纳案与外交事务司法克制主义

美国联邦最高法院在杰斯纳案中第二次审议了公司侵犯人权责任问题。④ 多数意见认为该案面临的主要问题是外国公司是否需要根据 ATS 承担责任,因为若被告公司无责任,则关于公司接触是否足以引起责任的诉讼将毫无意义。此外,将案件发回上诉法院需延长已造成与约旦十多年的重大外交紧张关系的诉讼。因此,由联邦最高法院决定公司是否需要承担责任是恰当的。在承认 ATS 下的普通法诉因前,联邦法院须适用索萨案 (*Sosa v. Alvarez-Machain*) 标准,即原告能否证明所指控的行为违反的是具体、普遍和强制性的规范。⑤ 且即使假设根据国际法有具体规范,也须进一步确定允许根据 ATS 进行审理是不是对司法自由裁量权的适当行使。由于受害人所依赖的国际法依据并不能证明公司是国际法责任主体,且在美国法院对外国公司提起诉讼会造成外交关系紧张,美国司法部门不应根据

---

① 参见 *Restatement (Fourth) of Foreign Relations Law*, § 404, Reporters' Note 1 (2018)。

② 参见 Ingrid Wuerth, "The Alien Tort Statute and Federal Common Law: A New Approach," *Notre Dame Law Review* 85 (2010): 1938。

③ 参见 Jeffrey A. Meyer, "Extraterritorial Common Law: Does the Common Law Apply Abroad?," *Georgetown Law Journal* 102 (2014): 301。

④ 参见 Rebecca J. Hamilton, "Jesner v. Arab Bank, 138 S. Ct. 1386," *American Journal of International Law* 112 (2018): 720。

⑤ *Sosa v. Alvarez-Machain*, 542 U.S. 692, 732 (2004)。

ATS 对外国公司创设诉因，应留给国会处理。①

索托马约尔（Sotomayor）大法官反对对外交事务进行司法克制的观点，认为公司形式本身并不能证明在所有 ATS 诉讼中明确排除公司责任。事实上，若诉讼产生了外交紧张关系，法院可使用管辖权要求、用尽国内救济办法、不方便法院原则、推定无域外效力等工具阻止诉讼继续进行。杰斯纳案牵涉到其中的一些理论，案件被发回重审后，下级法院可利用这些理论驳回该案。然而，多数意见却主张不发回重审。索托马约尔大法官质疑多数意见所谓的尊重政治部门，指出行政部门的律师和国会议员一再敦促法院不要在 ATS 下对被告公司设置绝对禁止。因此，建议推翻第二巡回法院的判决，并将此案发回重审，以考虑杰斯纳案是否符合基奥波尔案的域外管辖限制等问题。②

该案亦未明确回答公司应否承担国际法责任问题，而是选择适用外交政策考量作为创设诉因的限制因素。杰斯纳案在技术上只解决了外国公司责任问题，而对国内公司责任和个人责任无任何影响。然而，通过潜在地提高满足索萨案第一步骤规范的要求，以及在第二步骤中过于容易地发现类似法规的排除效力，杰斯纳案对索萨案标准的应用最终可能被证明禁止承认新 ATS 诉因。③

（三）雀巢案与焦点标准

在美国联邦最高法院受理的有关公司侵犯人权责任问题的 ATS 诉讼——雀巢案中，法院认为原告并未充分证明其所指控的行为和被诉企业在美国进行的活动有关，因此法院将不受理此案。法院未对美国国内公司可否根据 ATS 免于起诉问题作出裁定。④

雀巢案的特殊之处在于未遵从与其相似的基奥波尔案中有关 ATS 诉讼的关涉标准，而是适用了 RJR 案（*RJR Nabisco*, *Inc. v. European Communi-*

---

① *Jesner v. Arab Bank*, Plc., 138 S. Ct. 1386, 1399 (2018).

② *Jesner v. Arab Bank*, Plc., 138 S. Ct. 1386, 1430 (2018).

③ Note, "Jesner v. Arab Bank, PLC," *Harvard Law Review* 132 (2018): 397.

④ 参见 Kayla Winarsky Green & Timothy McKenzie, "Looking Without and Looking Within: Nestlé v. Doe and the Legacy of the Alien Tort Statute," *ASIL Insights* 25 (2021): 12.

ty)① 中确立的两步分析法（two-step analysis）作为其评估美国法律域外适用标准框架的一部分以审查域外管辖问题，在遵循先例认定 ATS 不具有域外适用性后，将重点放在焦点（focus）分析上，重点关注了行为发生地，仅在最后部分简单提及公司作出决策的地点在美国并非使之承担责任的理由。尽管法院澄清焦点标准适用于 ATS，但它并未解决双方的什么行为实际上是该法规焦点方面的分歧。法院的理由是，即便接受受害人的法律解释，对 ATS 诉讼行使司法管辖权仍构成不恰当的域外管辖。② 可见，将推定无域外效力适用于 ATS 诉讼使得法院更偏重立法管辖权问题而非司法管辖权问题。美国联邦最高法院并未明确回答违反习惯国际法可否赋权美国联邦法院创设诉因，而是通过强调违反习惯国际法的关键行为应发生在美国境内的方式，认定缺乏与美国强有力联系的诉讼无法推翻推定无域外效力，受理此类诉讼将构成不适当的域外管辖，故选择驳回诉讼。换言之，美国联邦最高法院驳回诉讼的原因并非表面上的缺乏事项管辖权，而在于更深层次的立法管辖权缺失，即诉讼缺乏事实依据和法律依据。

焦点标准可能比关涉标准更具限制性，雀巢案进一步限制了在美国境外发生关键行为时 ATS 下可用的人权案件类型。③ 然而，雀巢案可能并不会产生此类影响，因为该案失败的原因可能不在于被告是公司，而在于受害人提出的证据证明力不足。不应对雀巢案本身投注过多的关注，法院之所以驳回诉讼，并非因为想阻断美国公司在美国因境外侵犯人权受诉的途径，而只因受害人所诉称的行为为一般公司活动，不足以建立与美国强有力的联系以推翻推定无域外效力，受害人须更具体地声称美国公司行为具体协助和教唆国外侵犯人权行为。④ 值得注意的是，美国联邦最高法院的大法官们未解决法院在 ATS 案件中可否承认新诉因的问题。因此，在下级法院的诉讼中，关于诉因问题的辩论可能会继续下去。

---

① *RJR Nabisco*, *Inc. v. European Community*, 136 S. Ct. 2090 (2016).

② 参见 Stephen P. Mulligan, "The Alien Tort Statute: A Primer," *Congressional Research Service*, R44947, 11 Jan. 2022, p. 20。

③ 参见 Lauren A. Hopkins et al., "Supreme Court Rejects Human Rights Lawsuit Against U. S. Corporations, But Leaves Door Open for Future Claims," *National Law Review* 11 (2021): 1。

④ 参见 Oona A. Hathaway, "Nestlé USA, Inc. v. Doe and Cargill, Inc. v. Doe: The Twists and Turns of the Alien Tort Statute," *ACS Supreme Court Review* 5 (2021): 176。

第五章　中国对跨国企业侵犯人权行为可采取的母国域外民事管辖措施建议

越来越多中国企业走出国门，融入全球供应链。绝大多数中国企业虽严格要求自身，在国际舞台上树立了良好的中国企业形象，但部分企业或直接或间接地在境外活动中造成了侵犯人权后果。作为负责任大国，中国始终坚定地探索人类命运共同体的构建方式，维护全人类共同价值。工商业与人权作为国际人权法的重要议题，与中国人权观具有极高适配性，能促进中国法律制度的完善，人类命运共同体理念也有助于工商业与人权运动的良性发展。工商业与人权议题中提出的治理漏洞填补方式之一母国域外民事管辖，亦十分契合中国正在进行的中国法域外适用体系的构建。在此背景下，本章将探讨中国构建对跨国企业侵犯人权行为的母国域外民事管辖的必要性与可行性，进而分析推理中国体系构建的两条路径能否成立，以及若成立需提供的配套制度为何。这两条可能路径分别是对中国母公司的间接域外管辖与对外国子公司的直接域外管辖相结合的共同诉讼路径，以及只对中国母公司进行的间接域外管辖路径。

第一节　中国法律政策基础的历史演进

目前，中国尚未制定对跨国企业侵犯人权行为进行域外管辖的法律。但是，中国针对企业社会责任已制定了相关法律，也在多份政策文件中强调域外管辖在涉外法治中的重要作用，为制定对跨国企业侵犯人权行为进行域外管辖的法律奠定了坚实的基础。

一　企业社会责任的法律政策基础

（一）法律基础

《公司法（2005 年修订）》第 5 条第 1 款规定："公司从事经营活动，必须遵守法律、行政法规，遵守社会公德、商业道德，诚实守信，接受政府和社会公众的监督，承担社会责任。"这是中国首次在法律上明确规定公司应当承担社会责任。《公司法（2013 年修正）》及《公司法（2018 年修正）》第 5 条第 1 款延续了 2005 年修订版中的规定。《公司法（2023 年修订）》将企业社会责任条款调至第 20 条，该条规定："公司从事经营活动，应当充分考虑公司职工、消费者等利益相关者的利益以及生态环境保护等社会公共利益，承担社会责任。国家鼓励公司参与社会公益活动，公布社会责任报告。"该条似乎可为公司对利益相关者作出的侵权行为承担社会责任提供法律依据，然而该条并未规定法律责任，仍以宣示性作用为主。此外，该条并不能够为中国母公司对其东道国子公司侵犯当地居民人权的行为承担责任提供法律依据。

在国家法律法规数据库中以"社会责任"为关键词，将范围限缩为法律和行政法规进行精准搜索，除《公司法》外，还有 13 部法律法规规定了企业社会责任，其中明确规定企业社会责任的共计 10 部法律，1 部行政法规。例如，《合伙企业法（2006 年修订）》第 7 条规定："合伙企业及其合伙人必须遵守法律、行政法规，遵守社会公德、商业道德，承担社会责任。"2008 年《企业国有资产法》第 17 条第 1 款规定："国家出资企业从事经营活动，应当遵守法律、行政法规，加强经营管理，提高经济效益，接受人民政府及其有关部门、机构依法实施的管理和监督，接受社会公众的监督，承担社会责任，对出资人负责。"《食品安全法》2015 年修订版、2018 年修正版和 2021 年修正版第 4 条第 2 款规定："食品生产经营者应当依照法律、法规和食品安全标准从事生产经营活动，保证食品安全，诚信自律，对社会和公众负责，接受社会监督，承担社会责任。"2016 年《网络安全法》第 9 条规定："网络运营者开展经营和服务活动，必须遵守法律、行政法规，尊重社会公德，遵守商业道德，诚实信用，履行网络安全保护义务，接受政府和社会的监督，承担社会责任。"《旅游法》2016 年修正版和 2018 年修正版第 6 条规定："……旅游经营者应当诚信经营，公平竞争，承担社会责任，为旅游者提供安全、健康、卫生、方便的旅游服务。"2017 年发布的《民法总则》第 86 条、将《民法总则》纳入其中的 2020 年《民法典》第 86 条规定："营利法人从事经营活动，应当遵守商业道德，维护交易安全，接受政府和社会的监督，承担社会责任。"《证券法（2019 年修订）》第 166 条规定："证券业协会履行下列职责：（一）教育和组织会员及其从业人员遵守证券法律、行政法规，组织开展证券行业诚信建设，督促证券行业履行社会责任……"2021 年出台的《个人信息保护法》第 58 条规定："提供重要互联网平台服务、用户数量巨大、业务类型复杂的个人信息处理者，应当履行下列义务：……（四）定期发布个人信息保护社会责任报告，接受社会监督。"《职业教育法（2022 年修订）》较 1996 年版增加了第 24 条第 3 款，规定："企业开展职业教育的情况应当纳入企业社会责任报告。"《农产品质量安全法（2022 年修正）》第 7 条第 2 款规定："农产品生产经营者应当依照法律、法规和农产品质量安全标准从事生产经营活动，诚信自律，接受社会监督，承担社会责任。"2023 年制定的《未成年人网络保护条例》第 6 条规定："网络产品和服务提供者、个人信息处理者、智能终端产品制造者和销售者应当遵守法律、行政法规和国家有关规定，尊重社会公德，遵守商业道德，诚实信用，履行未成年人网络保护义务，承担社会责任。"

上述法律法规关于企业"承担社会责任"的一般规定，为我国解决企业社会责任问题提供了法律保障。然而，和《公司法》一样，上述法律法规更多是宣示性规定，本身并未配套法律责任条款。同时，上述法律法规的地域适用范围多限定在中华人民共和国领域内，并不具有域外效力，也无法为境外受害人提供诉因。

（二）规范实践

除上述法律法规对企业社会责任作出规定之外，近年来中国出台了各种规章、行业性指导意见等对企业社会责任加以规范。

1. 政府的规范性文件

在北大法宝数据库中，共检索到 25 部有关企业社会责任的部门规范性文件。其中最早的一部是 2007 年的《中国银监会办公厅关于加强银行业金融机构社会责任的意见》，该意见明确指出了银行业金融机构的企业社会责任至少应包括维护股东合法权益、保护员工的合法权益、维护金融消费者合法权益等七点措施。[①] 2015 年后的政策性文件开始关注供应链、产业链中的企业社会责任问题。例如，国资委 2016 年发布的《关于国有企业更好履行社会责任的指导意见》表示，国有企业应将企业社会责任理念融入供应链管理和国际化经营，对供应商、分销商、合作伙伴的守法合规、安全环保、员工权益、透明运营等方面实施系统管理，实现共同履责，遵循有关国际规范，遵守所在国家和地区法律法规，尊重当地民族文化和宗教习俗，保护生态环境，促进当地就业，维护员工合法权益，支持社区发展，参与公益事业，为当地经济社会发展作出积极贡献。[②]

2. 社会组织的积极指引

社会组织在推动企业承担社会责任方面也十分积极主动。2005 年 5 月，中国纺织工业协会发布了《中国纺织服装企业社会责任管理体系》。该社会责任管理体系是中国首次在产业领域推行行业社会责任行为准则，促进了中国纺织工业的产业提升和综合竞争能力的提高。近年来，也有越来越多的企业和行业组织强调确保供应链上企业社会责任的共同履行。例如，《华为供应商社会责任行为准则》明确规定了为华为投资控股有限公司及/或其全球范围内的子公司、关联公司提供产品及/或服务的供应商应遵守其经营所在国家/地区的所有适用的法律法规，鼓励供应商采用国际公认的行业标准和行业最佳实践，持续提升企业社会责任管理水平。在合理通知的情况下，华为有权对供应商的现场进行审核评估。[③]

综上，在 2005 年修订的《公司法》规定企业社会责任条款后，中国的后续立法、部门规范性文件、行业规范等都开始强调企业应承担社会责

---

① 中国银行业监督管理委员会：《中国银监会办公厅关于加强银行业金融机构社会责任的意见》，银监办发〔2007〕252 号，2007 年 12 月 5 日公布并施行。

② 国务院国有资产监督管理委员会：《关于国有企业更好履行社会责任的指导意见》，国资发研究〔2016〕105 号，2016 年 6 月 30 日公布并施行。

③ 参见《华为供应商社会责任行为准则》，华为官网，https://www.huawei.com/cn/sustainability/sustainability-report/huawei-supplier-social-responsibility-code-of-conduct? eqid = e6515cdb000113410000000066 48685f7，最后访问日期：2024 年 1 月 1 日。

任，在 2015 年后，则开始重视供应链上的企业社会责任。由此可见，中国的企业社会责任的法律政策越来越多元且完善。然而，现有硬法规定多将企业社会责任条款作为宣示性条款，并未配套未履行企业社会责任的制裁规定，且地域适用范围多限于中华人民共和国领域内，也并无对供应链上企业社会责任的履行要求。

二　域外管辖的法律政策基础

统筹推进国内法治和涉外法治，就是要更好维护国家主权、安全、发展利益，推动全球治理变革，构建人类命运共同体。域外管辖、中国法域外适用制度是涉外法治体系的重要组成部分。[①]

（一）政策基础

中国法域外适用、域外管辖是近年来的新样态。党的十八大以来，以习近平同志为核心的党中央对涉外法治工作，特别是加强涉外立法工作，构建涉外法律规范体系作出一系列重要部署。"坚持统筹推进国内法治和涉外法治"是习近平法治思想"十一个坚持"的重要组成部分，是习近平法治思想中有关涉外法治论述的集中概括。党的十八届四中全会通过的《中共中央关于全面推进依法治国若干重大问题的决定》就新形势下加强涉外法律工作作出了重要部署。2019 年 2 月 25 日，习近平总书记在主持召开中央全面依法治国委员会第二次会议时强调，要加强涉外法治建设，加快推进中国法域外适用的法律体系建设。[②] 党的十九届四中全会《中共中央关于坚持和完善中国特色社会主义制度　推进国家治理体系和治理能力现代化若干重大问题的决定》进一步明确要求加快中国法域外适用法律体系建设。2020 年 10 月，党的十九届五中全会通过的《中共中央关于制定国民经济和社会发展第十四个五年规划和二〇三五年远景目标的

[①] 参见邢晓婧、陈青青《首以法律形式写明中国法域外适用制度！〈对外关系法〉意味着什么?》，环球网，https://hqtime.huanqiu.com/share/article/4DUpumyVikl，最后访问日期：2023 年 12 月 25 日。

[②] 《习近平主持召开中央全面依法治国委员会第二次会议》，商务部官网，http://m.mofcom.gov.cn/article/i/jyjl/m/201902/20190202838228.shtml，最后访问日期：2024 年 11 月 12 日。

建议》提出，积极参与全球治理体系改革和建设，加强涉外法治体系建设，加强国际法运用。2020 年 11 月，习近平总书记在中央全面依法治国工作会议上强调，要坚持统筹推进国内法治和涉外法治。① 2021 年 12 月，习近平总书记在主持十九届中央政治局第三十五次集体学习时强调，要坚持统筹推进国内法治和涉外法治，按照急用先行原则，加强涉外领域立法，进一步完善反制裁、反干涉、反制"长臂管辖"法律法规，推动我国法域外适用的法律体系建设。②

2023 年以来，习近平总书记在国内外重大会议上多次强调应加强涉外法治、推动中国法域外适用、促进供应链可持续发展。在中共中央政治局第二次集体学习时，习近平总书记强调，应支持企业深度参与全球产业分工和合作，促进内外产业深度融合，打造自主可控、安全可靠、竞争力强的现代化产业体系。推进高水平对外开放，稳步推动规则、规制、管理、标准等制度型开放，增强在国际大循环中的话语权。推动共建"一带一路"高质量发展，积极参与国际经贸规则谈判，推动形成开放、多元、稳定的世界经济秩序，为实现国内国际两个市场两种资源联动循环创造条件。③ 在上海合作组织成员国元首理事会第二十三次会议上，习近平主席表示，应践行多边主义，完善全球治理，推动全球治理朝着更加公正合理的方向发展，在不断促进权利公平、机会公平、规则公平的共同努力中推进人类社会现代化。④

（二）法律基础

目前中国含有域外适用内容的立法已经具有一定规模。例如，《反垄

---

① 《习近平在中央全面依法治国工作会议上发表重要讲话》，中央人民政府网站，https://www.gov.cn/xinwen/2020-11/17/content_5562085.htm，最后访问日期：2024 年 11 月 12 日。

② 参见全国人大常委会法制工作委员会研究室《加强涉外领域立法 加快构建系统完备、衔接配套的涉外法律规范体系》，《民主与法制》2022 年第 18 期。

③ 参见《习近平在中共中央政治局第二次集体学习时强调 加快构建新发展格局 增强发展的安全性主动权》，新华网，http://www.news.cn/politics/leaders/2023-02/01/c_1129328274.htm，最后访问日期：2024 年 1 月 1 日。

④ 参见《习近平在上海合作组织成员国元首理事会第二十三次会议上的讲话（全文）》，新华网，http://www.news.cn/2023-07/04/c_1129732074.htm，最后访问日期：2024 年 1 月 1 日。

断法》《银行业监督管理法》等在总则中对域外适用作出原则性规定；《企业境外投资管理办法》通过对境外投资的定义表明域外适用；《海关法》《进口民用核安全设备监督管理规定》《中国银监会现场检查暂行办法》等仅在分则中有涉及域外适用的规定；《网络安全法》《食品安全法》《期货公司监督管理办法》等在总则中规定境内为适用领域或境内企业（或其活动）为适用对象，分则中又规定具体情形下的域外适用；《对外关系法》则首次以法律形式写明中国法域外适用的目的、条件和政策导向，并对外国国家、个人或组织的反制和限制措施作出原则规定，建立相应的工作制度和机制，从而构建起中国法域外适用的基本法律制度框架。

目前中国尚未制定具有域外效力的供应链法或人权尽责法，但根据上文可知，在推进涉外法治过程中，中国正在构建中国法域外适用体系，且中国极为重视企业社会责任，强调中国企业的国际形象与国际竞争力。鉴于通过行使域外立法管辖权对跨国企业问责以有效救济受害者已被越来越多国家在法律中确立下来，中国构建母国域外民事管辖体系也指日可待。

第二节　中国构建母国域外民事管辖体系的可行性

中国积极参与联合国工商业与人权议题，于 2008 年明确接受了《框架》，于 2011 年核可了《指导原则》，又于 2014 年对制定《拟议条约》的提议投出赞成票，并一直密切参与《拟议条约》工作组的工作。[1] 对工商业与人权的持续关注为充分理解该议题并将其纳入中国法律体系提供了基础。此外，中国虽尚无与规制跨国企业境外侵犯人权行为直接有关的法律规定，但现有法律政策为其留下了空间。另外，中国强调涉外法治建设，重视构建中国法域外适用体系，在将工商业与人权议题的理念纳入中国法律体系的过程中，考虑该领域中的域外管辖问题，是其题中应有之义。

---

[1]　参见李卓伦《企业人权尽责实施的模式、取向及启示》，《社会科学论坛》2022 年第 3 期。

一　中国构建母国域外民事管辖体系的基础

中国将人权保障贯穿于科学立法、严格执法、公正司法、全民守法诸环节，人权法治化保障水平不断迈上新台阶，涵盖人权保障各层面的法律法规已较为完备。[①] 同时，《中共中央关于全面推进依法治国若干重大问题的决定》要求加强企业社会责任立法，将公司承担社会责任纳入法治化治理轨道。《法治社会建设实施纲要（2020—2025 年）》中也强调，引导和推动企业和其他组织履行法定义务承担社会责任。现有的立法规定和立法政策，使中国构建对跨国企业境外侵犯人权行为的母国域外管辖体系具有可行性。

（一）对管理境外投资的重视

中国现有立法不足以解决跨国企业境外侵犯人权行为凸显的问题，表明有制定完善与规制跨国企业境外侵犯人权行为相关的法律的必要性。当然，也不能否认现有立法中已表现出的对管理境外投资的重视，且应注意到现有立法为将工商业与人权议题的理念纳入中国法律体系提供了基础。

1. 相对宽泛的控制标准

相对宽泛的控制标准，降低了中国母公司监管通过境外投资形式设立或控制的外国子公司的行为的门槛。《境外投资管理办法》虽将获得控制权作为境外投资的表现形式之一，但未界定其具体内涵，该办法第 2 条规定，境外投资是指在中国境内依法设立的企业"通过新设、并购及其他方式在境外拥有非金融企业或取得既有非金融企业所有权、控制权、经营管理权及其他权益的行为"。[②]《中央企业境外投资监督管理办法》的规定更为简单，仅规定境外投资是指中央企业在境外从事的固定资产投资与股权投资。[③]《企业境外经营合规管理指引》第 2 条规定，该指引适用于"中

---

① 国务院新闻办公室：《改革开放 40 年中国人权事业的发展进步》，人民出版社，2018。
② 《境外投资管理办法》，中华人民共和国商务部令 2014 年第 3 号，2014 年 9 月 6 日发布，2014 年 10 月 6 日实施。
③ 《中央企业境外投资监督管理办法》，国有资产监督管理委员会令第 35 号，2017 年 1 月 7 日发布并实施。

国境内企业及其境外子公司、分公司、代表机构等境外分支机构"。① 《企业境外投资管理办法》第 2 条明确界定了控制，规定企业境外投资是指中国境内企业"直接或通过其控制的境外企业，以投入资产、权益或提供融资、担保等方式，获得境外所有权、控制权、经营管理权及其他相关权益的投资活动"。其中，控制是指"直接或间接拥有企业半数以上表决权，或虽不拥有半数以上表决权，但能够支配企业的经营、财务、人事、技术等重要事项"。②

《企业境外投资管理办法》对控制的定义宽于欧洲部分国家的规定，欧洲多数国家的控制是指拥有绝对多数表决权。在以股权为基础的垂直组织集团中，作为大股东的母公司始终对其子公司拥有最终控制权。母公司虽完全有能力控制子公司，但它可选择行使其控制权或选择给予子公司更多的自主权。换言之，母公司对子公司的控制可区分为控制能力和实际行使的控制权。母公司可通过投票控制、管理控制等方式对子公司行使控制权。此外，有限责任促进了权力下放，母公司不必行使持续的强制控制。③ 较为宽泛的控制标准使更多的境外企业被纳入相应部门规章的适用范围内。

2. 境外投资遵守中国法律的要求

中国早期的规范性文件中多要求遵守东道国法律，但近年来不仅要求境外企业遵守东道国法律，还要求其遵守中国法律，在一定程度上表明了中国法域外适用的意图和立场。如早期的《中国境外企业文化建设若干意见》④、《关于鼓励和引导民营企业积极开展境外投资的实施意见》⑤、《关于进一步引导和规范境外投资方向的指导意见》⑥ 仅要求引导中国境外企

---

① 《企业境外经营合规管理指引》，发改外资〔2018〕1916 号，2018 年 12 月 26 日发布并实施。

② 《企业境外投资管理办法》，国家发展和改革委员会令第 11 号，2017 年 12 月 26 日发布，2018 年 3 月 1 日实施。

③ 参见 Martin Petrin, "Assumption of Responsibility in Corporate Groups: Chandler v. Cape plc," *Modern Law Review* 76 (2013): 603.

④ 《中国境外企业文化建设若干意见》，商政发〔2012〕104 号，2012 年 4 月 9 日发布并实施。

⑤ 参见《关于印发鼓励和引导民营企业积极开展境外投资的实施意见的通知》，发改外资〔2012〕1905 号，2012 年 6 月 29 日发布并实施。

⑥ 《关于进一步引导和规范境外投资方向的指导意见》，国办发〔2017〕74 号，2017 年 8 月 4 日发布并实施。

业遵守东道国法律法规，但《中央企业境外投资监督管理办法》第 6 条①、《民营企业境外投资经营行为规范》总则②中均规定企业在境外投资经营活动中应遵守中国和东道国的法律法规。《企业境外投资管理办法》在要求遵守中国法律的基础上进一步规定，国家发改委和省级政府发展改革部门有权处理境外投资的违法违规行为，并可公布对企业的处罚措施，会同有关部门和单位实施联合惩戒。③ 此规定表明中国行政机关对境外投资的违法违规行为有管辖权，可否认为该办法构成域外执法管辖依据？若是，此举是否构成域外立法管辖权的行使？但结合该办法第五章看，违法违规行为主要涉及申请核准、备案等，而不涉及对东道国造成不良影响的法律后果。

3. 尽责要求的规定

中国虽尚未开展强制性人权尽责法的立法进程，但在相关规范性文件中已出现对公司的尽责要求。《中央企业境外投资监督管理办法》第 13 条规定"股权类投资项目应开展必要的尽职调查，并按要求履行资产评估或估值程序"。④ 引起思考的是，为何只要求对股权类投资项目进行尽调。《对外投资合作环境保护指南》第 12 条⑤和《民营企业境外投资经营行为规范》⑥ 鼓励企业在收购境外企业前对目标企业开展环境尽责。《企业境外经营合规管理指引》规定，企业应确保经营活动全流程、全方位合规。⑦ 虽未明确提及人权，但要求企业掌握关于劳工权利保护、环境保护等方面的具体要求，与人权尽责要求相仿。《中央企业合规管理办法》第

① 《中央企业境外投资监督管理办法》，国有资产监督管理委员会令第 35 号，2017 年 1 月 7 日发布并实施。
② 《民营企业境外投资经营行为规范》，发改外资〔2017〕2050 号，2017 年 12 月 6 日发布并实施。
③ 《企业境外投资管理办法》，国家发展和改革委员会令第 11 号，2017 年 12 月 26 日发布，2018 年 3 月 1 日实施。
④ 《中央企业境外投资监督管理办法》，国有资产监督管理委员会令第 35 号，2017 年 1 月 7 日发布并实施。
⑤ 《对外投资合作环境保护指南》，商合函〔2013〕74 号，2013 年 2 月 18 日发布并实施。
⑥ 《民营企业境外投资经营行为规范》，发改外资〔2017〕2050 号，2017 年 12 月 6 日发布并实施。
⑦ 《企业境外经营合规管理指引》，发改外资〔2018〕1916 号，2018 年 12 月 26 日发布并实施。

18 条规定，中央企业应针对涉外业务重要领域，根据所在国家或地区法律法规等制定专项合规管理制度。重点领域包括生态环保、安全生产、劳动用工等。① 此外，《中国负责任矿产供应链尽责管理指南》② 等行业指导文件中提出了系统化落实人权尽责的管理方法。因此，在跨国企业境外侵犯人权行为的治理实践中，中国已将人权尽责要求纳入法治社会建设实施纲要、国家人权行动计划、社会责任国家标准、法律文本、投资政策中。

提及尽责的规定虽不多，也并非正在欧洲如火如荼开展的强制性人权尽责立法活动，但此两项规定表明，尽责在中国立法中存在生存的土壤，中国将尽责要求硬法化并非不可能。

4. 中国国家人权文书中的立场

包括《2012 年中国人权事业的进展》在内的人权白皮书，总结了中国人权事业的特点与取得的主要成就，与国家人权行动计划一起，共同组成了当代中国的国家人权文书系列。中国在《第二届"一带一路"国际合作高峰论坛圆桌峰会联合公报》中呼吁企业履行企业社会责任，遵守全球契约。《国家人权行动计划（2016—2020 年）》也表明了推动中国海外企业履行社会责任的立场。《国家人权行动计划（2021—2025 年）》承诺促进全球供应链中的负责任商业行为，促进工商业在对外经贸合作、投资中遵循《指导原则》，实施人权尽责，履行尊重和促进人权的社会责任，建设性参与《拟议条约》谈判进程。可见，国家人权行动计划中已注意到规制中国境外企业的问题，并提出推动中国境外企业遵守东道国法律和履行社会责任的方针。虽未明确表明对域外管辖的态度，但彰显了中国采取措施规制境外投资行为的意愿，体现了中国负责任大国姿态。

5. 最高人民法院意见中的态度

最高人民法院 2015 年要求为中外当事人提供及时有效的司法救济，

---

① 《中央企业合规管理办法》，国有资产监督管理委员会令第 42 号，2022 年 8 月 23 日发布，2022 年 10 月 1 日起施行。

② 中国五矿化工进出口商会：《中国负责任矿产供应链尽责管理指南》，2015 年 12 月 5 日发布。

排除诉讼障碍。① 最高人民法院 2019 年表示，将充分保护中外当事人人身权、财产权，依法行使司法管辖权，及时制止和救济涉外侵权，依法惩处损害人身权、财产权的犯罪行为，依法妥善审理涉外行政案件，维护当事人合法利益，增强共建"一带一路"主体的安全感，加强国际司法合作，协调司法管辖权的行使。② 上述规定为母国域外司法管辖创造了条件。

综上，中国立法机关虽尚无规制境外企业的立法计划，但行政机关和司法机关已出台相关措施和规范性文件，直接或间接地涉及规制中国企业境外投资行为的问题。然而，现有措施法律位阶较低，缺乏具体制裁规定，难以获得强有力的实施保障。

（二）对构建域外管辖体系的重视

党的十八届四中全会通过的《中共中央关于全面推进依法治国若干重大问题的决定》就新形势下加强涉外法律工作作出了重要部署。习近平总书记在主持召开中央全面依法治国委员会第二次会议时强调，要加强涉外法治建设。③《中共中央关于制定国民经济和社会发展第十四个五年规划和二〇三五年远景目标的建议》提出，中国应积极参与全球治理体系改革和建设，加强涉外法治体系建设，共同应对全球性挑战。习近平总书记在主持十九届中央政治局第三十五次集体学习时强调，要坚持统筹推进国内法治和涉外法治，推动我国法域外适用的法律体系建设。④

随着中国企业不断"走出去"和"一带一路"合作持续展开，中国的发展利益已遍布全球，海外利益在中国国家利益中所占的比重越来越高。为全面提高对外开放水平、给中国的发展塑造良好外部环境、提升中国国际事务话语权和影响力，中国需完善对外贸易和投资领域的涉外法律

① 最高人民法院：《关于人民法院为"一带一路"建设提供司法服务和保障的若干意见》，法发〔2015〕9 号，2015 年 6 月 16 日发布并实施，第 5 段。
② 最高人民法院：《关于人民法院进一步为"一带一路"建设提供司法服务和保障的意见》，法发〔2019〕29 号，2019 年 12 月 9 日发布并实施，第 5 段。
③《习近平主持召开中央全面依法治国委员会第二次会议》，商务部官网，http://m.mof-com.gov.cn/article/i/jyjl/m/201902/20190202838228.shtml，最后访问日期：2024 年 11 月 12 日。
④ 参见全国人大常委会法制工作委员会研究室《加强涉外领域立法 加快构建系统完备、衔接配套的涉外法律规范体系》，《民主与法制》2022 年第 18 期。

规范，推进中国法域外适用的法律体系建设，更加积极地参与全球治理体系改革，构建人类命运共同体，提升国内法对全球治理的贡献，在规则制定中探索体现人类命运共同体思想的路径。① 促进国家治理与全球治理的良性互动是有效管控国内风险和全球风险的关键，可通过国家治理与全球治理的互促共进实现国内和国际公共事务的治理。②

在对跨国企业的全球治理领域，现有规制机制存在不足，造成了对跨国企业的治理漏洞。③ 全球价值观是全球治理的基石，人权是公域中的重要关切，需提供公共产品加以保护。域外管辖因其跨国性的本质属性而成为母国能够提供的重要公共产品之一。对中国而言，中国应积极参与联合国有关工商业与人权议题的讨论，探索人类命运共同体思想填补对跨国企业的治理漏洞的作用，思考中国法域外适用对全球治理的可能贡献。中国对管理境外投资和构建域外管辖体系的重视，为将两者相结合提供了可行性，奠定了构建中国对跨国企业境外侵犯人权行为的母国域外民事管辖体系的基础。

二　工商业与人权和中国人权观的适配性

工商业与人权追求的理念与中国人权观具有高度适配性，中国的人类命运共同体理念对实现工商业与人权目标具有重要推动作用。

（一）人权理念的不冲突

中国明确提出生存权和发展权是首要的基本人权的理念，生存权和发展权始终未变地位于各部人权白皮书之首，体现出中国多年来把生存权和发展权作为首要人权或置于各项人权首位的人权思想与人权发展战略。④ 在《拟议条约》工作组第八次会议中，中国代表再次强调，中国作为发展中国家，坚持生存权、发展权是首要人权，人民对美好生活的向往是最大人权，欢迎跨国企业在促进经济发展和改善民生方面作出的贡献。但同时

① 参见全国人大常委会法制工作委员会研究室《加强涉外领域立法 加快构建系统完备、衔接配套的涉外法律规范体系》，《民主与法制》2022 年第 18 期。
② 参见章娟《风险社会视域下全球治理的困境与出路》，《中国社会科学报》2020 年 12 月29 日，第 9 版。
③ 参见吴白乙、张一飞《全球治理困境与国家"再现"的最终逻辑》，《学术月刊》2021年第 1 期。
④ 国务院新闻办公室：《改革开放 40 年中国人权事业的发展进步》，人民出版社，2018。

注意到跨国商业活动对人权和环境的一些负面影响，支持在联合国主持下制定《拟议条约》以规范跨国企业的活动。中国代表强调，中国将坚持平等原则，平衡保护发展权和其他人权，将坚定维护人权，为受害者提供保护和救济，同时充分尊重各国的司法主权。① 发展权是个人人权与集体人权的统一，实现发展权既是各国的责任，也是国际社会的共同义务。② 中国呼吁各国避免将人权问题政治化，或以保护人权为借口干涉别国内政。发展权呼吁在国内和国际层面保护环境和善治，对包括跨国企业在内的义务方加强问责。③ 同时，发展权源自人权理念的扩展，可缓和商业活动与人权的冲突，工商业领域的人权应以发展权为中心。发展权是人权之一，自然也应是工商业与人权的题中应有之义，在尊重保障个人人权的同时，也应推动集体人权的实现。④

工商业与人权和中国人权观并行不悖，中国以发展权为首要人权的人权思想与避免人权问题政治化的人权理念有利于推动工商业与人权议题的拓展与创新，增强工商业与人权议题的包容性与可接受性；工商业与人权也能为发展权的绿色、健康、可持续发展提供路径和方向。

（二）人类命运共同体理念的指引

人类命运共同体理念包含加快推进中国法域外适用体系建设的意蕴，构成习近平法治思想中有关国际法治的重要内容。⑤ 适当的域外管辖有利于反击外国不合理的域外管辖，维护中国主权、安全和发展利益及全人类共同价值，在此基础上实现人类命运共同体的构建。⑥ 人类命运共同体包

---

① OEIGWG, "Compilation of General Statements from States and Non-State Stakeholders Made during the Eighth Session," https://www.ohchr.org/sites/default/files/documents/hrbodies/hr-council/wgtranscorp/session8/igwg-8th-compilation-general-statements.pdf, accessed 1 January 2024.

② 国务院新闻办公室：《发展权：中国的理念、实践与贡献》，人民出版社，2016。

③ 参见人权高专办《发展与人权》，联合国官网，https://www.ohchr.org/zh/development/development-and-human-rights，最后访问日期：2023 年 9 月 10 日。

④ 参见王堃《发展权的另类功能：缓和商业活动与人权的冲突》，《学术界》2020 年第 1 期。

⑤ 参见黄进、鲁洋《习近平法治思想的国际法治意涵》，《政法论坛》2021 年第 3 期。

⑥ 参见韩立余《涉外关系治理的法律化与中国涉外法律实施》，《吉林大学社会科学学报》2022 年第 2 期。

含全球正义意蕴，全球正义是人类命运共同体的内在构成要素和目标，有助于化解价值观冲突。以人类命运共同体理念为指引，在承认平等、人权等价值存在冲突的前提下，对各国价值兼容并蓄，更有利于寻找到工商企业与人权间矛盾的化解之道，为中国对跨国企业境外侵犯人权行为的母国域外民事管辖体系构建提供正当化依据，实现对作为人类共同价值的人权的有效保护。

中国以法治保障人权，坚持依法治国，把人权发展纳入法治化制度化轨道。[①] 在宪法方面，2004 年 3 月，第十届全国人民代表大会第二次会议通过《中华人民共和国宪法修正案》，正式将国家尊重和保障人权载入宪法，由此尊重和保障人权成为整个中国特色社会主义法治体系的基本原则。[②] 党的十九大报告明确提出了"人类命运共同体"概念，并通过 2018 年宪法修正案将之写入宪法，为母国域外管辖义务的宪法释义提供了依据，表明了母国域外管辖义务在中国具备生存、发展的空间。[③] 党的二十大报告重申了构建人类命运共同体的重大使命。[④] 在基本法方面，中国通过民法通则和侵权责任法等建立了人格权保护体系，构建起较为完备的人权法律保障体系。[⑤] 中国通过民事法律保护基本民事权利，坚持人权的人民性，实现人权的全民共享、平等共享和广泛充分。[⑥] 母国域外人权义务理论要求中国进一步完善现有法律，避免对母国履行义务构成障碍，从而为国内法制度创新和变革提供动力。

可见，中国秉持全人类共同价值，积极参与推动全球人权治理和构建人类命运共同体，倡导真正多边主义，尊重差异性、维护多样性、坚持利

---

① 国务院新闻办公室：《2014 年中国人权事业的进展》，人民出版社，2015。
② 国务院新闻办公室：《中国共产党尊重和保障人权的伟大实践》，人民出版社，2021。
③ 习近平：《决胜全面建成小康社会 夺取新时代中国特色社会主义伟大胜利——在中国共产党第十九次全国代表大会上的报告》，人民出版社，2017。
④ 习近平：《高举中国特色社会主义伟大旗帜 为全面建设社会主义现代化国家而团结奋斗——在中国共产党第二十次全国代表大会上的报告》，人民出版社，2022。
⑤ 国务院新闻办公室：《为人民谋幸福：新中国人权事业发展 70 年》，人民出版社，2019。
⑥ 参见王利明、朱虎《论基本民事权利保护与人权保障的关系》，《中国人民大学学报》2022 年第 5 期。

他性、倡导团结互助性，① 将法治、发展和人权作为整体推进，重视发展中国家的合作。②

总之，中国虽尚无与规制跨国企业境外侵犯人权行为直接相关的法律法规，但现有法律法规提供了将工商业与人权议题纳入中国法律体系的空间和基础。同时，中国正在进行中国法域外适用体系的构建工作，而域外管辖正是工商业与人权领域的重要内容之一。因此，中国构建对跨国企业境外侵犯人权行为的母国域外民事管辖体系具有法律政策基础。另外，工商业与人权和中国人权观具有高度适配性，且人类命运共同体是中国国际法治与涉外法治的指导思想，在人类命运共同体理念的指引下，运用中国智慧和中国制度填补对跨国企业侵犯人权问题的治理漏洞正当其时。当然，中国通过构建对跨国企业境外侵犯人权行为的母国域外民事管辖体系参与全球人权治理时，应坚持相互尊重、系统推进、开放包容、公平正义，反对强加于人、取舍偏废、干涉内政、双重标准。③

第三节　中国可采取措施的建议

跨国企业侵犯人权诉讼的形态多为将母子公司列为共同被告，或只对母公司提起诉讼。前一情形因涉及外国子公司而需分析司法管辖权依据是否提供管辖基础，后一情形主要问题在于是否存在诉因。本节将从此两种情形入手，分析中国对跨国企业境外侵犯人权行为可采取的域外管辖措施。

一　共同诉讼制度在涉外案件中的适用可能性

为分析中国是否可对外国子公司行使域外司法管辖权，有必要探究中

---

① 参见〔法〕伯特兰·巴迪《世界不再只有"我们"：关于国际秩序的另类思考》，宗华伟译，上海人民出版社，2022。

② 参见柳华文《论当代中国人权观的核心要义——基于习近平关于人权系列论述的解读》，《比较法研究》2022年第4期。

③ 参见《王毅：加强全球人权治理应做到"四个坚持"》，外交部官网，https://www.mfa.gov.cn/web/wjbz_673089/tpxs/202208/t20220815_10743569.shtml，最后访问日期：2023年9月10日。

国是否存在以关联诉讼管辖权为核心的锚定制度及相应制度是否能发挥对外国子公司建立管辖权的作用。中国并未规定关联诉讼管辖权制度，相似规定是诉的主体合并中的共同诉讼。跨国企业侵犯人权诉讼难以归类为普通或必要共同诉讼，更准确的定性应为类似必要共同诉讼，即看似可分实质上却有不可分必要的讼争类型。① 假设中国法院面临此种跨国企业侵犯人权诉讼，依据《民事诉讼法》第 22 条第 2 款和《最高人民法院关于适用〈中华人民共和国民事诉讼法〉的解释（2022 年修正）》（以下简称《民诉法司法解释（2022 年修正）》）② 第 3 条的规定，主要办事机构所在地或不能确定时的注册地或登记地法院建立对锚定被告母公司的管辖权并无障碍。问题在于，《民事诉讼法》第 55 条规定的共同诉讼能否适用于涉外民事诉讼，并作为对外国子公司建立管辖权的依据。本部分将在最高人民法院作出的纯国内企业侵犯人权案例的管辖权裁定推理基础上，分析相关推理能否适用于跨国企业侵犯人权诉讼，进而探讨共同诉讼制度能否适用于涉外民事案件。

（一）自然之友诉中石油案中适格被告和更适当法院的推理依据

目前尚无与跨国企业境外侵犯人权问题相关的涉外诉讼诉至中国法院，因此并无相关的司法实践可供援引分析。然而，在最高人民法院公报案例北京市朝阳区自然之友环境研究所、中华环保联合会与中国石油天然气股份有限公司、中国石油天然气股份有限公司吉林油田分公司环境污染公益诉讼案（以下简称"自然之友诉中石油案"）③ 中，原告自然之友将实施环境污染行为的总分公司一并列为被告提起诉讼，与本部分讨论的将母子公司作为共同被告提起跨国企业侵犯人权诉讼的情形类似，能为本部分提供纯国内分析范本。

一审法院北京市第四中级人民法院认为，中石油吉林分公司具备诉讼

---

① 参见张宇《类似必要共同诉讼制度研究》，博士学位论文，西南政法大学，2017，第15 页。
② 下文若未作年份标注，均指最新版法条。
③ 北京市朝阳区自然之友环境研究所、中华环保联合会与中国石油天然气股份有限公司、中国石油天然气股份有限公司吉林油田分公司环境污染公益诉讼案，（2018）最高法民再 177 号，参见《最高人民法院公报》2019 年第 4 期。

主体资格，可以自有财产对外独立承担民事责任，且现无证据证实中石油公司直接实施污染环境、破坏生态的行为，故中石油公司并非本案适格被告。一审法院裁定驳回原告对中石油公司的起诉。原告不服并上诉请求依法撤销一审裁定。二审法院北京市高级人民法院认为，本案系环境民事公益诉讼案件，一审法院系中石油公司住所地法院，而非环境污染行为发生地或损害结果地法院。因此，在管辖权裁定作出前，一审法院先判断中石油公司的主体适格问题不违反现行法律规定。二审法院认为一审裁定驳回起诉并无不当，应予维持。后该案交由最高院再审。被告两公司辩称，中石油吉林分公司具备独立诉讼主体资格，自然之友将两公司列为共同被告无法律依据，与法理相悖，且最高院已通过大量判例否定了将法人与其分支机构列为共同被告的做法。最高院认为本案的争议焦点如下：一是中石油公司是否为本案适格被告；二是本案管辖法院如何确定更有利于生态环境保护。

在中石油公司是不是适格被告方面，最高院认为，对于原告在起诉法人分支机构时是否可一并起诉设立该分支机构的法人的问题，相关法律和司法解释并未予以明确，结合民事诉讼法赋予其他组织当事人资格的目的在于保护其他组织和相对方的民事权利、及时解决纠纷，并无限制当事人一并起诉设立分支机构法人的意旨，故除非法律另有规定，该事项应属原告起诉时可选择的程序事项。本案系环境民事公益诉讼。根据《环境保护法》第 6 条第 3 款、《公司法（2018 年修正）》第 5 条及《关于中央企业履行社会责任的指导意见》（现已废止）第 11 条的规定，加强资源节约和环境保护是中央企业应承担的重要社会责任。石油企业在追求经济利益的同时，须采取有效措施预防、治理环境污染和生态破坏，最大限度维护环境公共利益，促进经济、社会和环境协调发展。中石油公司作为中央直接管理的大型石油企业，应自觉承担并监督其分支机构承担相应的生态环境保护责任。将两公司列为共同被告，对督促中石油公司进一步加强对其分支机构的监管、积极承担维护环境公共利益的社会责任具有推动作用。因此，可将两公司列为共同被告。

在管辖权建立是否适当问题上，根据《民事诉讼法（2017 年修正）》第 28 条和《最高人民法院关于审理环境民事公益诉讼案件适用法律若干问题的解释》（以下简称《环境民事公益诉讼司法解释》）第 6 条的规定，北京市（中石油公司住所地）和吉林省松原市（中石油吉林分公司住所地及污染行为发生地、损害结果地）的法院均享有本案的管辖权。鉴于环境公益诉讼案件的审理与所保护的生态环境联系紧密，由远离污染行为地、损害结果地的人民法院管辖不便于案件的审理，不利于受损生态环境得到及时、有效的修复，难以实现环境公益诉讼促进生态环境修复的核心目标，由松原市中院审理更便于法院审理和当事人诉讼、准确查明案件事实、依法判定当事人责任、促进受损生态环境的有效修复。

（二）类似推理在跨国企业侵犯人权诉讼中的适用假设

跨国企业侵犯人权诉讼的典型情形是，中国母公司 A 通过境外投资在东道国依据东道国法律设立的东道国子公司 B 的活动造成东道国的人权侵犯结果，外国受害人依托中国公益组织将 A 与 B 作为共同被告在 A 的住所地法院提起公益诉讼。依据最高人民法院在自然之友诉中石油案中的推理，在确定是否管辖与受理该诉讼时，法院需判断两个问题：首先是 A 与 B 可否作为共同被告，即 A 是否为适格被告；其次是由 A 住所地法院管辖是否适当。但鉴于此案为涉外案件，在此两问题外，还有一个非常重要的问题，即若 A 与 B 可作为共同被告被诉，中国法院可否因对 A 有管辖权而对 B 建立管辖权，换言之，共同诉讼管辖权是否适用于涉外案件。

1. 关于 A 是否为本案适格被告的问题

首先，外国公司可否作为民事诉讼的当事人。根据《民事诉讼法》第 5 条和《民诉法司法解释》第 520 条，外国企业可作为民事诉讼当事人。但对于原告在起诉外国公司时可否一并起诉设立该公司的中国母公司，相关法律和司法解释并未予以明确，结合民事诉讼法赋予外国企业当事人资格的目的在于保护外国企业和相对方的民事权利、及时解决纠纷，并无限制当事人一并起诉设立外国企业的中国母公司的意旨，故除非法律另有规定，该事项应属原告起诉时可选择的程序事项。

若外国受害人提起的跨国企业侵犯人权诉讼是 B 的活动造成当地环境污染或生态破坏导致的人权侵犯结果，可将案由定性为涉外环境民事公益诉讼。根据《环境保护法》第 6 条第 3 款、《公司法（2018 年修正）》第 5 条、《关于鼓励和引导民营企业积极开展境外投资的实施意见》、《境外投资管理办法》、《中央企业境外投资监督管理办法》、《民营企业境外投资经营行为规范》以及《企业境外投资管理办法》等的规定，加强资源节约和环境保护也是中国在境外活动的企业应承担的重要社会责任，在追求经济利益的同时，须采取有效措施预防、治理环境污染和生态破坏，最大限度维护东道国环境公共利益，促进经济、社会和环境协调发展。其中，《中央企业境外投资监督管理办法》第 6 条、《民营企业境外投资经营行为规范》的总则均规定企业在境外投资经营活动中应遵守中国和东道国（地区）的法律法规，更加表明中国母公司应自觉承担并监督其境外子公司的活动，促使其境外子公司自觉承担相应的生态环境保护责任。将中国母公司 A 和境外子公司 B 列为共同被告，对督促 A 进一步加强对其境外子公司的监管、积极承担维护环境公共利益的社会责任具有推动作用。因此，将 A 与 B 列为共同被告提起诉讼并无不当，A 是本案的适格被告。

2. 关于本案管辖法院如何确定更加适当的问题

根据《民事诉讼法》第 29 条、《民诉法司法解释》第 24 条和《环境民事公益诉讼司法解释》第 6 条的规定，严格意义上的侵权行为实施地与侵权结果发生地均在东道国，只有 A 公司的住所地法院享有本案的管辖权。在自然之友诉中石油案中，最高院认为，鉴于环境公益诉讼案件的审理与所保护的生态环境联系紧密，应由污染行为地、损害结果地的人民法院管辖。类似的理由很可能出现在跨国企业侵犯人权诉讼中，法院很可能在上述推理的基础上辅以《民事诉讼法》第 282 条规定的不方便法院原则拒绝管辖。

3. 关于对 B 的管辖权是否成立的问题

若在第二步法院即以不方便法院原则驳回起诉，则法院可能不会考虑对 B 的管辖权是否成立的问题。然而，结合第三章的域外案例，并考虑到外国受害人在母国提起跨国企业侵犯人权诉讼的理由，不难想见代表受害人的公益组织会提起上诉，法院仍需处理该问题。

《民事诉讼法》第 122 条规定了起诉条件，其中第 4 项要求属于受诉人民法院管辖。然而，依据中国现行法律，难以直接对 B 建立管辖权。因此需考虑借助共同被告制度。在自然之友诉中石油案中，最高院认同中石油是适格被告，并认为整案应由中石油吉林分公司所在地的松原市中院管辖，表明松原市中院不仅对中石油吉林分公司有管辖权，也基于牵连性对其本无管辖权的中石油公司获得了补充管辖权。然而，最高院在法律依据部分援引《民事诉讼法（2017 年修正）》第 37 条第 1 款，即指定管辖，其作用是指定对共同被告之一享有管辖权但对另一被告无管辖权的法院对整个案件行使管辖权，或可据此认为共同被告的成立可使对共同被告之一本无管辖权的法院具有获得管辖权的可能性，但上级法院的指定是管辖权成立的关键。或者更准确地说，本案实质上是合并管辖①的体现，但合并管辖并未规定于中国法律中，因此最高院利用指定管辖的方式实现合并管辖的目的。依据体系解释，《民事诉讼法》第 55 条位于第五章"诉讼参加人"下的第一节"当事人"中，并非位于第二章"管辖"中。依据文本解释，第 55 条并未明确管辖权的分配问题。可见，中国的共同诉讼似乎是为纯国内案件所设计的制度，与其配套的管辖权建立实质上是国内法院的管辖权分配，默认前提是共同被告在中国均有相应的管辖法院。然而，关联诉讼管辖权的建立无须上级法院的指定，这是中国规定与关联诉讼管辖权制度的不同之一。上文的推理基于自然之友诉中石油案，由于该案为纯国内诉讼，在产生管辖权争议时由上级法院指定管辖自然并无不当。然而，在跨国企业侵犯人权诉讼中，涉及两个司法管辖区，很难想象旨在进行国内管辖权分配的指定管辖可适用于涉外案件，否则可能会存在侵犯他国司法主权之嫌。因此，可认为中国并不存在适用于涉外案件的以关联诉讼管辖权为核心的与锚定制度相类似的合并管辖制度。由此产生的下一个问题是，中国有无必要引入此类制度。

若要设立关联诉讼管辖权制度，需将之在立法中明确规定。为此，需明确关联性的含义，以确定关联诉讼管辖权的建立依据，并规定在此种情形下不得适用不方便法院原则，以及为确保管辖权的行使不过度，还应加入用尽当地救济措施或原告无法获得实质正义的考量要求。首先，在关联性方面，若采用荷兰路径，则只要诉讼间存在关联即可；若采用英国路

---

① 合并管辖是特殊的法定管辖，即法律直接规定受诉人民法院对与其已受理的案件有牵连关系的其本无管辖权的其他案件具有管辖权。参见张晋红《民事诉讼合并管辖立法研究》，《中国法学》2012 年第 2 期。

径，则建立依据是必要或适当当事人标准。实际上，关联诉讼管辖权的接受度并不高。而且，荷兰《民事诉讼法典》第 7 条是将《布鲁塞尔条例》转化为国内法的产物，英国必要或适当当事人标准的设立也隶属同源。该制度存在的原因之一是避免出现不可调和的矛盾判决，旨在在成员国间分配管辖权，可认为是成员国对关联诉讼管辖权的事前接受与让渡。然而，将该制度适用于非成员国时，则易产生司法主权过度行使之嫌。因此，为使母国法院的管辖权行使具有正当性，如英国路径般要求用尽当地救济措施或受害人非此无法获得实质正义或是更好选择。

然而，正如第三、四章所示，目前主流趋势并非对外国子公司行使直接域外管辖权，而是更倾向于由母国制定对母公司赋予责任与义务的国内法，从而基于对母公司的规制间接调整子公司的境外行为，即采取具有域外影响的国内措施实现间接域外管辖目的，借此也能有效预防境外子公司侵犯东道国受害人人权，或在侵犯人权后为受害人提供有效救济，这亦是母国域外人权义务履行下域外管辖权的行使方式。因此，下文将重点讨论基于母公司的域外管辖措施。

二　构建基于母公司的间接域外管辖的问题

在论证基于母公司的域外管辖措施较之将母子公司作为共同被告的共同诉讼制度更具可行性后，本部分将探讨此种措施可能面临的诸多问题，为第三部分的构建方式提供指引。

（一）不方便法院原则的适用与否

由于依据原告就被告的一般管辖原则对母公司建立管辖权并无过多障碍，但不方便法院原则的存在可能会使法院拒绝行使对母公司的管辖权。

在中国，不方便法院原则最初规定于《民诉法司法解释（2015 年修正）》中。在 2023 年修正的《民事诉讼法》中，新增的第 282 条规定了不方便法院原则。第 282 条修正了原本《民诉法司法解释（2022 年修正）》第 530 条要求同时满足六个条件方可适用不方便法院原则的规定。第 282 条第 1 款规定："人民法院受理的涉外民事案件，被告提出管辖异议，且同时有下列情形的，可以裁定驳回起诉，告知原告向更为方便的外国法院提起诉讼：（一）案件争议的基本事实不是发生在中华人民共和国领域内，人民法院审理案件和当事人参加诉讼均明显不方便；（二）当事人之间不存在选择人民法院管辖的协议；（三）案件不属于人民法院专属管辖；（四）案件不涉及中华人民共和国主权、安全或者社会公共利益；（五）外国法院审理案件更为方便。"

根据原来的规定，第4项要求为案件不涉及中国国家、公民、法人或其他组织的利益，第5项要求案件争议的主要事实不发生在中国境内，且案件不适用中国法律，人民法院审理案件在认定事实和适用法律方面存在重大困难。在跨国企业侵犯人权诉讼中，由于被告是中国母公司，故此类诉讼必然涉及中国法人的利益，因此中国法院在管辖权阶段很难适用不方便法院原则裁定驳回起诉，除非法院认为因无具体诉讼理由而不可受理针对母公司的跨国企业侵犯人权诉讼，此时裁定不予受理的原因也并非不方便法院原则。因此根据《民诉法司法解释》第530条，中国法院对针对母公司提起的跨国企业侵犯人权诉讼建立司法管辖权并无障碍。

《民事诉讼法》第282条较之原有规定，更加具有灵活性，使不方便法院原则在司法实践中更具有可适用性。具体到本书研究的针对母公司提起的跨国企业侵犯人权诉讼，此类诉讼满足第2、3、5项自不必言，问题在于第1项和第4项是否满足。第282条第1项较之第530条第5项作出较大修改，首先是将"主要事实"修改为"基本事实"，并删去了"案件不适用中华人民共和国法律，人民法院审理案件在认定事实和适用法律方面存在重大困难"，替代为"人民法院审理案件和当事人参加诉讼均明显不方便"。根据《民诉法司法解释》第333条的规定，二审法院在上诉时审查的原判决的基本事实，是指用以确定当事人主体资格、案件性质、民事权利义务等对原判决、裁定的结果有实质性影响的事实。在此类诉讼中，基本事实的大部分并非发生在中国领域内。然而，由于受害者主动来到母国法院提起诉讼，且被告母公司为中国公司，当事人参加诉讼并不会不方便，因此此类诉讼并不满足第1项的要求。此类诉讼涉及尊重受害者即他国公民人权的问题，此事项是否涉及中国社会公共利益，取决于中国在人权领域采取何种理论以认知本国的人权义务。因第1项并不满足，故根据第282条，中国法院存在较大可能性在此类诉讼中不适用不方便法院原则。

目前，为确保受害人获得有效救济，国际文书的主流观点是完全排除不方便法院原则在跨国企业侵犯人权诉讼中的适用。然而，中国代表在联合国工作组第五次会议上明确表态不可轻易否定不方便法院原则。[①] 同时，也有英国学者表示，若法官在考虑本国法院是不是方便法院时对跨国企业的经济现实、组织结构和商业运作本质加以考量，则不方便法院原则在英国的复兴并不会对跨国企业侵犯人权诉讼造成负面影响。[②] 因此，在构建对跨国企业境外侵犯人权行为的母国域外民事司法管辖制度时，中国可采取《索菲亚准则》中有条件地允许适用不方便法院原则路径，明确跨国企业侵犯人权诉讼中不方便法院原则的适用条件是被告承诺接受东道国法院的管辖，且东道国法院在合理时间内根据诉诸司法的基本标准实际行使管辖权。换言之，若原告能证明其已用尽东道国当地救济措施后，中国法院不应在跨国企业侵犯人权诉讼中适用不方便法院原则。

管辖是民事诉讼当事人起诉和法院受理案件的必备条件，法院受理立案条件即为当事人具备起诉条件，当事人起诉应符合形式条件和实质条件。[③] 若外国受害人以跨国企业侵犯人权纠纷为由在中国法院针对母公司提起诉讼，为判断法院应否受理该案件，中国法院应判断针对母公司提起的诉讼是否有具体诉讼理由，或是否属于人民法院民事案件受理范围。[④] 由于英国、荷兰等已就此类案件建立管辖权的国家法院主流趋势是在管辖权阶段仅作形式审查，原则上不驳回起诉，故中国法院在面临此种诉讼时，原则上应在判断满足管辖权建立条件后，查明经冲突规范指引确立的准据法中是否包含母公司责任，若包含，则对原告提出的证据应仅作形式审查并受理案件，从而履行程序性母国域外人权义务。母公司是否确实负

① 参见邵妩《“跨国公司及其他工商企业与人权”法律文书政府间工作组第五次会议综述》，载中国国际法学会主办《中国国际法年刊（2019）》，法律出版社，2020，第357页。

② 参见 Ekaterina Aristova, “The Future of Tort Litigation Against Transnational Corporations in the English Courts: Is Forum [Non] Conveniens Back?,” *Business & Human Rights Journal* 6 (2021): 401。

③ 参见许少波《论民事案件受理权与管辖权的统一与分开》，《法律科学（西北政法大学学报）》2019 年第 3 期。

④ 参见《民事诉讼法（2021 年修正）》第 121 条。

有责任及在多大程度上应承担责任留交实体审判阶段处理更为适宜。

(二) 实体法请求权基础的确立

中国法院虽可依据原告就被告的一般管辖权原则对中国母公司提起的跨国企业侵犯人权诉讼建立司法管辖权，但纠纷是否具有可诉性还需考量。在普通法国家，可诉性的考量核心是诉因的成立与否。对应到中国，与诉因相仿的概念是请求权基础。[①] 请求权基础思维不同于传统的法律关系分析法，请求权基础思维以实体法请求权学说为基础，直指案件问题，即某一具体的作为或不作为（请求权目标）是什么及需满足何种法定或约定前提条件。[②] 以此为分析基础，可知请求权基础的核心是实体法依据。

1. 将习惯国际法作为请求权基础在中国的可行性

美加在跨国企业侵犯人权诉讼中采取了不同于英荷的方式，是通过将国际法认定为构成国内普通法肯定受害人提起诉讼的诉因成立。美国又与加拿大有所区别，美国是将诉因区分为行为规范和救济措施，认为国际法提供了行为规范，救济措施则需联邦法官通过造法方式创设，加拿大则未作此区分，认为基于并入学说，国际法是加拿大国内法的一部分，故允许将之作为诉因提起诉讼。

对中国而言，《宪法》《立法法》中无有关国际条约和国内法适用关系的规定，《民法典》也删掉了《民法通则》有关国内法与国际法关系的第 142 条，有关国内法与国际法的关系散见于《海商法》《民事诉讼法》等法律中，使中国缺乏关于国内民事法律与相关国际法的关系规定。同时，目前中国也并无与规制跨国企业境外侵犯人权行为直接相关的国内法规定。若外国受害人意欲在中国法院针对母公司提起诉讼寻求损害救济，外国受害人可否将对中国有约束力的人权条约作为法律依据提起诉讼？中国法院应如何处理？该问题的核心便是国际法与中国国内法的关系为何，国际法是否可作为中国民事诉讼中的请求权基础规范。

---

① 《最高人民法院关于印发〈全国法院民商事审判工作会议纪要〉》，法〔2019〕254 号，2019 年 11 月 8 日发布并实施。《最高人民法院关于发布第 30 批指导性案例的通知》，法〔2021〕272 号，2021 年 11 月 9 日发布并实施。

② 参见金晶《请求权基础思维：案例研习的法教义学"引擎"》，《政治与法律》2021 年第 3 期。

承认习惯国际法可提供民事诉因的国家，多为遵循并入学说的国家，认为习惯国际法自动成为国内法的一部分，直接在国内发生法律效力，可在法院作为裁判依据。[①] 目前，中国的基本共识是国际人权法在中国以转化适用为主，而非以直接适用为主。在司法层面，当事人不能直接援引国际人权法主张权利，法院也不能将人权法作为裁判依据。国际人权法在国内适用的最广泛的方法是解释性适用，即通过援引国际人权法解释国内法。[②] 因此，外国受害人若意欲在中国法院提起跨国企业侵犯人权诉讼，需在中国国内法中寻找请求权基础，而不能将国际法作为直接依据加以援引。由此产生的问题是，中国国内法是否具有域外效力，能否为发生在境外的导致外国人人权或基本权利受到损害的诉讼提供请求权基础。目前中国尚无与规制跨国企业境外侵犯人权行为直接相关的立法，若受害人意图在中国法院提起诉讼，所依据的只能是与人权保护相关的侵权责任法、劳动保护法和环境保护法等。然而，上述立法或因原则上适用于中国领域内，并无域外效力，因此难以为受害人提供请求权基础规范，或因原告难以举证证明中国母公司与侵犯人权结果的因果关系而使受害人的诉讼最终以失败告终。为此，基于对母公司的规制以产生域外影响的方式再次进入研究视野。

2. 注意义务与过错责任的兼容性

在母公司责任立法阙如的情况下，存在中国现有侵权法能否推导出有注意义务，进而在外国受害人在中国提起跨国企业侵犯人权诉讼时得据此受理案件的问题。

母公司是否对子公司的侵权行为承担责任，中国学者主要从公司法领域的法人人格否认或刺破公司面纱理论入手寻求突破，少有学者从侵权法理论探讨母公司民事责任问题。公司法与侵权法的割裂不利于问题最终解决，并有可能导致盲目扩张刺破公司面纱理论。从侵权法角度看，责任主体范围扩大主要是基于对非行为人对实际行为的控制力和所获利益等方面

---

① 参见金铮《国际法在欧洲国家的适用问题研究》，《政法学刊》2006 年第 4 期。
② 参见张雪莲《解释性适用——国际人权法国内适用的新趋势研究》，法律出版社，2019，第 1 页。

的考量。①

根据中国侵权法理论，母公司对子公司的控制力及前者从后者经营活动中获利的事实可能导致母公司对子公司的行为承担责任。依据中国《民法典》侵权责任编第 1165 条和第 1166 条，过错推定责任和严格责任均以法律特别规定为限，而中国并无母公司承担过错推定责任或严格责任的规定，因此母公司责任应在过错责任原则下探讨，即母公司对未阻止子公司的侵犯人权行为是否存在过错。若母公司知道或应当知道子公司正在进行侵权行为，且有能力阻止其侵权行为，母公司应负有阻止子公司侵权的积极义务。结合《指导原则》的规定，至少应确立跨国企业母公司对经营活动中境外侵犯人权行为的注意义务。尽管中国并无有关母公司注意义务的法律规定或司法判决，但中国侵权责任法理论和实践对确立母公司注意义务并无实质障碍。将母公司注意义务解释为过错责任是否恰当，需结合域外实践分析。在英国法中，违反注意义务被认为是过失。在过失案件中，原告须证明被告有注意义务，但未履行或违反该义务，由此直接或间接地造成了他们的伤害。过错（fault）包含过失和故意（intention），因此根据中国侵权责任法，注意义务与过错责任具有兼容性，存在适用母公司注意义务的空间。母公司违反注意义务应承担多元化的责任，即法院应在个案中结合案件事实判断母子公司各自的过错承担，判定母公司承担连带责任、按份责任抑或不真正连带责任。②

3. 公司法中母公司责任规定的存在与否

注意义务类似于中国法下侵权行为四要件中"违法行为"的"法"，由于在侵权责任编中并无与母公司责任有关的具体规定，此时需审查公司法的规定。根据《公司法（2018 年修正）》第 14 条第 2 款的规定，子公司具有企业法人资格，依法独立承担民事责任。因此，公司法对母子公司的债务责任关系问题持二者相互独立说，即母公司和子公司在法律上互相独立，各为独立法人，独立承担其责任，亦即公司法在母子公司的债务责任关系上坚持有限责任原则，并未作出例外规定。在《公司法（2023 年

---

① 参见王利明《侵权责任法的中国特色》，《法学家》2010 年第 2 期。
② 参见于亮《跨国公司母国的人权义务》，法律出版社，2020，第 159 页。

修订）》中，将原有第 5 条第 1 款中的企业社会责任单独成条，规定为第
20 条，列举了企业应承担的社会公共利益的具体方面，并表明"国家鼓
励公司参与社会公益活动，公布社会责任报告"。然而，《公司法（2023
年修订）》中依旧未对中国公司的境外投资加以规制。

可见，中国公司法中缺乏规范母子公司关系，特别是缺乏与母公司责
任有关的规定，更缺乏中国母公司对境外子公司行为造成的侵犯人权结果
应承担的责任的规定，故有必要制定强制性人权尽责法，明确母公司为子
公司侵权行为承担责任的条件。该思路在自然之友诉中石油案中略有体
现，但未被点明。因此，中国有制定强制性人权尽责法的需求。同时，中
国商务部、国资委等部门制定的规范性文件中也明确了境外投资应遵守东
道国法律，部分则要求在遵守东道国法律的同时遵守中国法律。因此，中
国也存在强制性人权尽责法制定的可行性。

（三）　实体审判阶段可能存在的问题

1. 庭外和解的结案方式对受害人的潜在不公正

域外产生较大影响的成功建立管辖权并受理的跨国企业侵犯人权诉讼
真正进入实体审判阶段的非常少，多数以庭外和解方式结案。如英国吉姆
菲尔兹公司（Gemfields）案最终以公司采取了不承认责任的和解方式
（no-admission-of-liability settlement）结案。加拿大太浩公司案（*Garcia
v. Tahoe Resources Inc.*）① 则以公司道歉的形式结案。加拿大耐森公司案、
英国隆博韦案等也以庭外和解方式宣告终结。

公司多选择以庭外和解方式结案，多出于避免旷日持久的诉讼对公司
声誉和形象负面影响的考量。而以庭外和解方式结案，实质上也有利于实
现为受害人提供有效救济的目的，在一定程度上节省了法院司法资源，且
避免了最终判决承认与执行阶段可能面临的障碍。此时，法院的介入主要
发挥了迫使确实存在过错的公司承担责任的作用。若母公司确然勉力确保
子公司的行为负责任，侵犯人权结果与公司集团的决策与行为无涉，母公
司应不会轻易接受或采取庭外和解方式，变相承认跨国企业集团的侵犯人
权行为。然而，庭外和解却也存在受害人无法得到救济的可能性。原因在

---

① *Garcia v. Tahoe Resources Inc.*，2015 BCSC 2045.

于，和解金额可能远远低于法院判决的赔偿金额，甚至存在被所谓的目标型律师（cause lawyers）瓜分和解金的可能性，最终受害人实际获得的金额极低。①

2. 中国公司可能面临的敲诈勒索

不可否认，跨国企业的经济实力虽相对雄厚，但旷日持久的诉讼仍会耗费其大量财力，使其经济利益受损。甚至目前出现的诉讼可能会使无辜的跨国企业遭遇"流氓"非政府组织或律师的敲诈勒索。如美国非政府组织"工人权利协会"曾借炒作"新疆存在强迫劳动"，向中国浙江某运动服饰公司及其合作方、美国某知名运动品牌敲诈30万美元"人权公益费"用以"平息事端"。②

3. 法律适用过程中的问题

根据中国法律，跨国企业侵犯人权诉讼很可能会被定性为涉外侵权诉讼。根据《涉外民事关系法律适用法》及其司法解释，很可能会适用侵权行为地法即东道国法。中国法官可能面临的问题是，案涉问题能否认定为构成强制性规定的适用情形，以及若不能认定案涉问题属于强制性规定的适用情形，经选法后适用的东道国法缺乏母公司责任相关规定时应否判决驳回诉讼请求。

对于上述问题，本书将在下一部分尝试给出解决方案。

三　构建基于母公司的间接域外管辖的方式

目前虽尚未面临跨国企业侵犯人权诉讼，但实践需求和形象维护需中国构建对跨国企业境外侵犯人权行为的母国域外民事管辖体系，特别应关注在受冲突影响地区经营的中国跨国企业的活动，避免其卷入严重人权侵犯行为中。考虑到终有一日，中国也可能面临上述外国司法与立法实践中出现的诸多问题，本部分以解决问题为目的，探索基于母公司的间接域外

---

① 参见 Sara Dezalay & Simon Archer, "By-passing Sovereignty: Trafigura Lawsuits (re Ivory Coast)," in Horatia Muir Watt et al., eds., *Global Private International Law: Adjudication Without Frontiers* (Northampton: Edward Elgar Publishing, 2019), p. 94.

② 参见范凌志、刘欣《中国企业遭美国"人权组织"敲诈成功》，《环球时报》2021年8月6日。

管辖的具有中国特色的构建方式。

（一）强制性人权尽责法的制定

为避免潜在的意外后果，强制性人权尽责法应明确其范围和限制。首先，应避免凌驾于或破坏现有的法律制度，现有法律制度可能能提供额外或更有力的责任理由。其次，强制性人权尽责法本身或其司法解释也应澄清在哪些情况下人权尽责可能不是确保企业尊重人权的适当工具。[①] 最后，应对照真正预防方法的关键因素，客观审查避免伤害的努力，包括公司在多大程度上实施了人权尽责参与模式，及时披露所有相关信息，并与可能受影响的人进行有意义的协商，或视情况寻求他们的知情同意。至关重要的是，公司在多大程度上选择和实施了实际上能够防止具体损害的措施。

强制性人权尽责法可发挥将公司法与侵权法相结合的作用。该法在行为规范部分的规定是公司法的内容，表明应履行人权尽责义务的公司范围，明确人权尽责义务的内容。在法律责任部分纳入民事责任条款，可明确公司的侵权法意义上的注意义务，从而赋予受害人提起诉讼的诉因。强制性人权尽责法的意义在于其域外效力。正如本书第四章第一节的分析所示，为使立法具有域外效力，现有立法例多选择运用积极属人原则或属地原则中的影响学说实现该目的。其中，积极属人原则主要依据的是公司国籍的认定标准，影响学说多表现为营业额标准、雇员人数标准等。前者的接受度更高，后者则存在滥用域外立法管辖权之嫌。

中国外交部代表在联合国《拟议条约》工作组第六次会议中虽认为引入"在其控制下"这一新管辖依据可能将东道国预防跨国企业侵犯人权行为的首要责任转嫁给跨国企业母国，而供应链人权尽责义务可能使企业丧失人权尽责动力，[②] 但并未否认人权尽责义务在母子公司间存在的可能性，且中国境外投资相关规范性文件中也存在使用"控制"标准的先例。因此，对中国而言，若中国决定制定强制性人权尽责法，结合中国公司法和境外投

---

① 参见 Gabriela Quijano & Carlos Lopez, "Rise of Mandatory Human Rights Due Diligence: A Beacon of Hope or a Double-Edged Sword?," *Business & Human Rights Journal* 6 (2021): 253。

② 参见龚雯聪《"跨国公司与人权"法律文书谈判缓慢推进——"跨国公司及其他工商企业与人权问题"法律文书政府间工作组第六次会议综述》，载中国国际法学会主办《中国国际法年刊（2020）》，法律出版社，2021。

资相关的规范性文件的规定，可将该法的适用范围规定为：

　　　　进行境外投资的主要办事机构位于中华人民共和国领域内的公司/
在中华人民共和国境内依法设立的公司（以下简称"公司"）应制
定并有效执行人权尽职调查计划。若公司制定并实施与该公司及其控
制的所有子公司或受控公司的活动有关的人权尽职调查计划，将被视
为履行本条规定的义务。

　　　　该计划应包括合理的人权尽责措施，以确定风险并防止严重侵犯
人权和基本自由、个人健康和安全以及环境的行为，这些行为是由公
司及其控制的公司的活动直接或间接引起的，及由与之保持既定业务
关系的分包商或供应商活动引起的。

　　　　境外投资是指企业通过新设、并购及其他方式在境外拥有非金融
企业或取得既有非金融企业所有权、控制权、经营管理权及其他权益
的行为。控制是指直接或间接拥有企业半数以上表决权，或虽不拥有
半数以上表决权，但能够支配企业的经营、财务、人事、技术等重要
事项。

该法的法律责任条款中的民事责任部分可规定为：

　　　　不遵守本法规定的义务，应使行为人负责并有义务赔偿履行这些
义务本可避免的损害。责任诉讼应由利益相关者向人民法院提出。

制定强制性人权尽责法后，下一个问题便是有无必要在该法中规定明
确立法定性条款。

（二）直接适用法的明确立法定性

欧盟立法者对优先性强制规定明确定性的做法若被接受，将会对在欧
盟市场运营的中国企业造成影响，可能使中国企业面临较大的合规压力和
法律风险。采取对优先性强制规定的明确立法定性做法的《企业可持续发
展和尽责指令》允许受害人对未履行或未妥善履行人权尽责义务并直接或
间接造成侵犯人权结果的公司在欧盟成员国法院提起诉讼，且要求成员国

法院将依据该指令转化而来的国内法中有关民事责任的规定作为优先性强制规定加以适用。因此，若中国公司符合该营业额标准，将被要求遵守欧盟的人权尽责要求，同时也可能会面临在欧盟成员国法院受诉的法律风险。

优先性强制规定定性的范式转变对中国的立法活动也可能产生影响。鉴于在中国，较之优先性强制规定，更常见的术语是"直接适用法"[①] 或"国际私法中的强制性规范"[②] 等，故本部分将使用"直接适用法"。直接适用法规定于《涉外民事关系法律适用法》第 4 条，其具体定义则规定于《最高人民法院关于适用〈中华人民共和国涉外民事关系法律适用法〉若干问题的解释（一）》第 8 条，并采用非穷尽列举方式划定了应直接适用的强制性规定的范围，包括涉及劳动者权益保护、食品及公共卫生安全、环境安全等方面。然而，中国的规定未区分纯国内强制性规定与在国际私法案件中应直接适用的涉外或国际强制性规定，且现有规定仍具有一定的模糊性，因此在审判实践中存在错误理解与定性问题，不利于维护法律适用的明确性和可预见性。在司法实践中将规范认定为跨越选法机制的直接适用法的路径应受到严格限制，仅构成个别、例外的情形，[③] 防止过度适用妨碍国际民商事交往的安全与稳定。[④] 通过检索可发现，适用《涉外民事关系法律适用法》第 4 条的判决并不多见，因此司法实践中虽曾出现对直接适用法与相关国际私法概念的混用、对直接适用法的概念理解存在差异的情形，但难以认定中国法院存在过度适用直接适用法的问题。这也反映出或许存在因法官认定强制性规定具有一定困难，所以法官选择尽可能减少作此认定的尝试。

---

① 参见刘仁山《"直接适用的法"在我国的适用——兼评〈涉外民事关系法律适用法〉解释（一）第 10 条》，《法商研究》2013 年第 3 期；王祥修《论"直接适用的法"在我国适用的对策》，《理论与现代化》2015 年第 2 期；等等。

② 参见肖永平、龙威狄《论中国国际私法中的强制性规范》，《中国社会科学》2012 年第 10 期；卜璐《国际私法中强制性规范的界定——兼评关于适用〈涉外民事关系法律适用法〉若干问题的解释（一）第 10 条》，《现代法学》2013 年第 3 期；等等。

③ 参见何叶华《人权规范与国际私法的交互作用》，《广西社会科学》2019 年第 12 期。

④ 参见邢钢《国际私法体系中单边主义方法的逻辑与路径》，《江西社会科学》2018 年第 2 期。

虽一般认为，直接适用法的认定有赖于各国法院法官结合法院地的政策与公共利益以个案分析的方式进行，但正如本书第四章第三节所述，欧盟已出现通过立法方式明确定性优先性强制规定的趋势。目前中国实体法中尚未出现明确对直接适用法进行立法定性的做法。近年来，中国部分领域的修法进程中，也出现了将部分规定明确定性为直接适用法的主张，如主张《海商法》第四章"海上货物运输合同"的规定应强制适用于国际海上货物运输关系，此种主张受到了一些批评，主要理据在于《海商法》第四章涉及的内容尚不构成重大社会公共利益，且规定并非均具有实体层面上的强制性。①

可见，中国虽已将直接适用法从理论学说转化为法律规定，但因其含义的模糊性和难以适用性，明确通过立法方式将某一法律法规定性为直接适用法的做法具有一定吸引力。然而，明确立法定性的做法存在争议，特别是在考虑到其必然产生的域外适用问题时，争议更加明显。只有在直接适用法所旨在保护的是真正国际公共利益时，其域外适用将产生的摩擦与反对声才会相对降低。同时在真正国际公共利益也属于中国重大社会公共利益时，此种立法才会得到广泛支持。因此，只有有关真正国际公共利益与中国重大社会公共利益的交集涵盖的公共利益的法律规定方可在法律条文中将之明确定性为直接适用法。

规制跨国企业境外侵犯人权行为的法律关注的是人权问题，可被认为是有关真正国际公共利益与中国重大社会公共利益的交集所涵盖的公共利益，因此将工商业与人权领域的立法明确定性为直接适用法并无不可。若中国制定强制性人权尽责法，可考虑将其中的法律责任条款定性为直接适用法。然而，需要注意的是，一旦立法者选择了对某些法律采取立法定性范式，法院便应对司法定性直接适用法采取更加克制的"推定非直接适用法"的机制，即除非立法者明确表示出将相应条款定性为直接适用法的立法意图，否则不将相应实体法条款认定为直接适用法。因此，对直接适用法的明确立法定性将牵一发而动全身，一旦在一部法律中采取了此种范

---

① 参见袁发强、卢柏宣《〈海商法〉第四章"强制适用"之合理性探究》，《中国海商法研究》2021年第1期。

式，就必然会产生较大的修法要求。因此，必须慎之又慎。

（三）公司利益与受害人保护的平衡

在构建对跨国企业境外侵犯人权行为的母国域外民事管辖体系时，除直接反映域外管辖的强制性人权尽责法的制定与直接适用法的明确立法定性外，还应配套辅助制度，以最大限度实现公司利益与受害人保护的平衡。

1. 诽谤诉告的非刑事化谨慎有条件适用

为避免允许针对母公司因外国子公司境外侵犯人权而提起的跨国企业侵犯人权诉讼过于偏向保护受害人，而损害实际上无辜的被告公司的正当权益，也为避免过量诉讼增加中国法院负担，有必要考虑运用诽谤机制威慑原告，防止原告捏造事实诽谤诉告中国公司。

当然，对于诽谤的适用，以人权高专办为代表的观点认为，可能会压制受害人和人权捍卫者的言论自由，特别是诽谤罪更易导致此种结果。[①]但并非所有诽谤诉讼均构成针对公众参与的策略诉讼（strategic lawsuits against public participation，SLAPP）[②]。SLAPP 通常是针对诽谤、污蔑、恶意起诉、侵犯隐私等而提起的，破坏了言论和信息自由权，几乎对各国的民主和法治都是威胁。如托克公司诉英国广播公司诽谤案（*Trafigura Limited v. British Broadcasting Corporation*）[③] 构成英国超级禁令（super injunctions）的试验案例，允许拓客公司阻止 BBC 公布指控其排放废物造成人身侵害的内容，甚至阻止产生指控，尽管事实表明托克公司了解废物毒性。不应保护利用 SLAPP 胁迫正义发声者禁言的企业，但对捏造并未真实发生的所谓的侵犯人权行为进行起诉的敲诈勒索者，可利用诽谤诉讼保护无辜的企业的利益。

中国应考虑至少针对跨国企业境外侵犯人权行为问题将诽谤非刑事

---

① OHCHR，"Thailand: Judicial System Abused by Business to Silence Human Rights Defenders-UN Experts," https://www.ohchr.org/en/press-releases/2020/03/thailand-judicial-system-abused-business-silence-human-rights-defenders-un，accessed 10 September 2023.

② SLAPP 的作用是通过法律行动恐吓、威胁并对敢于为维护公共利益、保护人权和环境或举报腐败和逃税行为而发言的人制造恐惧。参见 Penelope Canan & George W. Pring，"Strategic Lawsuits Against Public Participation," *Social Problems* 35（1988）：506。

③ *Trafigura Limited v. British Broadcasting Corporation*，Claim No: HQ09X02050, 15 May 2009.

化，遵从必要性和相称性标准，即使在最严重的情况下，监禁或徒刑也绝非适当惩罚。诽谤诉讼可通过民法进行，没有必要提起刑事诉讼。[①] 中国可考虑修订其民事和刑事法律及起诉程序，防止公司滥用诽谤法。但应允许公司依据《民法典》第 110 条第 2 款、第 1024 条对无中生有地对其提起跨国企业侵犯人权诉讼的人提起诽谤诉讼，即中国语境下的法人人格权侵害诉讼，但应要求公司承担较高举证证明责任，证明提起的跨国企业侵犯人权诉讼确无依据，所谓的侵犯人权行为纯属虚构，但公司因之遭受严重的商誉损害，即跨国企业侵犯人权诉讼的提起具有侵害公司名誉权的较大可能性。

2. 反 SLAPP 法的受害人保护作用

同时，为避免法人人格权侵害诉讼的提起产生寒蝉效应，使受害人不敢在中国法院起诉寻求正义，违反《指导原则》的国家人权保护义务和提供救济义务，中国可考虑制定反 SLAPP 法。目前，多国制定了反 SLAPP 法，欧盟也发布了反 SLAPP 指令提案。在《工商业与人权国家行动计划指南》中，联合国工商业与人权工作组也建议各国颁布反 SLAPP 法，以确保人权维护者不因其活动承担民事责任。[②] 反 SLAPP 法是有助于快速审判的保护措施，防止损害投诉人的无意义诉讼。司法机构须对此类案件保持高度警惕，因为投诉人或举报人的权利不应因无意义诉讼受到压制。司法机构的责任不仅是保护无辜者，司法机构还要充当监督者，反对试图破坏公共言论的诉讼。反 SLAPP 法要求法人人格权侵害诉讼的公司原告提供名誉受损的初步证据。若原告不能证明对名誉的损害，则起诉将被驳回。[③]

---

① 参见 Drake Stobie, "Thai Defamation Laws and the U. N. Guiding Principles on Business and Human Rights," https://ndjicl. org/online/202w/thai-defamation-laws-and-the-un-guiding-principles-on-business-and-human-rights, accessed 10 September 2023。

② Working Group on Business and Human Rights, Guidance on National Action Plans on Business and Human Rights (United Nations, 2016), p. 31.

③ 参见 Malcolm Katrak, "Curbing Free Speech: Strategic Lawsuits Against Public Participation in India," *Christ University Law Journal* 7 (2018): 41。

结　语

　　跨国企业的触角遍及全球，供应链与生产链不断延展，部分工商业运营活动可能会对人权造成侵犯，而如何预防或解决涉及工商企业的侵犯人权问题成为各国的共同关切。随着工商业与人权运动的兴起，结合联合国国际法委员会域外管辖的工作，鲁杰提出了运用母国域外管辖填补跨国企业境外侵犯人权治理漏洞的构想。然而，该构想受到诸多质疑，主要包括认为域外管辖是母国霸权主义的表现形式，可能对东道国引进外资造成负面影响。此外，由于法人人格独立与有限责任等法律原则的存在等，对跨国企业境外侵犯人权行为的母国域外民事管辖的落地也困难重重。从工商业与人权视角推进母国对跨国企业境外侵犯人权行为的域外民事管辖的原因是，对跨国企业境外侵犯人权行为的母国域外民事管辖有其必要性，主要表现为现有监管漏洞的填补与对东道国属地管辖的补充急需母国域外民事管辖的作用发挥，私法的监管工具化为母国域外管辖提供了支撑，且对母国域外民事管辖并非霸权主义的主张，而是母国责任的承担，工商业与人权本身也是对母国的限制，促使母国在作出域外制裁时三思而后行。

　　母国对跨国企业侵犯人权行为进行域外管辖的正当性，主要来源于域外管辖权利理论及域外义务理论。"国际法无禁止即自由说"、"国际法无授权不可为说"和"弹性禁止说"的区分使对域外管辖权利的行使要求与边界范围有所不同，但无论对域外立法管辖权或是域外司法管辖权，必要的限制因素均为具有真实联系、具有合理性且不侵犯他国内政。域外人权义务理论虽仍为学说，但其影响力不断增强。现有理论认为，对国际人权条约中管辖的扩大解释方式、对角法律关系义务理论等可为域外人权义务的存在提供依据，侵犯人权行为的严重性和人权义务的性质将影响域外义务的内容和范围。域外管辖义务是域外人权义务的派生义务，要求母国规制在其境内设立的公司的境外活动，其理论基础是国家尽责义务和功能性管辖理论。域外管辖权利和域外义务的关系是前者是后者的实现方式。无论将母国域外管辖视为权利还是义务，在符合一定条件时，母国域外管辖均可具有正当性。

在跨国企业侵犯人权诉讼中母国域外民事司法管辖方面，根据行使司法管辖权的对象是位于外国的子公司或位于母国的母公司，母国的域外司法管辖权可区分为对外国子公司的直接司法管辖与基于母公司的间接域外司法管辖。对外国子公司建立管辖权的依据有普遍民事管辖权、必要管辖原则等，目前尚无只对外国子公司提起的跨国企业侵犯人权诉讼，故上述学说虽在理论上具有可行性，但在实践中缺乏证实，因为上述学说过于宽泛，可操作性不强，即便依据上述理论建立管辖权，作出的判决在东道国获得承认与执行的可能性也极低。鉴于母公司的住所地即位于母国，故母国通过对母公司建立管辖权，进而间接域外管辖外国子公司的做法更具可行性。在母国法院起诉的主要方式是将母公司与外国子公司列为共同被告，或只对母公司提起诉讼。将母子公司作为共同被告主张依据关联诉讼建立管辖权，是现有司法实践中最常用的方法。只对母公司提起诉讼，建立司法管辖权虽并无障碍，但在诉因存在与否方面有较多争议。现有司法实践中存在将习惯国际法作为诉因即诉讼依据的模式，可将其区分为习惯国际法直接提供诉因模式和习惯国际法间接提供诉因模式，内国法院若承认习惯国际法可提供诉因，则违反习惯国际法在内国法院具有可诉性。

正因在只对母公司提起诉讼时面临诉因阙如，母国法院可能会拒绝受理诉讼，故有必要通过立法创设诉因。目前尚无国家对外国公司行使直接域外立法管辖措施对外国公司境外侵犯人权行为直接规定责任，多数基于对母公司行为的规制，通过对母公司施压的方式间接实现促使外国公司行为转变的目的，或通过对意欲进入本国市场的外国公司设置履行人权尽责义务门槛条件的方式实现对外国公司行为加以调整的目的。在制定规制跨国企业境外侵犯人权行为的法律并将其适用范围延伸至域外时，立法者通常依据积极属人原则或影响学说行使域外立法管辖权。然而，目前以积极属人原则为依据行使的域外立法管辖权具有合理性，但以影响学说制定的域外法规并不适当。虽有潜在的诉因和责任理论涵盖许多可能发生的情况，但在一些国家并不总是能够确定私法诉因，充分涵盖或充分描述所发生的与企业有关的各类侵犯人权行为或影响的严重性，从而使受害人特别是外国受害人难以获得有效救济，也难以通过司法或执法措施实现立法的效力。因此，现有规制跨国企业境外侵犯人权行为的法律中多规定民事责任条款为外国受害人提供国内私法诉因。而主要的民事责任条款的设计方式，则秉持了具有域外影响的国内立法措施的一贯做法，将母公司作为责任承担主体。之所以会将母公司作为责任承担主体，一则是考虑到母国能够通过规制位于其境内或管辖范围内的母公司的方式采取具有域外影响的国内措施，在不违反不干涉原则等国际法原则的同时实现间接域外管辖的目的；二则是法人人格独立和有限责任原则受到质疑，在境外侵犯人权情形下此种质疑尤甚，在国家域外义务和受害人保护意识逐渐增强的背景下，多国实务界和理论界纷纷提出新的主张和理论，力图使母公司为外国子公司的境外侵犯人权行为负责，包括母公司间接责任路径与母公司直接责任路径。建立司法管辖权为通过司法途径进行国内法域外适用提供了可能性。欧盟采取了将立法明确定性为国际私法中优先性强制规定的新范式，明确表示了立法者进行国内法域外适用的意图。

虽然中国尚未制定与规制跨国企业境外侵犯人权行为直接相关的专门立法，也尚无跨国企业侵犯人权诉讼在中国法院被提起，但是《国家人权行动计划（2021—2025 年）》和多部规制境外投资的规范性文件等在法律与政策方面为开展工商业与人权运动创设了条件。同时，工商业与人权和中国的发展权是首要人权及避免人权问题政治化的人权观并行不悖，有利于指引中国相关制度的发展完善，因此工商业与人权在中国不仅具有必要性，也具有可行性。为利用工商业与人权视角构建对跨国企业境外侵犯人权行为的母国域外民事管辖体系，在考虑对母子公司共同管辖的可行性后认为，中国民事诉讼法虽并未创设关联诉讼管辖权建立依据，但中国并无必要建立此种制度，因为完全针对母公司的间接域外管辖路径更具可行性。尽管母公司所在国的中国法院基于原告就被告的一般管辖原则建立对母公司的司法管辖权并无障碍，但是不方便法院原则的存在赋予了中国法院拒绝管辖跨国企业侵犯人权诉讼的自由裁量权。多份工商业与人权领域的国际文书建议有条件适用甚至完全排除不方便法院在跨国企业侵犯人权诉讼中的适用。然而完全排除不方便法院原则的适用并无必要，但可设置适用的前提条件，如原告尚未用尽东道国当地救济措施，或被告同意在东道国法院受诉且东道国法院在合理时间内受理诉讼。至于中国法院应否受理跨国企业侵犯人权诉讼，由于母公司责任问题在管辖权阶段仅作形式审查即可，故中国法院应尽可能确保对跨国企业侵犯人权诉讼管辖并受理，以履行程序性母国域外人权义务。为履行跨国企业母国域外人权义务，在中国侵权法与公司法中缺乏母公司责任有关的规定时，中国有必要制定完善规制跨国企业境外侵犯人权行为的法律。由于注意义务可被理解为侵权法领域的事后救济措施，人权尽责义务可被理解为公司法领域的事前预防措施，故可制定将两者相结合的强制性人权尽责法，此类立法的典型特征是具有域外效力，其域外效力的触发机制最好采用积极属人原则即法人国籍标准。为避免原告无据可依从而无法获得有效救济的问题，中国立法者可考虑明确强制性人权尽责法的直接适用法定性，但因范式转变会牵一发而动全身，故应谨慎考虑。目前，多数跨国企业侵犯人权诉讼并未真正进入实体审判阶段，多以庭外和解方式结案，虽在一定程度上使受害人得以获得有效救济，但无辜的公司也可能遭受敲诈勒索。对此，公司可采取诽谤诉讼方式，但应注意工商业与人权领域的诽谤应非刑事化。同时，为防止公司滥用诽谤诉讼，应引入反 SLAPP 法。

　　总之，为构建具有中国特色的对跨国企业境外侵犯人权行为的母国域外民事管辖体系，中国可选择将域外立法管辖权与域外司法管辖权相结合，采取以对母公司规制为基础的具有域外影响的国内措施。

附录 中外文对照表

一 人名及公司名

	人名
John Ruggie	约翰·鲁杰
Olivier De Schutter	奥利维尔·德舒特
William Dodge	威廉·道奇
	公司名称
Mitr Phol Sugar Company	两仪糖业集团（泰国）
Union Carbide	联合碳化物公司（美国）
Mölnlycke	墨尼克公司（瑞典）
Vedanta Resources Limited	韦丹塔公司（英国）
Konkola Copper Mines Plc.（KCM）	肯克拉铜矿厂
Nchanga Copper Mine	纳查铜矿
Compagnie Minière de l'Ogooué（Comilog）	康密劳公司（法国）
Royal Dutch Shell（RDS）	皇家壳牌石油公司（荷兰）
Shell Petroleum Development Company of Nigeria（SPDC）	皇家壳牌石油公司尼日利亚分公司
KiK Textilien und Non-Food GmbH	KiK 纺织品非食品有限公司（德国）
VTB Capital Plc.	外贸银行（俄罗斯）
Nevsun Resources Ltd.	耐森资源公司（加拿大）
RJR Nabisco, Inc.	雷诺兹-纳贝斯克公司（美国）
Gemfields	吉姆菲尔兹钻石公司（英国）
Tahoe Resources	太浩资源公司（加拿大）
Trafigura	托克公司（英国）

二 组织机构名

联合国组织或机构		
InternationalLabour Organization (ILO)	国际劳工组织	
Commission on Human Rights (HR Commission)	人权委员会（2006 年被人权理事会替代）	
Human Rights Council (HRC)	人权理事会	
Human Rights Committee	人权事务委员会（《公民权利和政治权利公约》的条约机构）	
Committee on Economic, Social and Cultural Rights (CESCR)	经济、社会及文化权利委员会（《经济、社会及文化权利国际公约》的条约机构）	经社文委员会
Committee on the Rights of the Child (CRC)	儿童权利委员会（《儿童权利公约》的条约机构）	
Committee on the Elimination of Discrimination against Women (CEDAW)	消除对妇女歧视委员会（《消除对妇女一切形式歧视公约》的条约机构）	
Committee against Torture (CAT)	禁止酷刑委员会（《禁止酷刑和其他残忍、不人道或有辱人格的待遇或处罚公约》的条约机构）	
Committee on the Elimination ofRacial Discrimination (CERD)	消除种族歧视委员会（《消除一切形式种族歧视国际公约》的条约机构）	
Committee on the Protection of the Rights of All Migrant Workers and Members of Their Families (CMW)	移民工人权委员会（《保护所有移徙工人及其家庭成员权利国际公约》的条约机构）	
Committee on the Rights of Persons with Disabilities (CRPD)	残疾人权利委员会（《残疾人权利国际公约》的条约机构）	
Human RightsOffice of the High Commission (OHCHR)	人权事务高级专员办公室	人权高专办
Open-Ended Intergovernmental Working Group on Transnational Corporations and Other Business Enterprises (OEIGWG)	跨国企业和其他工商企业与人权的关系问题不限成员名额政府间工作组（2014 年由人权理事会设立）	
International Court of Justice (ICJ)	国际法院	
欧洲委员会及其下属机构		
Council of Europe	欧洲委员会（维护欧洲的人权、民主和法治的独立于欧盟的政府间国际组织）	
Parliamentary Assembly of Council of Europe (PACE)	欧洲委员会议会大会（欧洲理事会的咨询机构，不具有立法功能）	
Committee of Ministers of the Council of Europe	欧洲委员会部长委员会（欧洲委员会的法定决策机构）	

续表

欧洲委员会及其下属机构	
Steering Committee for Human Rights（CDDH）	人权指导委员会（由部长委员会于 1976 年底设立，根据欧洲委员会法律标准和欧洲人权法院的相关判例，开展欧洲委员会在人权领域的政府间工作。它就其职权范围内的所有问题向部长委员会提供咨询意见和法律专业知识）
European Court of Human Rights（ECtHR）	欧洲人权法院
欧盟（超国家国际组织）机构	
European Council	欧洲理事会（顶层设计，制定欧盟的政治议程，代表欧盟国家间最高级别的政治合作）
Council of the European Union	欧盟理事会（具体决策，讨论、修改和通过法律，与欧盟议会一起担任欧盟主要的决策机构）
European Commission	欧盟委员会（负责欧盟工作和新法规的提出，并执行欧盟议会和欧盟理事会的决定）
European Parliament	欧盟议会（负责法律的制定和修改）
European Parliament Committee on Legal Affairs	欧盟议会法律事务委员会
European Parliament Trade Committee Meeting	欧盟议会国际贸易委员会

其他组织或机构		
Organization for Economic Co-operation and Development（OECD）	经济合作与发展组织	经合组织
Inter-American Commission on Human Rights（IACHR）	美洲人权委员会	
Organization of American States（OAS）	美洲国家组织	
Inter-American Human Rights System（IAHRS）	美洲人权体系	
International Law Association（ILA）	国际法协会	
European Group for Private International Law（GEDIP/EGPIL）	欧洲国际私法小组	
International Commission of Jurists	国际法学家委员会	
American Law Institute/International Institute for the Unification of Private Laws（ALI/UNIDROIT）	美国法学会和国际统一私法协会	

三 法律文件名称

原文全称	中文全称	简称
International Covenant on Civil and Political Rights	《公民权利和政治权利公约》	ICCPR
International Covenant on Economic, Social and Cultural Rights	《经济、社会及文化权利国际公约》	ICESCR
Convention on the Elimination of All Forms of Discrimination Against Women	《消除对妇女一切形式歧视公约》	
Convention Against Torture and Other Cruel, Inhuman or Degrading Treatment or Punishment	《禁止酷刑和其他残忍、不人道或有辱人格的待遇或处罚公约》	《禁止酷刑公约》
Convention on the Elimination of All Forms of Racial Discrimination	《消除一切形式种族歧视国际公约》	
International Convention on the Protection of the Rights of All Migrant Workers and Members of Their Families	《保护所有移徙工人及其家庭成员权利国际公约》	
Convention on the Rights of Persons with Disabilities	《残疾人权利国际公约》	
Statement on the Obligations of States Parties Regarding the Corporate Sector and Economic, Social and Cultural Rights	《缔约国关于企业部门与经济、社会及文化权利的义务问题的声明》	
Public Debt, Austerity Measures and the International Covenant on Economic, Social and Cultural Rights	《公共债务、紧缩措施和〈经济、社会及文化权利国际公约〉声明》	《公共债务、紧缩措施和 ICESCR 声明》
Statement on Universal and Equitable Access to Vaccines forthe Coronavirus Disease (COVID-19)	《关于普遍和公平获得新型冠状病毒（COVID-19）疫苗的声明》	
Statement on Universal Affordable Vaccination Against Coronavirus Disease (COVID-19), International Cooperation and Intellectual Property	《关于普遍接种负担得起的新型冠状病毒（COVID-19）疫苗、国际合作和知识产权的声明》	
Maastricht Principles on Extraterritorial Obligations of States in the Area of Economic, Social and Cultural Rights	《关于国家在经济、社会和文化权利方面的域外义务的马斯特里赫特原则》	《马斯特里赫特原则》

续表

原文全称	中文全称	简称
Code of Conduct on Transnational Corporations	《跨国公司行动守则（草案）》	《行动守则》
Norms on the Responsibilities of Transnational Corporations and Other Business Enterprises with regard to Human Rights	《跨国企业和其他工商企业在人权方面的责任准则草案》	
Global Compact	全球契约	
Guiding Principles on Business and Human Rights: Implementing the United Nations "Protect, Respect and Remedy" Framework	《工商业与人权：实施联合国"保护、尊重和补救"框架指导原则》	《指导原则》
Protect, Respect and Remedy: A Framework for Business and Human Rights	《保护、尊重和补救："工商业与人权"框架》	《框架》
Legally Binding Instrument to Regulate, in International Human Rights Law, the Activities of Transnational Corporations and Other Business Enterprises	《在国际人权法中规范跨国企业和其他工商企业活动的具有法律拘束力的国际文书》	《拟议条约》
Improving Accountability and Access to Remedy for Victims of Business-Related Human Rights Abuse: Explanatory Notes for Guidance	《改进与企业有关的侵犯人权行为受害人的问责制和获得补救的机会：指导解释性说明》	
The ILO Declaration on Fundamental Principles and Rights at Work	《国际劳工组织关于工作中基本原则和权利宣言》	
Tripartite Declaration of Principles Concerning Multinational Enterprises and Social Policy	《国际劳工组织关于多国企业和社会政策的三方原则宣言》	《多国企业宣言》
Indigenous Peoples Communities of African Descent Extractive Industries	《土著人民、非洲裔社区和自然资源的采掘、开采和发展活动中的人权保护报告》	
Sofia Guidelines on Best Practices for International CivilLitigation for Human Rights Violations	《侵犯人权国际民事诉讼最佳实践索菲亚准则》	《索菲亚准则》
Draft Convention on Jurisdiction with Respect to Crime	《关于犯罪方面管辖权的哈佛研究公约草案》	《哈佛公约草案》
The Maastricht Guidelines on Violations of Economic, Social and Cultural Rights	《关于违反经济、社会及文化权利的马斯特里赫特方针》	

续表

原文全称	中文全称	简称
Council Regulation（EC）No 44/2001 of 22 December 2000 on jurisdiction and the recognition and enforcement of judgments in civil and commercial matters	《关于民商事案件管辖权和判决执行的第 44/2001 号条例》	《布鲁塞尔条例 I》
Regulation（EU）No 1215/2012 of the European Parliament and of the Council of 12 December 2012 on Jurisdiction and the Recognition and Enforcement of Judgments in Civil and Commercial Matters（recast）	《关于民商事案件管辖权和判决执行的第 1215/2012 号条例（重订）》	《布鲁塞尔条例 I（重订本）》
Recommendation of the European Group for Private International Law（GEDIP/EGPIL）to the European Commission Concerning the Private International Law Aspects of the Future Instrument of the European Union on［Corporate Due Diligence and Corporate Accountability］	《关于未来欧盟〈企业尽责和企业问责〉文书中国际私法方面的建议》	《〈企业尽责和企业问责〉国际私法建议》
European Parliament Resolution of 10 March 2021 with Recommendations to the Commission on Corporate Due Diligence and Corporate Accountability［2020/2129（INL）］	《欧盟议会对欧盟委员会提出的关于企业尽责和企业问责建议的 2021 年 3 月 10 日决议》	《企业尽责和企业问责决议》（其附件名为《企业尽责和企业问责指令》）
Proposal for a Directive of the European Parliament and of the Council on Corporate Sustainability Due Diligence and Amending Directive（EU）2019/1937	《对欧盟议会和委员会提出的企业可持续发展和尽调修正指令的建议》	《企业可持续发展和尽调指令（草案）》
Directive（EU）2024/1760 of the European Parliament and of the Council of 13 June 2024 on Corporate Sustainability Due Diligence and Amending Directive（EU）2019/1937 and Regulation（EU）2023/2859（Text with EEA Relevance）	《欧盟议会和委员会关于企业可持续性尽责的指令》	《企业可持续发展和尽责指令》

续表

原文全称	中文全称	简称
Regulation of the European Parliament and of the Council on Prohibiting Products Made with Forced Labour on the Union Market and Amending Directive（EU）2019/1937	《欧盟市场禁止强迫劳动产品条例》	
European Parliament Resolution of 4 October 2018 on the EU's Input to a UN Binding Instrument on Transnational Corporations and Other Business Enterprises withTransnational Characteristics with Respect to Human Rights［2018/2763（RSP）］	《欧盟议会对欧盟投入联合国跨国企业和其他工商企业与人权的关系问题具有约束力的文书的2018年10月4日决议》	
General Agreement on Tariffs and Trade	《关税与贸易总协定》	GATT
Alien Tort Statute	《外国人侵权法》	ATS（美国）
California Transparency in Supply Chains Act	《加利福尼亚州供应链透明度法》	
An Act to Ensure that Goods Made with Forced Labor in the Xinjiang Uyghur Autonomous Region of the People's Republic of China Do Not Enter the United States Market, and for Other Purposes	《确保在中华人民共和国新疆维吾尔自治区使用强迫劳动制造的商品不进入美国市场及用于其他目的的法律》	"涉疆法案"（美国）
Principles of Transnational Civil Procedure	《跨国民事诉讼程序原则》	
Loi n° 2017 - 399 relative au devoir de vigilance des sociétés mères et des entreprises donneuses d'ordre	《有关母公司和供应链公司警戒义务的第2017-399号法律》	《警戒义务法》（法国）
Act Relating to Enterprises' Transparency and Work on Fundamental Human Rights and Decent Working Conditions	《有关公司在透明度和基本人权和体面工作环境工作方面的法律》	《透明度法》（挪威）
Act on Corporate Due Diligence Obligations in Supply Chains	《有关供应链上企业尽责义务的法律》	《供应链尽责法》（德国）
Bill for Responsible and Sustainable International Business Conduct	《负责任和可持续的国际商业行为法案》	（荷兰）

四　案件名称

Kiobel v. Royal Dutch Petroleum Co.	基奥波尔案
Nestle USA, Inc. v. Doe	雀巢案
In re Chiquita Brands Int'l, Inc. Alien Tort Statute & S'holder Derivative Litig.	金吉达案
Jesner v. Arab Bank	杰斯纳案
Morrison v. National Australia Bank Ltd.	莫里森案
Sosa v. Alvarez-Machain	索萨案
RJR Nabisco, Inc. v. European Community	RJR案
Wiwa v. Royal Dutch Petroleum Co.	维瓦案
Daimler AG v. Bauman	戴姆勒案
Lungowe v. Vedanta	隆博韦案
Okpabi v. Royal Dutch Shell Plc. and Shell Petroleum Development Company of Nigeria, Ltd.	奥克帕比案
A. F. Akpan v. Royal Dutch Shell, Plc.	阿克潘案
Caparo Industries v. Dickman	卡帕罗案
Chandler v. Cape Plc.	钱德勒案
Trafigura Limited v. British Broadcasting Corporation	托克公司诉英国广播公司诽谤案
Jabir and others v. KiK Textilien und Non-Food GmbH Case	KiK案
Owusu v. Jackson	奥乌苏案
Jones v. Ministry of Interior Al-Mamlaka Al-Arabiya AS Saudiya (the Kingdom of Saudi Arabia)	琼斯诉沙特案
Kazemi Estate v. Islamic Republic of Iran	卡兹米案
Garcia v. Tahoe Resources Inc.	太浩公司案
Naït-Liman v. Switzerland	纳伊特-里曼诉瑞士案
Club Resorts Ltd. v. Van Breda	范布雷达案
VTB Capital Plc. (Appellant) v. Nutritek International Corp and others (Respondents)	俄罗斯外贸银行案
Araya v. Nevsun Resources Ltd.	耐森公司案
Belhaj v. Straw	比尔哈吉案
Barcelona Traction, Light, and Power Company, Ltd. (Belgium v. Spain)	巴塞罗那电车案
Bosnia and Herzegovina v. Serbia and Montenegro	波黑诉塞黑案

参考文献

一 中文文献

1. 著作

［1］〔法〕伯特兰·巴迪：《世界不再只有"我们"：关于国际秩序的另类思考》，宗华伟译，上海人民出版社，2022。

［2］郭沛源、曹瑄玮：《企业社会责任理论与实务》，中国经济出版社，2022。

［3］〔美〕弗雷德里克·沃特金斯：《西方政治传统：近代自由主义之发展》，2021。

［4］〔英〕佩里·安德森：《原霸：霸权的演变》，当代世界出版社，2020。

［5］贾琳：《跨国公司管辖权研究》，知识产权出版社，2020。

［6］于亮：《跨国公司母国的人权义务》，法律出版社，2020。

［7］隽薪：《国际投资背景下的跨国公司与人权保护》，法律出版社，2019。

［8］梁晓晖：《工商业与人权：从法律规制到合作治理》，北京大学出版社，2019。

［9］彭幸：《不方便法院原则适用中的人权保障问题研究》，厦门大学出版社，2019。

［10］张雪莲：《解释性适用——国际人权法国内适用的新趋势研究》，法律出版社，2019。

［11］黄志慧：《人权保护对欧盟国际私法的影响》，法律出版社，2018。

［12］〔英〕斯图尔特·埃尔登：《领土论》，冬初阳译，时代文艺出版

社，2017。

[13] 刘志强：《人权法国家义务研究》，法律出版社，2015。

[14] 〔美〕约翰·鲁格：《正义商业：跨国企业的全球化经营与人权》，
刘力纬、孙捷译，社会科学文献出版社，2015。

[15] 〔澳〕戴维·金利：《全球化走向文明：人权和全球经济》，孙世彦
译，中国政法大学出版社，2013。

[16] 贾琳：《跨国公司法律与实务》，知识产权出版社，2012。

[17] 李先波、徐莉、陈思：《国际贸易与人权保护法律问题研究》，中国
人民公安大学出版社，2012。

[18] 李伯军：《不干涉内政原则研究、国际法与国际关系分析》，湘潭大
学出版社，2010。

[19] 杨利雅：《冲突法中的单边主义研究》，人民出版社，2010。

[20] 〔美〕南茜·弗雷泽：《正义的尺度——全球化世界中政治空间的再
认识》，欧阳英译，周穗明校，上海人民出版社，2009。

[21] 肖永平：《法理学视野下的冲突法》，高等教育出版社，2008。

　　2. 论文

[1] 杜涛：《对外关系法的中国范式及其理论展开》，《云南社会科学》
2022 年第 4 期。

[2] 霍政欣：《我国法域外适用体系之构建——以统筹推进国内法治和涉
外法治为视域》，《中国法律评论》2022 年第 1 期。

[3] 李卓伦：《全球供应链治理视角下跨国公司人权尽责的法律规制》，
《人权法学》2022 年第 4 期。

[4] 廖诗评：《中国法中的域外效力条款及其完善：基本理念与思路》，
《中国法律评论》2022 年第 1 期。

[5] 邵莉莉：《跨国公司环境损害的国家责任建构——以实现"双碳"目
标为背景》，《环球法律评论》2022 年第 4 期。

[6] 汤诤：《域外立法管辖权的第三条路径》，《当代法学》2022 年第
3 期。

[7] 唐颖侠：《强制性人权尽责立法的考量因素与类型化研究》，《人权研
究》2022 年第 1 期。

［8］　田泽华：《跨国公司环境治理机制研究——以"供应链法"域外适用为依归》，《中国环境管理》2022年第4期。

［9］　王利明、朱虎：《论基本民事权利保护与人权保障的关系》，《中国人民大学学报》2022年第5期。

［10］　王秀梅、杨采婷：《国际供应链中的人权保护：规则演进及实践进程》，《社会科学论坛》2022年第3期。

［11］　吴培琦：《破解迷象：国内法域外管辖的基本形态与衍生路径》，《苏州大学学报》（法学版）2022年第1期。

［12］　吴培琦：《何为"域外管辖"：溯源、正名与理论调适》，《南大法学》2022年第1期。

［13］　谢迪扬、彭志杰：《论国际环境民事公益诉讼的域外管辖》，《大理大学学报》2022年第7期。

［14］　徐亚文、黄峰：《工商业人权治理的历史回眸与实现路径之展望——暨〈工商业与人权指导原则〉核可十周年》，《人权研究》2022年第25卷。

［15］　张万洪、金怡：《论中国工商业与人权国家行动计划的制定》，《社会科学论坛》2022年第3期。

［16］　杜涛：《国际私法国际前沿年度报告（2019—2020）》，《国际法研究》2021年第4期。

［17］　郭玉军、王岩：《美国域外管辖权限制因素研究——以第三和第四版〈美国对外关系法重述〉为中心》，《国际法研究》2021年第6期。

［18］　屈文生：《从治外法权到域外规治——以管辖理论为视角》，《中国社会科学》2021年第4期。

［19］　商舒：《中国域外规制体系的建构挑战与架构重点——兼论〈阻断外国法律与措施不当域外适用办法〉》，《国际法研究》2021年第2期。

［20］　宋晓：《域外管辖的体系构造：立法管辖与司法管辖之界分》，《法学研究》2021年第3期。

［21］　孙萌、封婷婷：《国际人权公约的域外适用——以国家规制跨国公

司的域外人权义务为视角》，《人权》2021 年第 3 期。

[22] 孙尚鸿：《内国法域外适用视域下的管辖权规则体系》，《社会科学辑刊》2021 年第 4 期。

[23] 王惠茹：《跨国公司侵犯人权的司法救济困境——以国际法与国内法的互动为出路》，《环球法律评论》2021 年第 4 期。

[24] 戴瑞君：《我国对国际人权条约的司法适用研究》，《人权》2020 年第 1 期。

[25] 韩永红：《美国法域外适用的司法实践及中国应对》，《环球法律评论》2020 年第 4 期。

[26] 胡珀、李卓伦：《企业人权责任的历史演进与未来展望》，《北华大学学报》（社会科学版）2020 年第 3 期。

[27] 霍政欣：《国内法的域外效力：美国机制、学理解构与中国路径》，《政法论坛》2020 年第 2 期。

[28] 李林芳、徐亚文：《"一带一路"倡议与中国企业承担人权责任策略探析》，《北方法学》2020 年第 2 期。

[29] 李卓伦：《工商业人权条约的适用范围研究——兼论中国参与工商业人权条约进程的必要性与途径》，《南海法学》2020 年第 2 期。

[30] 庞林立：《"工商业与人权"议题下的跨国公司和非政府组织合作机制》，《人权》2020 年第 1 期。

[31] 邵妩：《"跨国公司及其他工商企业与人权"法律文书政府间工作组第五次会议综述》，载中国国际法学会主办《中国国际法年刊（2019）》，法律出版社，2020。

[32] 孙萌、封婷婷：《联合国规制跨国公司人权责任的新发展及挑战》，《人权》2020 年第 6 期。

[33] 王岩：《受诉国在对外直接责任案件中的司法管辖权问题研究》，载上海市法学会编《上海法学研究》2020 年第 22 卷，上海人民出版社，2021。

[34] 徐亚文、李林芳：《简析企业社会责任的人权维度与路径建构》，《上海对外经贸大学学报》2020 年第 1 期。

[35] 张爱宁：《中国与国际人权体系：从被动参与到价值实践》，《人权》

2020 年第 2 期。

[36] 何志鹏、王惠茹：《国际法治下跨国公司问责机制探究——兼评国家中心责任模式的有限性》，《国际经济法学刊》2019 年第 3 期。

[37] 李庆明：《论美国域外管辖：概念、实践及中国因应》，《国际法研究》2019 年第 3 期。

[38] 李秀娜：《海外利益保护制度的有效性困境及路径探究》，《北方法学》2019 年第 5 期。

[39] 廖诗评：《中国法域外适用法律体系：现状、问题与完善》，《中国法学》2019 年第 6 期。

[40] 肖永平：《"长臂管辖权"的法理分析与对策研究》，《中国法学》2019 年第 6 期。

[41] 王秀梅：《论我国〈国家工商业与人权行动计划〉的制定：基于企业社会责任的分析》，《人权》2019 年第 2 期。

[42] 杜涛：《国际私法国际前沿年度报告（2016—2017）》，《国际法研究》2018 年第 3 期。

[43] 霍政欣：《论全球治理体系中的国内法院》，《中国法学》2018 年第 3 期。

[44] 邱昌情：《中国在国际人权领域话语权：现实困境与应对策略》，《人权》2018 年第 3 期。

[45] Radu Mares、张万洪：《工商业与人权的关键议题及其在新时代的意义——以联合国工商业与人权指导原则为中心》，《西南政法大学学报》2018 年第 2 期。

[46] 〔韩〕徐昌禄、〔韩〕南承宪：《韩国海外经营企业的工商业与人权案例研究：挑战和一个新的国家行动计划》，张伟、吴华兵译，《人权》2018 年第 6 期。

[47] 徐伟功、谢天骐：《当代美国对人管辖制度中的属地主义》，《武大国际法评论》2019 年第 3 期。

[48] 毛俊响、盛喜：《跨国公司社会责任的确立：基于横向人权义务的补充分析》，《中南大学学报》（社会科学版）2017 年第 4 期。

[49] 孙萌：《中国履行国际人权义务的路径与特色》，《东岳论丛》2017

年第 6 期。

[50] 迟德强：《从国际法论跨国公司的人权责任》，《东岳论丛》2016 年
第 2 期。

[51] 黄志慧：《人权法对国际民事管辖权的影响——基于〈欧洲人权公
约〉第 6（1）条之适用》，《环球法律评论》2016 年第 1 期。

[52] 于亮：《国家在经济、社会和文化权利方面的域外义务》，《法制与
社会发展》2016 年第 1 期。

[53] 于亮：《论消除跨国公司侵权受害者在母国诉讼的管辖障碍》，载齐
树洁主编《东南司法评论（2016 年卷）》，厦门大学出版社，2016。

[54] 张雪莲：《解释性适用：国际人权法在国内法院适用的新趋势》，
《东方法学》2016 年第 5 期。

[55] 萨楚拉：《跨国公司人权责任探析》，《湖北大学学报》（哲学社会科
学版）2015 年第 3 期。

[56] 孙立军：《中国海外投资企业的人权义务与反对人权意识形态化》，
《法学论坛》2015 年第 6 期。

[57] 张晶：《对尼日利亚农民在荷兰起诉壳牌石油公司案的评析》，《武
大国际法评论》2015 年第 2 期。

[58] 程骞、周龙炜：《从"企业社会责任"到"工商业与人权"：中国企
业的新挑战》，《中国发展简报》2014 年第 4 期。

[59] 王哲：《跨国公司侵犯人权行为的法律规制》，《时代法学》2014 年
第 1 期。

[60] 杨松才：《论〈联合国工商业与人权指导原则〉下的公司人权责
任》，《广州大学学报》（社会科学版）2014 年第 11 期。

[61] 宋佳宁：《跨国公司社会责任的国内与国际法律实践》，《天津行政
学院学报》2013 年第 6 期。

[62] 黄志雄、左文君：《企业人权责任的新发展——从 2003 年〈责任准
则〉草案到 2011 年〈指导原则〉》，《哈尔滨工业大学学报》（社
会科学版）2012 年第 3 期。

[63] 李春林：《跨国公司的国际人权责任：基本现状与发展趋势》，《云
南社会科学》2012 年第 4 期。

［64］曾丽洁：《企业社会责任跨国诉讼的理论与实践探讨》，《湖北大学学报》（哲学社会科学版）2010 年第 3 期。

［65］赵海乐：《论跨国公司在他国环境侵权的国际追偿——以美国〈外国人侵权法〉为视角》，《东方法学》2009 年第 4 期。

［66］何易：《论跨国公司的国际人权责任》，《武汉大学学报》（哲学社会科学版）2004 年第 3 期。

［67］郭玉军、向在胜：《网络案件中美国法院的长臂管辖权》，《中国法学》2002 年第 6 期。

［68］陈晓华：《论跨国公司母公司对其子公司的法律责任》，《对外经济贸易大学学报》2001 年第 2 期。

［69］郭玉军、甘勇：《美国法院的"长臂管辖权"——兼论确立国际民事案件管辖权的合理性原则》，《比较法研究》2000 年第 3 期。

3. 其他

［1］李林芳：《中国"工商业与人权"实践问题研究》，博士学位论文，武汉大学，2020。

［2］谭晓杰：《国际私法与全球治理的若干基本问题研究——理论、功能与路径》，博士学位论文，中南财经政法大学，2020。

［3］许斌：《论工商业人权责任的制度化》，博士学位论文，山东大学，2020。

［4］李秋祺：《人权的"普遍性"释义——中西比较中的规范原则探究》，博士学位论文，华东师范大学，2018。

［5］潘永建：《跨国公司环境责任的法律规制研究——以企业社会责任原则为视角》，博士学位论文，上海交通大学，2015。

［6］万震：《国际法人本化问题研究》，博士学位论文，武汉大学，2014。

二 外文文献

1. 著作

［1］Austen Parrish and Cedric Ryngaert, eds. , *Research Handbook on Extraterritoriality in International Law* (Northampton：Edward Elgar Publishing, 2023).

[2] Errol P. Mendes, *Global Governance, Human Rights and International Law: Combating the Tragic Flaw* (2nd edn. , London: Routledge, 2022).

[3] Chiara Macchi, *Business, Human Rights and the Environment: The Evolving Agenda* (The Hague: T. M. C. Asser Press, 2022).

[4] Edward S. Cohen, *Power and Pluralism in International Law: Private International Law and Globalization* (London, New York: Routledge, 2022).

[5] Giovanni Zarra, *Imperativeness in Private International Law: A View from Europe* (The Hague: T. M. C. Asser Press, 2022).

[6] Hannah L. Buxbaum and Thibaut Fleury Graff, eds. , *Extraterritoriality/ L'extraterritorialité* (Leiden: Brill | Nijhoff, 2022).

[7] Ilias Bantekas and Michael Ashley Stein, eds. , *The Cambridge Companion to Business and Human Rights Law* (Cambridge: Cambridge University Press, 2021).

[8] Maria Monnheimer, *Due Diligence Obligations in International Human Rights Law* (Cambridge: Cambridge University Press, 2021).

[9] Ralf Michaels et al. , eds. , *The Private Side of Transforming Our World: UN Sustainable Development Goals 2030 and the Role of Private International Law* (Cambridge: Intersentia, 2021).

[10] Richard Meeran and Jahan Meeran, eds. , *Human Rights Litigation Against Multinationals in Practice* (Oxford: Oxford University Press, 2021).

[11] Serena Forlati and Pietro Franzina, eds. , *Universal Civil Jurisdiction: Which Way Forward?* (Leiden: Brill | Nijhoff, 2021).

[12] Dalia Palombo, *Business and Human Rights: The Obligations of the European Home States* (Oxford: Hart Publishing, 2020).

[13] Daniel Uribe and Danish, *Designing an International Legally Binding Instrument on Business and Human Rights* (Geneva: South Centre, 2020).

[14] Gwynne L. Skinner, *Transnational Corporations and Human Rights: Overcoming Barriers to Judicial Remedy* (Cambridge: Cambridge University

Press, 2020).

[15] Heike Krieger et al. , eds. , *Due Diligence in the International Legal Order* (Oxford: Oxford University Press, 2020).

[16] Paul Schiff Berman, *The Oxford Handbook of Global Legal Pluralism* (Oxford: Oxford University Press, 2020).

[17] Surya Deva and David Birchall, eds. , *Research Handbook on Human Rights and Business* (Cheltenham, Northampton: Edward Elgar Publishing, 2020).

[18] Barnali Choudhury and Martin Petrin, eds. , *Corporate Duties to the Public* (Cambridge, New York: Cambridge University Press, 2019).

[19] Daniel S. Margolies et al. , eds. , *The Extraterritoriality of Law: History, Theory, Politics* (London, New York: Routledge, 2019).

[20] Horatia Muir Watt et al. , eds. , *Global Private International Law: Adjudication Without Frontiers* (Northampton: Edward Elgar Publishing, 2019).

[21] Marise Cremona and Joanne Scott, eds. , *EU Law Beyond EU Borders: The Extraterritorial Reach of EU Law* (Oxford: Oxford University Press, 2019).

[22] Bård Andreassen and Võ Khánh Vinh, eds. , *Duties Across Borders: Advancing Human Rights in Transnational Business* (Cambridge, Antwerp: Intersentia, 2018).

[23] Gary Born and Peter Rutledge, eds. , *International Civil Litigation in United States Courts* (6th edn. , New York: Aspen Publishers, 2018).

[24] Nienke van der Have, *The Prevention of Gross Human Rights Violations Under International Human Rights Law* (The Hague: T. M. C. Asser Press, 2018).

[25] Surya Deva and David Bilchitz, eds. , *Building a Treaty on Business and Human Rights: Context and Contours* (Cambridge: Cambridge University Press, 2018).

[26] Veronica Ruiz Abou-Nigm et al. , eds. , *Linkages and Boundaries in Pri-*

vate and Public International Law (Oregon: Hart Publishing, 2018).

[27] Francisco Javier Zamora Cabot et al. , eds. , *Implementing the U. N. Guiding Principles on Business and Human Rights: Private International Law Perspectives* (Zürich, Schulthess, 2017).

[28] Laura Michéle et al. , eds. , *For Human Rights Beyond Borders: Handbook on How to Hold States Accountable for Extraterritorial Violations* (Heidelberg: ETO Consortium, 2017).

[29] Martin Kuijer and Wouter Werner, eds. , *Netherlands Yearbook of International Law 2016: The Changing Nature of Territoriality in International Law* (The Hague: T. M. C. Asser Press, 2017).

[30] Stéfanie Khoury and David Whyte, eds. , *Corporate Human Rights Violations: Global Prospects for Legal Action* (Abingdon, New York: Routledge 2017).

[31] Aaron Xavier Fellmeth, *Paradigms of International Human Rights Law* (Oxford: Oxford University Press, 2016).

[32] David Nersessian, *International Human Rights Litigation: A Guide for Judges* (Washington: Federal Judicial Center, 2016).

[33] Dorothée Baumann-Pauly and Justine Nolan, eds. , *Business and Human Rights: From Principles to Practice* (New York: Routledge, 2016).

[34] Stéphanie Lagoutte et al. , eds. , *Tracing the Roles of Soft Law in Human Rights* (Oxford: Oxford University Press, 2016).

[35] Tonya L. Putnam, *Courts Without Borders: Law, Politics, and U. S. Extraterritoriality* (Cambridge: Cambridge University Press, 2016).

[36] Charles Sampford et al. , eds. , *Rethinking International Law and Justice* (London: Routledge, 2015).

[37] Cedric Ryngaert, *Unilateral Jurisdiction and Global Values* (The Hague: Eleven International Publishing, 2015).

[38] Cedric Ryngaert, *Jurisdiction in International Law* (2nd edn. , Oxford: Oxford University Press, 2015).

[39] Dinah Shelton, *Remedies in International Human Rights Law* (3rd edn. ,

Oxford: Oxford University Press, 2015).

[40] Jernej Letnar Černič and Tara Van Ho, eds. , *Human Rights and Business: Direct Corporate Accountability for Human Rights* (Oisterwijk: Wolf Legal Publishers, 2015).

[41] Julia Ruth-Maria Wetzel, *Human Rights in Transnational Business: Translating Human Rights Obligations into Compliance Procedures* (Cham: Springer, 2015).

[42] Mahdev Mohan and Cynthia Morel, eds. , *Business and Human Rights in Southeast Asia: Risk and the Regulatory Turn* (London: Routledge, 2015).

[43] RolfKünnemann, *Twelve Reasons to Strengthen Extraterritorial Human Rights Obligations* (Heidelberg: ETO Consortium, 2015).

[44] Simon Baughen, *Human Rights and Corporate Wrongs: Closing the Governance Gap* (Cheltenham: Edward Elgar Publishing, 2015).

[45] Wouter Vandenhole, *Challenging Territoriality in Human Rights Law: Building Blocks for a Plural and Diverse Duty-Bearer Regime* (London: Routledge, 2015).

[46] Lara Blecher et al. , eds. , *Corporate Responsibility for Human Rights Impacts: New Expectations and Paradigms* (New York: ABA Book Publishing, 2014).

[47] Louwrens R. Kiestra, *The Impact of the European Convention on Human Rights on Private International Law* (The Hague: T. M. C. Asser Press, 2014).

[48] Robert C. Bird et al. , eds. , *Law, Business and Human Rights: Bridging the Gap* (Cheltenham: Edward Elgar Publishing, 2014).

[49] Rolf Künnemann, *Fourteen Misconceptions About Extraterritorial Human Rights Obligations* (Heidelberg: ETO Consortium, 2014).

[50] Scott Sheeran and Sir Nigel Rodley, eds. , *Routledge Handbook of International Human Rights Law* (New York: Routledge, 2014).

[51] Dinah Shelton, ed. , *The Oxford Handbook of International Human Rights*

Law (Oxford: Oxford University Press, 2013).

[52] John Gerard Ruggie, *Just Business: Multinational Corporations and Human Rights* (New York: W. W. Norton & Company, 2013).

[53] Surya Deva and David Bilchitz, eds., *Human Rights Obligations of Business: Beyond the Corporate Responsibility to Respect?* (Cambridge: Cambridge University Press, 2013).

[54] Günther Handl et al., eds., *Beyond Territoriality: Transnational Legal Authority in an Age of Globalization* (Leiden, Boston: Martinus Nijhoff Publishers, 2012).

[55] Liesbeth Francisca Hubertina Enneking, *Foreign Direct Liability and Beyond: Exploring the Role of Tort Law in Promoting International Corporate Social Responsibility and Accountability* (Nijmegen: Eleven International Publishing, 2012).

[56] Malcolm Langford et al., eds., *Global Justice, State Duties: The Extraterritorial Scope of Economic, Social, and Cultural Rights in International Law* (Cambridge: Cambridge University Press, 2012).

[57] Radu Mares, ed., *The UN Guiding Principles on Business and Human Rights: Foundations and Implementation* (Leiden, Boston: Martinus Nijhoff Publishers, 2012).

[58] Wesley Cragg, *Business and Human Rights* (Cheltenham, Northampton: Edward Elgar Publishing, 2012).

[59] Derrick M. Nault and Shawn L. England, eds., *Globalization and Human Rights in the Developing World* (London: Palgrave Macmillan, 2011).

[60] Marko Milanovic, *Extraterritorial Application of Human Rights Treaties: Law, Principles, and Policy* (Oxford: Oxford University Press, 2011).

[61] Olufemi Amao, *Corporate Social Responsibility, Human Rights, and the Law: Multinational Corporations in Developing Countries* (London: Routledge, 2011).

[62] Mashood A. Baderin and Manisuli Ssenyonjo, eds., *International Human Rights Law: Six Decades After the UDHR and Beyond* (Farnham, Burling-

ton: Ashgate, 2010).

[63] Sarah Joseph and Adam McBeth, eds. , *Research Handbook on International Human Rights Law* (Cheltenham, Northampton: Edward Elgar Publishing, 2010).

[64] Jeffrey Davis, *Justice Across Borders: The Struggle for Human Rights in U. S. Courts* (Cambridge: Cambridge University Press, 2008).

[65] Andrew Clapham, *Human Rights Obligations of Non-State Actors* (Oxford: Oxford University Press, 2006).

[66] Sigrun Skogly, *Beyond National Borders: States' Human Rights Obligations in International Cooperation* (Antwerpen, Oxford: Intersentia, 2006).

[67] Jedrzej George Frynas and Scott Pegg, eds. , *Transnational Corporations and Human Rights* (London: Palgrave Macmillan, 2003).

2. 论文

[1] Daniel Iglesias Márquez, "The Catalan Centre for Business and Human Rights: Addressing Extraterritorial Corporate Human Rights Abuses at the Subnational Level," *Business and Human Rights Journal* 8 (2023): 277.

[2] Debadatta Bose, "Decentring Narratives Around Business and Human Rights Instruments: An Example of the French *Devoir de Vigilance* Law," *Business and Human Rights Journal* 8 (2023): 18.

[3] Lin Ma, "Extraterritorial Human Rights Obligations of Multinational Corporations' Home Countries," *Highlights in Business, Economics and Management* 16 (2023): 460.

[4] Dalia Palombo, "Transnational Business and Human Rights Litigation: An Imperialist Project?," *Human Rights Law Review* 22 (2022): 1.

[5] King Fung Tsang and Katie Ng, "Direct Liability and Veil-Piercing: When One Door Closes, Another Opens," *Fordham Journal of Corporate & Financial Law* 27 (2022): 141.

[6] Almut Schilling-Vacaflor, "Putting the French Duty of Vigilance Law in Context: Towards Corporate Accountability for Human Rights Violations in

the Global South?," *Human Rights Review* 22（2021）: 109.

[7] John F. Sherman Ⅲ, "Human Rights Due Diligence and Corporate Govern-
ance," Corporate Responsibility Initiative Working Paper No. 79 of Har-
vard Kennedy School（2021）.

[8] Lea Raible, "Extraterritoriality Between a Rock and Hard Place," *Ques-
tions of International Law* 82（2021）: 7.

[9] Lucas Roorda, "Broken English: A Critique of the Dutch Court of Appeal
Decision in Four Nigerian Farmers and Milieudefensie v Shell," *Transna-
tional Legal Theory* 12（2021）: 144.

[10] Lucas Roorda and Daniel Leader, "Okpabi v Shell and Four Nigerian
Farmers v Shell: Parent Company Liability Back in Court," *Business and
Human Rights Journal* 6（2021）: 368.

[11] Nadia Bernaz, "Conceptualizing Corporate Accountability in International
Law: Models for a Business and Human Rights Treaty," *Human Rights
Review* 22（2021）: 45.

[12] Phillip D'Costa, "Parent Company Liability: Supreme Court Clarifies Ap-
proach to Jurisdictional Challenges," *Legal Era* 5（2021）: 86.

[13] Rachel Chambers, "Parent Company Direct Liability for Overseas Human
Rights Violations: Lessons from the U. K. Supreme Court," *University of
Pennsylvania Journal of International Law* 42（2021）: 519.

[14] Riccardo Vecellio Segate, "The First Binding Treaty on Business and Hu-
man Rights: A Deconstruction of the EU's Negotiating Experience Along
the Lines of Institutional Incoherence and Legal Theories," *The Interna-
tional Journal of Human Rights* 26（2021）: 122.

[15] Surya Deva, "The UN Guiding Principles' Orbit and Other Regulatory Re-
gimes in the Business and Human Rights Universe: Managing the Inter-
face," *Business and Human Rights Journal* 6（2021）: 336.

[16] Thamil Venthan Ananthavinayagan, "The United Nations Human Rights
Machinery: Too Big to Fail? An Examination of the Flaws of the Machin-
ery and Proposals from a Third World Scholar's Perspective," in Chile

Eboe-Osuji, Engobo Emeseh and Olabisi D. Akinkugbe, eds. , *Nigerian Yearbook of International Law* 2018/2019 (Cham: Springer, 2021).

[17] Andrés Felipe López Latorre, "In Defence of Direct Obligations for Businesses Under International Human Rights Law," *Business and Human Rights Journal* 5 (2020): 56.

[18] Claire Methven O'Brien, "Confronting the Constraints of the Medium: The Fifth Session of the UN Intergovernmental Working Group on a Business and Human Rights Treaty," *Business and Human Rights Journal* 5 (2020): 150.

[19] Marilyn Croser, Martyn Day, Mariëtte Van Huijstee and Channa Samkalden, "Vedanta v Lungowe and Kiobel v Shell: The Implications for Parent Company Accountability," *Business and Human Rights Journal* 5 (2020): 130.

[20] Nicolas Bueno and Claire Bright, "Implementing Human Rights Due Diligence Through Corporate Civil Liability," *International and Comparative Law Quarterly* 69 (2020): 789.

[21] Nina de Puy Kamp, "Supply Chain Accountability Through Extraterritorial Tortious Litigation," in Walter Leal Filho, Anabela Marisa Azul, Luciana Brandli, Amanda Lange Salvia and Tony Wall (eds.), *Decent Work and Economic Growth* (Cham: Springer, 2020).

[22] Oluwasegun Oluwaseyi Seriki, "Looking Through the African Lenses: A Critical Exploration of the CSR Activities of Chinese International Construction Companies (CICCs) in Africa," *International Journal of Corporate Social Responsibility* 5 (2020): 8.

[23] Samantha Besson, "Due Diligence and Extraterritorial Human Rights Obligations—Mind the Gap!," *ESIL Reflections* 9 (2020): 1.

[24] Samantha Besson (2020), «La Due Diligence En Droit International», *Recueil des cours de l'Académie de La Haye*, Vol. 409.

[25] Yuval Shany, "The Extraterritorial Application of International Human Rights Law," *Collected Courses of the Hague Academy of International*

Law 409 (2020): 1.

[26] Christine Mary Chinkin, "United Nations Accountability for Violations of International Human Rights Law," *Collected Courses of the Hague Academy of International Law* 395 (2019): 1.

[27] Dalia Palombo, "The Duty of Care of the Parent Company: A Comparison between French Law, UK Precedents and the Swiss Proposals," *Business and Human Rights Journal* 4 (2019): 265.

[28] Louis D'Avout (2019), «L'entreprise et les conflits internationaux de lois», *Recueils des cours de l'Académie de La Haye*, Vol. 397.

[29] Marcella Ferri, "Extraterritorial States' Obligations to Prevent Business-related Human Rights Violations and Requirements of Human Rights Due Diligence for Transnational Corporations: Looking for Some Rules of Regional Customary Law," *Ricerche Giuridiche* 8 (2019): 39.

[30] Patricia Rinwigati Waagstein, "Justifying Extraterritorial Regulations of Home Country on Business and Human Rights," *Indonesian Journal of International Law* 16 (2019): 361.

[31] Ramona Vijeyarasa, "A Missed Opportunity: How Australia Failed to Make Its Modern Slavery Act a Global Example of Good Practice," *Adelaide Law Review* 40 (2019): 857.

[32] Claire Methven O'Brien, "The Home State Duty to Regulate the Human Rights Impacts of TNCs Abroad: A Rebuttal," *Business and Human Rights Journal* 3 (2018): 47.

[33] Doug Cassel, "The Third Session of the UN Intergovernmental Working Group on a Business and Human Rights Treaty," *Business and Human Rights Journal* 3 (2018): 277.

[34] Hans van Loon, "Principles and Building Blocks for a Global Legal Framework for Transnational Civil Litigation in Environmental Matters," *Uniform Law Review* 23 (2018): 298.

[35] Ibrahim Kanalan, "Extraterritorial State Obligations Beyond the Concept of Jurisdiction," *German Law Journal* 19 (2018): 43.

[36] John F Sherman, "Should a Parent Company Take a Hands-off Approach to the Human Rights Risks of Its Subsidiaries?," *Business Law International* 19 (2018): 23.

[37] Rachel Chambers, "An Evaluation of Two Key Extraterritorial Techniques to Bring Human Rights Standards to Bear on Corporate Misconduct Jurisdictional Dilemma Raised/Created by the Use of the Extraterritorial Techniques," *Utrecht Law Review* 14 (2018): 22.

[38] Carlos López, "Struggling to Take Off?: The Second Session of Intergovernmental Negotiations on a Treaty on Business and Human Rights," *Business and Human Rights Journal* 2 (2017): 365.

[39] Jolyon Ford and Claire Methven O'Brien, "Empty Rituals or Workable Models? Towards a Business and Human Rights Treaty," *UNSW Law Journal* 40 (2017): 1223.

[40] Daniel Augenstein and Lukasz Dziedzic, "State Obligations to Regulate and Adjudicate Corporate Activities Under the European Convention on Human Rights," EUI Department of Law Research Paper No. 2017/15 (2017).

[41] Fabrizio Marrella (2017), «Protection internationale des droits de l'homme et activités des sociétés transnationales», *Recueils des cours de l'Académie de La Haye*, Vol. 385.

[42] David Bilchitz, "The Necessity for a Business and Human Rights Treaty," *Business and Human Rights Journal* 1 (2016): 203.

[43] Doug Cassel, "Outlining the Case for a Common Law Duty of Care of Business to Exercise Human Rights Due Diligence," *Business and Human Rights Journal* 1 (2016): 179.

[44] Ryan J Turner, "Transnational Supply Chain Regulation: Extraterritorial Regulation as Corporate Law's New Frontier," *Melbourne Journal of International Law* 17 (2016): 188.

[45] Vivian Grosswald Curran, "Harmonizing Multinational Parent Company Liability for Foreign Subsidiary Human Rights Violations," *Chicago Jour-*

nal of International Law 17 (2016): 407.

[46] Carlos López and Ben Shea, "Negotiating a Treaty on Business and Human Rights: A Review of the First Intergovernmental Session," *Business and Human Rights Journal* 1 (2016): 111.

[47] Conor Donohue, "Multinational Corporations and Human Rights Law: Problems and Proposals for Reform," *New Zealand Association for Comparative Law Yearbook* 21 (2015): 77.

[48] Daniel Augenstein and David Kinley, "Beyond the 100 Acre Wood: In Which International Human Rights Law Finds New Ways to Tame Global Corporate Power," *The International Journal of Human Rights* 19 (2015): 828.

[49] Dan Jerker B Svantesson, "A Jurisprudential Justification for Extraterritoriality in (Private) International Law," *Santa Clara Journal of International Law* 13 (2015): 517.

[50] Dan Jerker B Svantesson, "A New Jurisprudential Framework for Jurisdiction: Beyond the Harvard Draft," *American Journal of International Law* 109 (2015): 69.

[51] Gwynne Skinner, "Rethinking Limited Liability of Parent Corporations for Foreign Subsidiaries' Violations of International Human Rights Law," *Washington and Lee Law Review* 72 (2015): 1769.

[52] Madeleine Conway, "A New Duty of Care? Tort Liability from Voluntary Human Rights Due Diligence in Global Supply Chains," *Queen's Law Journal* 40 (2015): 741.

[53] Olivier De Schutter, "Towards a Legally Binding Instrument on Business and Human Rights," CRIDHO Working Paper 2015/2 (2015).

[54] United Nations Human Rights Office of the High Commissioner, *State Positions on the Use of Extraterritorial Jurisdiction in Cases of Allegations of Business Involvement in Severe Human Rights Abuses: A Survey of Amicus Curiae Briefs Filed by States and State Agencies in ATS Cases* (2000 – 2015), OHCHR Working Paper #2 (2015).

[55] Jennifer A. Zerk, "Corporate Liability for Gross Human Rights Abuses: Towards a Fairer and More Effective System of Domestic Law Remedies," *A Study Prepared for the Office of the UN High Commissioner for Human Rights* (2014).

[56] Nicola Jägers et al. , "The Future of Corporate Liability for Extraterritorial Human Rights Abuses: The Dutch Case Against Shell," *AJIL Unbound* 107 (2014): 36.

[57] Tebello Thabane, "Weak Extraterritorial Remedies: The Achilles Heel of Ruggie's 'Protect, Respect and Remedy' Framework and Guiding Principles," *African Human Rights Law Journal* 14 (2014): 43.

[58] Vassilis P. Tzevelekos, "Reconstructing the Effective Control Criterion in Extraterritorial Human Rights Breaches: Direct Attribution of Wrongfulness, Due Diligence, and Concurrent Responsibility," *Michigan Journal of International Law* 36 (2014): 129.

[59] William R. Casto, "The ATS Cause of Action Is *Sui Generis*," *Notre Dame Law Review* 89 (2014): 1545.

[60] Nadia Bernaz, "Enhancing Corporate Accountability for Human Rights Violations: Is Extraterritoriality the Magic Potion?," *Journal of Business Ethics* 117 (2013): 493.

[61] Geert van Calster and Charlotte Luks, "Extraterritoriality and Private International Law," *Recht in Beweging* 2012 (2012): 119.

[62] Cees van Dam, "Tort Law and Human Rights: Brothers in Arms on the Role of Tort Law in the Area of Business and Human Rights," *Journal of European Tort Law* 2 (2011): 221.

[63] Pascal de Vareilles-Sommières (2011), «Lois de police et politiques législatives», *Revue critique de droit international privé*, n° 2.

[64] Jennifer A. Zerk, "Extraterritorial Jurisdiction: Lessons for the Business and Human Rights Sphere from Six Regulatory Areas," Corporate Social Responsibility Initiative for the Harvard Corporate Social Responsibility Initiative Working Paper No. 59 (2010).

[65] Olivier De Schutter, "Sovereignty-Plus in the Era of Interdependence: Towards an International Convention on Combating Human Rights Violations by Transnational Corporations," CRIDHO Working Paper 2010/5.

[66] Hugh King, "The Extraterritorial Human Rights Obligations of States," *Human Rights Law Review* 9 (2009): 521.

[67] Ralf Michaels, "Global Legal Pluralism," *Annual Review of Law and Social Science* 5 (2009): 243.

[68] Paul Schiff Berman, "Global Legal Pluralism," *California Law Review* 80 (2007): 1155.

[69] Paul Schiff Berman, "Towards a Cosmopolitan Vision of Conflict of Laws: Redefining Governmental Interests in a Global Era," *University of Pennsylvania Law Review* 153 (2005): 1819.

[70] Halina Ward, "Governing Multinationals: The Role of Foreign Direct Liability," The Royal Institute of International Affairs Briefing Paper, New Series No. 18 (2001).

3. 其他

(1) 联合国及其他国际组织文件

[1] OEIGWG Chairmanship Third Revised Draft, *Legally Binding Instrument to Regulate, in International Human Rights Law, The Activities of Transnational Corporations and Other Business Enterprises*, 17 August 2021.

[2] European Parliament, *Corporate Due Diligence and Corporate Accountability, European Parliament Resolution of 10 March 2021 with Recommendations to the Commission on Corporate Due Diligence and Corporate Accountability [2020/2129(INL)]*, P9_TA (2021) 0073.

[3] United Nations General Assembly Human Rights Council, *Report on the Sixth Session of the Open-Ended Intergovernmental Working Group on Transnational Corporations and Other Business Enterprises with Respect to Human Rights*, A/HRC/43/55, 14 January 2021.

[4] OEIGWG Chairmanship Second Revised Draft, *Legally Binding Instrument to Regulate, in International Human Rights Law, The Activities of Transna-*

tional Corporations and Other Business Enterprises, 06 August 2020.

[5] United Nations General Assembly Human Rights Council, *Report on the Fifth Session of the Open-Ended Intergovernmental Working Group on Transnational Corporations and Other Business Enterprises with Respect to Human Rights*, A/HRC/43/55, 09 January 2020.

[6] OEIGWG Chairmanship Revised Draft, *Legally Binding Instrument to Regulate, in International Human Rights Law, The Activities of Transnational Corporations and Other Business Enterprises*, 16 July 2019.

[7] United Nations General Assembly Human Rights Council, *Report on the Fourth Session of the Open-Ended Intergovernmental Working Group on Transnational Corporations and Other Business Enterprises with Respect to Human Rights*, A/HRC/40/48, 02 January 2019

[8] OEIGWG Chairmanship Zero Draft, *Legally Binding Instrument to Regulate, in International Human Rights Law, The Activities of Transnational Corporations and Other Business Enterprises*, 16 July 2018.

[9] United Rights Council, *Improving Accountability and Access to Remedy for Victims of Business-Related Human Rights Abuse: The Relevance of Human Rights Due Diligence to Determinations of Corporate Liability*, A/HRC/38/20/Add.2, 01 June 2018.

[10] United Nations General Assembly Human Rights Council, *Report on the Third Session of the Open-Ended Intergovernmental Working Group on Transnational Corporations and Other Business Enterprises with Respect to Human Rights*, A/HRC/37/67, 24 January 2018.

[11] OECD, *OECD Due Diligence Guidance for Responsible Business Conduct* (OECD Publishing 2018).

[12] OEIGWG Chairmanship, *Elements for the Draft Legally Binding Instrument on Transnational Corporations and Other Business Enterprises with Respect to Human Rights*, 29 September 2017.

[13] United Nations General Assembly Human Rights Council, *Report on the Second Session of the Open-Ended Intergovernmental Working Group on*

Transnational Corporations and Other Business Enterprises with Respect to Human Rights, A/HRC/34/47, 04 January 2017.

[14] UN Working Group on Business and Human Rights, Guidance on National Action Plans on Business and Human Rights, November 2016.

[15] Human Rights Council, Improving Accountability and Access to Remedy for Victims of Business-Related Human Rights Abuse, A/HRC/32/19, 10 May 2016.

[16] United Nations General Assembly Human Rights Council, Report on the First Session of the Open-Ended Intergovernmental Working Group on Transnational Corporations and Other Business Enterprises with Respect to Human Rights, with the Mandate of Elaborating an International Legally Binding Instrument, A/HRC/31/50, 05 February 2016.

[17] Elaboration of an International Legally Binding Instrument on Transnational Corporations and Other Business Enterprises With Respect To Human Rights, UN HRC Res. 26/9, 26 June 2014.

[18] Committee on Economic, Social and Cultural Rights, Concluding Observations on the Second Periodic Report of China, Including Hong Kong, China, and Macao, China, E/C. 12/CHN/CO/2, 13 June 2014.

[19] Maastricht Principles on Extraterritorial Obligations of States in the Area of Economic, Social and Cultural Rights (FIAN International 2013).

[20] Committee on the Rights of the Child, General Comment No. 16 (2013) on State Obligations Regarding the Impact of the Business Sector on Children's Rights, CRC/C/GC/16, 17 April 2013.

[21] United Nations Human Rights Office of the High Commissioner, Guiding Principles on Business and Human Rights: Implementing the United Nations "Protect, Respect and Remedy" Framework, HR/PUB/11/04 (United Nations 2011).

[22] OECD, OECD Guidelines for Multinational Enterprises (OECD Publishing 2011).

[23] John Ruggie, Guiding Principles on Business and Human Rights: Imple-

menting the United Nations "Protect, Respect and Remedy" Framework, A/HRC/17/31, 21 March 2011.

[24] John Ruggie, *Business and Human Rights: Further Steps Toward the Operationalization of the "Protect, Respect and Remedy" Framework*, A/HRC/14/27, 09 April 2010.

[25] EU Parliamentary Assembly, *Human Rights and Business*, Resolution 1757 (2010).

[26] United Rights Council, *Business and Human Rights: Towards Operationalizing the "Protect, Respect and Remedy" Framework*, A/HRC/11/13, 22 April 2009.

[27] *Norms on the Human Rights Responsibilities of Transnational Corporations and other Business Enterprises*, UN Doc. E/CN. 4/Sub. 2/2003/12/Rev. 2, 26 August 2003.

[28] *Group of Eminent Persons to Study the Impact of Transnational Corporations on Development and on International Relations*, ECOSOC Res. 1913 (LVII) of E-XE3377, 5 December 1974.

(2) 学位论文

[1] Rachel Widdis, *Constructing Accountability in Business and Human Rights: An Investigation of the Development of Foreign Direct Liability Litigation and Feasibility in Ireland*, Ph. D. diss. , University of Dublin (2021).

[2] Rachel E. Chambers, *Corporate Misconduct, Human Rights, and the Challenges of Extraterritorial Solutions*, Ph. D. diss. , University of Essex (2019).

[3] Philippa Osim, *Corporate Accountability for Human Rights Violations: Road to a Binding Instrument on Business and Human Rights*, Ph. D. diss. , Lancaster University (2019).

[4] Claire Bright (2013), «L'accès à la justice civile en cas de violations des droits de l'homme par des entreprises multinationales», Thèse de Docteur en Sciences juridiques de l'European University Institute.

后　记

在博士毕业后一年，我选择将博士学位论文出版成书，以纪念回不去的学生时光，以缅怀恩师，以感谢所有相遇和相助，以期待未来的成长。

我的学生时代很幸运。小学时期，非常幸运地遇到了一直鼓励我成长的韩颖老师。韩颖老师是语文老师，在教我们认识"颖"字时，她说："我的名字是'颖'，我的父母希望我能够脱颖而出，我也希望我的学生们能够脱颖而出。"二年级的时候，我写了一首小诗，韩颖老师很欣喜地跟我说，你的笔触很细腻，你以后一定能成为一位优秀的作家。虽然未能成为作家，但是我现在能够成长为一名科研工作者和高校教师，与韩颖老师的肯定分不开。若是没有韩颖老师的鼓励，我也不会对文字产生如此浓厚的兴趣。初中时期，很感谢王彩霞老师等多位老师的信任和包容，感谢每一门学科的老师在我成绩进步时向我投来肯定的目光。高中时期，很幸运地遇到了逄志贞老师、封强老师等多位恩师。在高一时，我所在的直升班专攻理科，虽然我各科成绩较为平均，但个人对文科更感兴趣，感谢班主任封强老师理解并支持我在高二文理分科时选择学习文科。在学习文科后，政治老师逄志贞老师担任了我所在班的班主任。逄老师平易近人，和学生如朋友般相处。因此，我在成为老师后，也一直秉持着成为学生的良师益友的信念从事教学工作。在进入中国人民大学后，我的主修专业是法语语言文学，法语系的周静老师、田园老师、徐艳老师、谷天婺老师总会耐心细致地回答我的问题，外教 Nathalie、Julien、Eric 等则带领我在明德楼教室里穿越时空，领略法国、比利时等国家的近现代电影、美术等人文魅力，导师魏柯玲老师在指导我写作法语毕业论文时，帮我逐字逐句地修改，在我心中种下了治学应严谨的种子。因出于兴趣，我在入学不久后便辅修了法学专业，得以同法学院的同学一起跟随名师上课，并得遇导师郑维炜老师，使国际私法成为我的一生追求。在保研至武汉大学法学院后，怀着忐忑的心情，我向郭玉军教授发去了简历，希望能够获其指点，很感谢恩师不嫌弃我的愚笨，答应了我的请求，成为我硕士阶段的导师，又在入学后鼓励我申请"2+3"硕博连读项目，在我成功申请下来之后，继续担任我的博士生导师。在读研期间，肖永平老师、汤诤老师、何其生老师、乔雄兵老师、甘勇老师、邹国勇老师、黄志雄老师、李庆明老师等多位老师对我的科研和教学的成型产生了深远的影响，在我写作本篇博士学位论文遇到瓶颈时，诸位老师都向我伸出了援手，给我点拨与启发，没有诸位老师的帮助，就没有这篇博士学位论文。也非常感谢郭玉军老师的先生蔡兴先生对我学业的关心。

然而，非常遗憾，我的恩师郭玉军老师在我毕业进入工作后不久便驾鹤西去。郭玉军教授是位十分令人尊敬的女性。对于工作，老师勤勤恳恳。老师常常伏案至深夜方才休息，又会于翌日清晨便开始工作。对于学术，老师一丝不苟。在指导论文时，老师会一遍又一遍不厌其烦地审阅论文避免错漏。对于生活，老师乐观开朗。印象中老师总是笑着的，很少在别人身上能看到如老师那般顽强坚定的生命力。在我写毕业论文期间，老师的身体已经渐显羸弱了。但是每次我将二十几万字的论文发给老师后，老师仍会很快给我指导意见，帮我搭建框架梳理逻辑。毕业答辩那天，老师通过视频参与了答辩全程。我看到老师没有力气久坐，只能侧靠着床背，我的内心如刀剜一般，拼了命才忍住了眼泪不让其落下。在毕业离校前，我去医院看老师时，老师的头发已经掉光了。面对病痛，老师仍是乐观积极的，依旧关心我的工作和生活。工作后再回武汉看老师时，老师已经没有力气睁开眼睛了。在病痛的折磨下，老师的脸已没有血色了。一周后，老师走了。时至今日，我还是经常梦到老师，梦里的老师很年轻、很有活力，嘴角永远挂着浅浅的微笑。我很幸运，能够在科研学术牙牙学语阶段拜入郭师门下，受到老师无私指点。谨以此书缅怀我的恩师，希望老师在天堂无病无忧。

在生活中，我也很幸运，遇到非常支持我追求梦想的父母，遇到理解我科研工作不易的丈夫郑楠楠先生,遇到同我并肩作战的同学和战友们。我的母亲王巍女士是一位非常坚毅乐观的女性,她将我说过的每句话都记在心里,默默关心付出,给予我足够多的自由空间,不会对我的选择作出过多干涉;我的父亲王明勇先生则跟我说他是我永远的后盾。我的丈夫与我携手多年,他是我的爱人,是我最好的朋友,是我可以放心地把后背交给他的战友,他包容我的小脾气,在我需要的时候陪伴我,为我提供源源不断的情绪价值。萌萌(林萌)、大白(白雪)、茹茹妹妹(韦艳茹)和我是"珞珈四姐妹",在学术上相互帮忙,在生活中共同分享喜乐苦忧;潘潘(潘泽玲)是"世另我",我们理解彼此的奇奇怪怪,约定老了一起做养老院里最靓的老太太;文璨姐(陈文璨)、楠姐(南楠)、司文姐、樊婧姐、球哥(钱振球)等多位师兄师姐在学习生活中给予了我非常多的有益建议;琬琬(刘嫡琬)、娟姐(徐丽娟)、非非(胡非非)、芸芸(孙芸芸)、瑶慧(应瑶慧)、班长(冯春阳)、昂神(熊昂)、辉辉(李光辉)、兄dei(张耀元)、学神(段鑫睿)等是"学术搭子",我们探讨在学术上遇到的问题,也是在我困于难题时把我拉出来一起休闲娱乐的知心朋友;老大(张靖雯)、小凡(卓小凡)、三三(赵子仪)、安琪(杨安琪)、童童(童龄仪)是"品六318"最佳舍友,荣荣(王立荣)、东妮(邹东妮)、潘潘(潘泽玲)是"三环525"最好玩伴,章萌是"枫五312"最强伙伴。

我也非常幸运,来到华侨大学法学院从事我人生中的第一份工作。华大法学院的领导同事们都很照顾我,刘超院长、陈斌彬副院长、林伟明副院长、王方玉副院长、张彬书记等领导在我还没来到学院时便帮我解决了各项难题,在工作后又多加提拔照顾,张慧、游凯杰、叶小兰、杨月萍、黄佳钰、吴雪静、欧阳雅婷、苏冬妮、陈慰星、郑金鹏等所有同事前辈在我向其求教时不吝赐教和提供帮助。学校也为我的科研教学工作提供了丰厚的土壤,受到华侨大学哲学社会科学文库资助,本书方得以面世,在此非常感谢杨莽市老师等诸位老师的无私帮助,感谢盲审专家的肯定和提出的宝贵意见。另感谢社会科学文献出版社给予本书出版的机会,感谢编辑岳梦夏老师、王楠楠老师和其他编辑老师在本书出版和校对上付出的大量精力。

本书是我学生时代的终点，更是我学术工作生涯的起点。希望自己不忘初心，永怀对学术和科研的热爱，在国际私法的海洋中自在徜徉，为科研和教学工作贡献自己的一点光亮。

王 岩

2024 年 6 月 26 日

图书在版编目（CIP）数据

母国对跨国企业侵犯人权行为的域外民事管辖研究／
王岩著 . --北京：社会科学文献出版社，2025.4.
（华侨大学哲学社会科学文库）. --ISBN 978-7-5228
-5254-6

Ⅰ. D912. 290. 4

中国国家版本馆 CIP 数据核字第 2025P87M14 号

华侨大学哲学社会科学文库
母国对跨国企业侵犯人权行为的域外民事管辖研究

著　　者／王　岩

出 版 人／冀祥德
责任编辑／岳梦夏
文稿编辑／王楠楠
责任印制／岳　阳

出　　　版／社会科学文献出版社（010）59367126
　　　　　　地址：北京市北三环中路甲 29 号院华龙大厦　邮编：100029
　　　　　　网址：www. ssap. com. cn
发　　　行／社会科学文献出版社（010）59367028
印　　　装／三河市龙林印务有限公司

规　　　格／开　本：787mm×1092mm　1/16
　　　　　　印　张：18.25　字　数：286 千字
版　　　次／2025 年 4 月第 1 版　2025 年 4 月第 1 次印刷
书　　　号／ISBN 978-7-5228-5254-6
定　　　价／98.00 元

读者服务电话：4008918866